Zu diesem Buch

Dieses Buch beschäftigt sich vor allem mit der Rolle deutscher Banken in einem bislang vernachlässigten Bereich: den wirtschaftlichen Unternehmungen der SS. Deutsche Banken haben bei den Aktivitäten der SS und ihres Chef-Ökonomen Oswald Pohl kräftig mitkassiert, zum Beispiel durch Kredite an SS-Unternehmungen.

Steuerberater und Bankiers unterstützten die SS bei der Schaffung eines Wirtschaftsimperiums, das zu einem ernstzunehmenden Machtfaktor im Dritten Reich wurde.

Bankiers, Notare, Rechtsanwälte, Wirtschaftsprüfer, Verwaltungsfachleute: sie legalisierten die Arisierung, sie schufen die rechtlichen Voraussetzungen für die Ausbürgerung von Juden, begleiteten sie administrativ bis in die Vernichtungslager, um sich dann vorschriftsmäßig ihrer Hinterlassenschaften zu bemächtigen.

Von ihnen allen ist in diesem Buch die Rede.

Peter-Ferdinand Koch, Jahrgang 1943, lebt als freier Autor in Hamburg. Letzte Veröffentlichungen: »Das Schalck-Imperium lebt« (1992), »DDR contra BRD – die feindlichen Brüder« (1994), »Menschen-Versuche. Die tödlichen Experimente deutscher Ärzte« (1996) und »Geheim-Depot Schweiz. Wie Banken am Holocaust verdienen« (1997).

Peter-Ferdinand Koch

Die Geldgeschäfte der SS

Wie deutsche Banken den schwarzen Terror finanzierten

Rowohlt Taschenbuch Verlag

Veröffentlicht im Rowohlt Taschenbuch Verlag GmbH,
Reinbek bei Hamburg, April 2002

Umschlaggestaltung Ingrid Albrecht
(Foto: Ullstein Bilderdienst)
Gesamtherstellung Clausen & Bosse, Leck
Printed in Germany
ISBN 3 499 61315 8

Inhalt

Vorbemerkung

Im April 1942 übersandte der Hanseatische Oberfinanzpräsident der Hamburger Filiale der Deutschen Bank vier Namenslisten von Juden, die in die Vernichtungslager evakuiert worden waren. Das Institut wurde aufgefordert, der »Dienststelle für die Verwertung eingezogenen Vermögens« am Gorch Fock-Wall 11 noch nicht beschlagnahmte jüdische Guthaben anzuzeigen.

Die Antwort der Deutschen Bank erfolgte prompt: »Wir haben die Namen mit unserem Kundenregister verglichen und festgestellt, dass darin noch folgende unserer Kunden aufgeführt sind, für die uns bislang eine Vermögensbeschlagnahme nicht zugestellt worden ist.« Nachdem die entsprechenden Namen genannt wurden, erwähnte die Bank wie beiläufig einen Kunden namens Max »Israel« van der Walde, der in der ersten der vier Aufstellungen aufgeführt worden war: »*Dieser Herr*«, so die Auskunft, »*... ist nicht evakuiert worden: er ist vor kurzem noch am Schalter unserer genannten Dep.Kasse erschienen*« – »*Heil Hitler*«.

In ihrem Denunzianteneifer irrte die sonst so penible Bank. Max van der Walde war längst ermordet worden. Ein halbes Jahr zuvor, im November 1941, in Minsk. Es lag eine Verwechslung vor.

Daß die deutschen Banken auf verschiedene Weise Nutznießer der Entrechtung, der Enteignung und später der Ermordung der Juden waren, ist in den letzten Jahrzehnten in verschiedenen Publikationen dokumentiert worden und wird wohl nur von hartnäckigen Ignoranten geleugnet. Ob aber die deutschen Banken aus eigenem

Antrieb Ausgrenzung, Enteignung und Deportation der Juden mit forciert haben – das bleibt weiterhin ein beschwiegenes Kapitel deutscher Bankengeschichte.

Der anfangs erwähnte Fall einer Denunziation deutet auf die vielgestaltige Form der Kooperation der Banken mit dem NS-Regime und seinem Unterdrückungsapparat hin: von anfänglicher Sympathie mit der NS-Bewegung über die aktive Teilnahme an der Arisierung bis hin zur Finanzierung der SS und ihrer Vernichtungslager.

Dieses Buch beschäftigt sich vor allem mit der Rolle deutscher Banken in einem bislang vernachlässigten Bereich: den wirtschaftlichen Unternehmungen der SS. Deutsche Banken haben bei den Aktivitäten der SS und ihres Chef-Ökonomen Oswald Pohl kräftig mitkassiert: vor allem durch Kredite an SS-Unternehmungen, etwa für die Errichtung der Konzentrationslager. Aber auch indirekt durch Gebühren, die zum Beispiel bei den Überweisungen von »Häftlingslöhnen« durch Unternehmen, die KZ-Arbeiter beschäftigten, anfielen.

Juristen, Steuerberater und Bankiers unterstützten die SS bei der Schaffung eines Wirtschaftsimperiums, das zu einem ernstzunehmenden Machtfaktor im Dritten Reich zu werden drohte. Es wird im folgenden gezeigt, wie die Dresdner Bank zur Hausbank der SS wurde, aber auch, wie die Deutsche Bank versuchte, der Konkurrenz den Rang streitig zu machen.

Ziel und Umfang der Geldgeschäfte der SS können aber nur vor dem Hintergrund der Wiederaufrüstung in den dreißiger Jahren bestimmt werden. Das Wirtschaftsimperium der SS wird nur deutlich, wenn die Anfänge des Dritten Reiches erklärt sind, wenn die Dynamik der Arisierung und der Beutefeldzug nicht nur der SS im Osten Berücksichtigung finden. Die SS wurde, auch dank der Dresdner und Deutschen Bank, allgegenwärtig im Dritten Reich.

Im ersten Teil des Buches geht es um die frühe Annäherung der deutschen Großbanken an die Nationalsozialisten, die Affinität führender Bankiers zu Hitler und ihre Rolle bei der Arisierung. Der

DEUTSCHE BANK

Filiale Hamburg

FERNSCHREIBER: 1175 — REICHSBANKGIROKONTO: HAMBURG 317

DRAHTANSCHRIFT: DEUTSCHBANK — FERNRUF: Stadtverkehr: Sammelnummer 36 10 05 | Fernverkehr: Sammelnummer 36 25 96

An den
Herrn Oberfinanzpräsidenten Hamburg
- Dienststelle für die Verwertung
eingezogenen Vermögens -
H a m b u r g 36
Gorch Fock-Wall 11, Zimmer 74

Hamburger Vertretung für die
DEUTSCHE UEBERSEEISCHE BANK
Berlin
und deren Niederlassungen in Argentinien, Brasilien, Chile, Peru, Spanien, Uruguay

Dieser Brief enthält keine Akkreditierungen, Scheckavise, sowie keine Überträge, Anschaffungen oder sonstige Wertverfügungen zu Ihren Gunsten von dritter Seite bezw. zugunsten Dritter.

Hamburg 11, Adolphsplatz 5 — 6. Mai 1942

Bei Beantwortung bitten wir anzugeben: Abt.: Sekretariat Ha/Gu. — Ihre Nachricht vom 10.4.42 — Ihre Zeichen 0 5205 -St III c

Bei telef. Anrufen: Hausapparat Nr. 159

Die uns mit Ihrem Schreiben vom 10. April d. J. übersandten 4 Listen der evakuierten Juden geben wir Ihnen anbei zurück. Wir haben die Namen mit unserem Kundenregister verglichen und festgestellt, dass darin noch folgende unserer Kunden aufgeführt sind, für die uns bislang eine Vermögensbeschlagnahme von Ihnen nicht zugestellt worden ist:

Liste 1

Nr. 27	Dr. Alexander Isr. Bachur,	Hamburg,	Benediktstr. 5
" 530	Gertrud S. Leseberg,	Hamburg,	Klosterallee 65

Liste 2

Nr. 890	Alfred J. Schloss,	Harburg,	Mühlenstr. 18

Liste 3

Nr. 411	Hedwig S. Tuteur,	Hamburg,	Hamburgerstr. 201 a

Liste 4

Nr. 44	Marie Frieda Sara Beschütz,	Hamburg,	Husumerstr. 37
" 47	Meta Sara Blatt geb. Libis,	Hamburg,	Curschmannstr. 11
" 418	Dr. Edgar Isr. Lion,	Hamburg,	Klosterallee 24
" 329	Elisabeth S. Kuhn,	Hamburg,	Haynstr. 7
" 516	Benny Isr. Nathan,	Hamburg,	Haynstr. 15
" 798	Anna S. Wurst,	Hamburg,	Haynstr. 7.

Bei Alfred J. Schloss, Harburg, weisen wir auf die Abweichung der Adresse hin.

In Ihrer Liste Nr. 1 finden wir ferner unter Nr. 196 Nachtrag: Max Isr. van der Walde, Hamburg, Haynstr. 5. Dieser Herr, der mit unserer Dep.Kasse E in Verbindung steht, ist nicht evakuiert worden; er ist vor kurzem noch am Schalter unserer genannten Dep.Kasse erschienen.

Heil Hitler!
DEUTSCHE BANK FILIALE HAMBURG

Deutsche Bank-Filiale Hamburg: »Dieser Herr … ist nicht evakuiert worden; er ist vor kurzem noch am Schalter … erschienen«.

zweite Teil beschäftigt sich mit den eigentlichen Geldgeschäften der SS, während der dritte Teil – im Lichte neuer Quellen – die Rolle von Hermann Josef Abs und seinem Vertrauten Alfred Kurzmeyer beleuchtet. Hierbei sind die zahlreichen – mitunter absurden – Versuche der Banken, nach dem Krieg ihre Mitschuld zu verschleiern, einer besonderen Betrachtung wert.

Der Mann, der als Chef der Deutschen Bank in Hamburg die eingangs erwähnte Spitzelei zu verantworten hatte, hieß Victor-Albin von Schenk. Er war – auch nach dem Krieg – hoch geachtet in der Hamburger Kaufmannschaft. Nach dem Zusammenbruch des Dritten Reiches organisierte Schenk für den der Roten Armee entkommenden Auslandschef der Deutschen Bank, Hermann J. Abs, das Notquartier.

Schenk und Abs waren universell gebildete Herren, kosmopolitisch, polyglott, aber keine »Nazis«, zumindest keine Mitglieder der NSDAP. Dennoch: Ihr atemberaubender Aufstieg wurde möglich, weil sie die Interessen ihrer Bank geschmeidig denen des NS-Regimes anpaßten. Auch andere Berufsgruppen entpuppten sich im Windschatten der Diktatur als Karrieristen von bemerkenswertem vorauseilendem Gehorsam: Notare, Rechtsanwälte, Wirtschaftsprüfer, Verwaltungsfachleute. Sie legalisierten die Arisierung, sie schufen die rechtlichen Voraussetzungen für die Ausbürgerung von Juden, begleiteten sie administrativ bis in die Vernichtungslager, um sich dann vorschriftsmäßig ihrer Hinterlassenschaften zu bemächtigen. Von ihnen allen wird in diesem Buch die Rede sein.

Der Autor ist kein Historiker, sondern Journalist. Vertraut mit der Materie, erlaubt er sich undogmatische Gedanken, Fragen und Bewertungen. Er fordert Redlichkeit und von den Betroffenen, die Verantwortung für das Geschehene zu übernehmen. Denn nur so wird die Vergangenheit zur Historie.

Peter-Ferdinand Koch

I

Das braune Band der Sympathie

1
Die Geburtshelfer

»Im Einsatz für Großdeutschland«, so ließ der Aufsichtsratsvorsitzende der Dresdner Bank, Carl Goetz, 1943 in den »Geschäftsbericht für das Jahr 1942« einfügen, »gaben 115 Arbeitskameraden … ihr Leben«.[1] Doch die Trauer über die menschlichen Verluste hielt sich wohl in Grenzen. Denn obgleich der Krieg von der Wirtschaft größte Anstrengungen abforderte, kletterte der Aktienkurs von 79,25 auf 153,5 Mark, die Dividendenausschüttungen schnellten von null auf sechs Prozent, die Umsätze explodierten von 2,5 Milliarden (1937) auf fast fünf Milliarden Mark (1941). Während die Dresdner Bank 1934 noch 449000 Kunden zählte, verdoppelte sich 1941 ihre Klientel auf 850000.[2] Das Dritte Reich garantierte dem Institut bestechende Bilanzen – Höhepunkt einer Entwicklung, die siebzig Jahre zuvor ihren Anfang genommen hatte.

Die Dresdner Bank war eine Folge der Reichsgründung. Zu jener Zeit, als Reichskanzler Otto von Bismarck den Sozialdemokraten August Bebel wegen Majestätsbeleidigung für neun Monate ins Gefängnis werfen ließ, da wandelten Carl Freiherr von Kaskel, sein Bruder Felix und Eugen Gutmann am 12. November 1872 das jüdische Bankhaus Michael Kaskel in eine Aktiengesellschaft um. Sie gaben ihr den Namen Dresdner Bank. Ausgestattet mit einem Kapital von 9,6 Millionen Mark expandierte das neue Unternehmen aus dem Stand und verwies die um zwei Jahre ältere Deutsche Bank vorübergehend sogar auf den zweiten Rang.

Bereits ein Jahr später hatte sie vor Ort den Sächsischen Bankverein, die Dresdner Handelsbank, die Sächsische Creditbank aufgekauft, drei Jahre darauf bezogen die Dresdner in Berlin eine Zimmerflucht im Hotel »Bellevue« am Potsdamer Platz. Jetzt waren die Sachsen mit einer provisorischen Filiale im Zentrum des Reiches präsent. Die Aggressivität des Neulings war bemerkenswert.

Aufkäufer der Dresdner Bank zerstörten das altbewährte Bankengefüge: In Dresden rissen sie 1891 Robert Thode & Co. an sich, es folgten die Niedersächsische Bank (1894), Alexander Simon (1898), sie beteiligten sich an der Deutsch-Asiatischen Bank (1892), in Mailand an der Banca Commerciale (1894). In lediglich zehn Jahren hatte die Dresdner Bank annähernd 50 Institute zusammengerafft. Diese rasante Entwicklung schien ihr noch 1972 unvergeßlich. »Von 1900 an«, so bemerkte das Institut anläßlich seines 100. Geburtstages nicht ohne Stolz, »verfügt die Dresdner Bank unter den deutschen Banken für eine Reihe von Jahren über das größte Filialnetz.«[3] Eine freilich nur kurze Periode. Seit 1905 gebührt der Deutschen Bank der erste Platz.

Doch nach dem Ersten Weltkrieg stellten sich für die Geldhäuser gewaltige Probleme ein. Durch die Inflation wurden Konten fortan in Milliarden, Billionen, in Trillionen geführt, überhaupt verschärfte sich die Situation: die Darmstädter und Nationalbank K.G. auf Aktien (DANAT) brach auseinander und löste die legendäre Bankenkrise aus, unter der besonders die Dresdner Bank zu leiden hatte.

Am Abend des 11. Mai 1931 empfing der persönlich haftende DANAT-Gesellschafter Jakob Goldschmidt in seinem Berliner Haus in der Hitzigstraße seinen Direktor Max Doerner, der um einen kurzfristigen Termin nachgesucht hatte. Vorsichtig bereitete er seinen Chef auf eine Hiobsbotschaft vor. Die Bilanzen eines Großkunden seien gefälscht. Der Name folgte im Flüsterton: die Norddeutsche Wollkämmerei und Kammgarnspinnerei A.G. in Bremen (Nordwolle) sei zahlungsunfähig. Dieses Eingeständnis habe er soeben vom Nordwolle-Generaldirektor G. Carl Lahusen erfahren, einem eigentlich soliden Kaufmann, Präsident der Bremer Handelskammer und überdies Mitglied des DANAT-Aufsichtsrates. Der inzwischen gleichfalls bei Goldschmidt erschienene Lahusen offenbarte eine unglaubliche Manipulation: Der Schuldenberg der Nordwolle, so beichtete er unter Tränen, betrage nicht 46 Millionen Reichsmark, sondern in Wahrheit 145 Millionen. Goldschmidt schien am Ende: »Die Nordwolle ist hin, die DANAT-Bank ist hin, die Dresdner Bank ist hin, ich bin hin.«[4] Der Weg dorthin war freilich vorgezeichnet.

Das New Yorker Börsen-Desaster, der Schwarze Freitag, hatte eine gigantische Pleitewelle ausgelöst. Die Karstadt A.G. stand vor dem Bankrott, die angesehene Frankfurter Allgemeine Versicherungs-A.G. ging in Konkurs, die österreichische Creditanstalt krachte zusammen, die aber durch das Haus S. M. Rothschild hatte gerettet werden können. Das Ausland reagierte kopflos. Es zog sein kurzfristig angelegtes Geld ab, allein 1931 annähernd fünf Milliarden Reichsmark. Doch erst die Nachricht vom Nordwolle-Skandal löste die geldpolitische Götterdämmerung aus. In Panik stürmten die Kunden die Bankschalter, um ihre Guthaben einzufordern. Die Kreditinstitute verloren bis zu 44 Prozent ihrer Einlagen.[5]

Die Dresdner Bank war mit der DANAT durch einen Kooperationsvertrag verbunden, weshalb ihr wegen des Nordwolle-Fiaskos dasselbe Schicksal drohte. Diese Konstellation kam der Konkurrenz nicht ungelegen. Die Deutsche Bank nutzte die Chance, sich ihres aufsässigen Mitbewerbers zu entledigen. Plötzlich erschienen DANAT-Details im Juli 1931 in Schweizer Tageszeitungen.[6] Es folgte ein Sturm der Entrüstung.

Die 1921 aus der Verschmelzung der Bank für Handel und Industrie mit der Nationalbank für Deutschland hervorgegangene DANAT[7] schloß ihre Pforten, allein in Berlin 53 Depositenkassen, zugleich wurden rund 1200 von der DANAT besetzte Aufsichtsratsmandate vakant. Die wiederum mit der DANAT verflochtene Dresdner Bank schrammte gerade noch so an einer Pleite vorbei. Reichskanzler Heinrich Brüning hatte sich eingemischt, sehr zum Verdruß des überlegenen Konkurrenten Deutsche Bank, indem er Carl Goetz als Sanierer von der Commerz- und Privatbank zur

Dresdner abkommandierte. Aber ohne die Hilfe des Staates konnte die Dresdner Bank nicht überleben. Dieser übernahm Vorzugsaktien im Wert von 300 Millionen Mark. Im Gegenzug haftete die Dresdner Bank für die Verbindlichkeiten der DANAT, mit der Konsequenz, daß sich die Aktienmehrheit der Dresdner Bank nun in der Hand des Reichs befand. Aber bereits sechs Jahre später setzte Goetz die Reprivatisierung durch.[8] Zu diesem Zeitpunkt hatte er das Institut längst in ein Instrument der Nationalsozialisten verwandelt.

Carl Goetz, Sohn eines Frankfurter Kaufmanns, hatte seine Karriere als Lehrling des Frankfurter Bankhaus L. & E. Wertheimber begonnen, in das ihn sein Vater protegierte. Eigentlich hätte Goetz zu den Ulanen eilen müssen, doch Eugen Wertheimber verhinderte den Militärdienst. Mit dem ehrgeizigen Goetz hatte er andere Pläne: Wertheimber empfahl ihn seinem Geschäftspartner Banque Internationale in Brüssel. Goetz sollte auf eine leitende Position im Bankhaus Wertheimber vorbereitet werden. Doch ihm war ein anderes Los beschieden.

Nach Ausbruch des Ersten Weltkrieges geriet Goetz in französische Internierungshaft. Die Niederlage, die Revolution – all das verstand der kaisertreue Goetz als schmerzliche Tragödie. Die politisch-wirtschaftliche Katastrophe, die da jetzt auf Deutschland zurollte, schien die Karriere abrupt zu beenden. Doch zurück in Frankfurt, avancierte Goetz im Bankhaus Ernst Wertheimber & Co. zunächst zum Prokuristen.*

Das renommierte Institut steckte freilich in einem Liquiditätsengpaß und war damit beschäftigt, Personal abzubauen. Goetz arbeitete schließlich ohne Gehalt, und seinen Lebensunterhalt bestritt er von den väterlichen Ersparnissen. Erst 1922 ging es von neuem aufwärts: Ernst Wertheimber-de Bary brachte den 37jährigen

* Seit 1780 betrieben die Wertheimbers Bankgeschäfte, bis sich ein Zweig trennte. Ernst Wertheimber schied bei L. & E. Wertheimber aus und gründete sein eigenes Institut, das 1896 von der Dresdner Bank aufgekauft wurde.

Goetz als stellvertretendes Vorstandsmitglied bei der Commerz- und Privatbank in Berlin unter.[9] Dort erlebte er hautnah, wie sein Vaterland zugrunde zu gehen drohte.

»Er hat sich in kurzer Zeit ... einen Namen gemacht«

Die als traumatisch empfundene Niederlage, die Auseinandersetzungen über das Unrecht des Versailler Vertrages, die panische Angst vor einer bolschewistischen Machtübernahme – Carl Goetz sehnte sich, wie unzählige seiner Kollegen, nach einem durchsetzungsfähigen Politiker, nach einem, der Deutschland wieder zur wahren Größe verhelfen werden würde, nach einem, der Deutschland eine prosperierende Wirtschaft bescherte.

Das Unheil, so verzweifelten die Bankiers, wollte kein Ende nehmen. Der von ihnen finanzierte Erste Weltkrieg war in einer Katastrophe geendet, ihr geliebter Kaiser Wilhelm II. konnte der Novemberrevolution ins holländische Exil entkommen, aber die investierten Millionen waren verloren. Obendrein fürchteten die Herren der Bankhäuser den finanziellen Kollaps: die durch den Versailler Vertrag bestimmten Reparationszahlungen sollten 132 Milliarden Goldmark betragen.* Wer sollte den aberwitzigen Betrag aufbringen? Etwa die Banken?

Sie wähnten Deutschland bankrott. Politisch. Ökonomisch. Und direkt vor den Residenzen des ehedem einflußreichen Geldadels hatte sich der Pöbel formiert. Im Berliner Bankenviertel, in der

* So die anfängliche Forderung vor allem Frankreichs. Doch Deutschland weigerte sich. 1921 wurde die Höhe der Reparationsforderung zwar reduziert, aber Deutschland lehnte eine Zahlung nach wie vor ab. Daraufhin wurde im Januar 1923 das Ruhrgebiet durch französisch-belgische Kontingente besetzt, um Deutschland so zu Reparationszahlungen zu zwingen. Der Young-Plan legte sodann fest, daß Deutschland 112 Milliarden Reichsmark aufzubringen habe. Die Laufzeit betrug 59 Jahre, sollte also bis 1988 abgeschlossen sein. Dieses Abkommen wurde im März 1930 vom Reichstag ratifiziert, bis die Weltwirtschaftskrise den Young-Plan de facto außer Kraft setzte.

Behren- und Mauerstraße, gingen die Fensterscheiben zu Bruch, schlugen Querschläger ein. Es herrschte Bürgerkrieg. Erst das harte Durchgreifen des Reichswehrministers Gustav Noske beendete den revolutionären Spuk. Aber die Kommunisten riefen zu Massendemonstrationen auf. Überall im Reich kam es zu Streiks. Deutschland stand am Rande der Anarchie.

Die Bankvorstände wünschten sich eine starke Regierung. Sie verzweifelten an den labilen »Demokraten« der Weimarer Republik. Der erste Reichspräsident Friedrich Ebert zeigte sich zögerlich, Entscheidungen schob er immer wieder hinaus, die Regierung Philipp Scheidemanns trat aus Protest gegen den Versailler Vertrag zurück. Die Bankiers fühlten sich gestraft: Politiker erschienen ihnen schwach, kein Unternehmer benötigte Investitionskapital. Jetzt begannen die Geldverleiher, ihr Schicksal selbst in die Hand zu nehmen.

Maximillian Heinrich von Schinckel, Aufsichtsratsvorsitzender der Norddeutschen Bank in Hamburg und der Disconto-Gesellschaft in Berlin,[10] schien besonders unter den neuen Verhältnissen gelitten zu haben. Er setzte auf »die Wiederherstellung dessen, was wir verloren haben« und meinte damit die Beseitigung der Weimarer Republik, wenn es sein mußte, »mit dem Degen in der Faust«. Niederlagen war Schinckel nicht gewohnt. Im deutsch-französischen Krieg 1870/71 stand er als Dragoner auf Seiten der Triumphatoren, als Vorstandsmitglied des Centralverbandes des Deutschen Bank- und Bankiers Gewerbe e.V. zählte sein Wort.[11] Doch nun mußte er erleben, wie es mit seinem Deutschland bergab ging. Schinckel entschied sich für ein Wirken im »Untergrund«. Er gehörte zu den Mitbegründern des »Hamburger Nationalklubs«, einer Art Loge, die unter seinem Patronat im Sommer 1919 damit begann, den »nationalen Gedanken« zu propagieren. Schinckel sollte sich als Vordenker des Dritten Reiches erweisen.[12] Noch aber stand dieser »Wiedergeburt« eine Siegermacht im Weg.

Die Franzosen drohten, Deutschland zu amputieren, es an der

Main-Linie zu teilen, den Kaiser vor ein Kriegsgericht zu stellen. Aber Engländer wie Amerikaner lehnten dies ab, denn im Sinne des klassischen Gleichgewichts wollte vor allem London seinen kontinentalen Alliierten nicht erstarken lassen, während vereinzelte Politiker in den USA ein intaktes Deutschland bereits als Prellbock gegen den Bolschewismus erkannten.

Zwar hatte Deutschland ein Siebentel seines Staatsgebietes und zehn Prozent seiner Bevölkerung verloren, ein Drittel der seinerzeit entscheidenden Kohle- und Erzvorkommen war ihm entzogen – aber den Deutschen blieb zumindest die Einheit als Staat erhalten. Die kompromißlose Haltung Frankreichs kam nicht von ungefähr, sie war psychologisch begründet. Endlich konnte sich Paris für die Schmach der Niederlage und für die Reparationszahlungen revanchieren, die ihnen Bismarck nach dem Krieg 1870/71 abgepreßt hatte: pures Gold im seinerzeit astronomischen Wert von 120 Millionen Mark, das – aufgestapelt im Spandauer Juliusturm – von preußischen Grenadieren bewacht wurde, bis dieser Schatz als Anschubfinanzierung für den Ersten Weltkrieg herhalten mußte.[13]

Nun stand Deutschland unter Vormundschaft. Im Prinzip übte der »Generalagent für Reparationszahlungen« die Regierungsgewalt aus, dessen Politik zu wachsender Armut führte. Bei deutschen Werften hatte er Schiffsraum bis zu 200000 Tonnen auf Kiel legen können, jährlich und unentgeltlich. Selbst Italien, das seine Kohle bisher ausschließlich in Großbritannien teuer einkaufen mußte, bezog 1924 über 3,6 Millionen Tonnen aus Deutschland, ohne sie zu bezahlen. Die Belastung für die deutsche Wirtschaft wurde unerträglich. Sie wehrte sich.

Deutschland stoppte die Reparationsleistungen, woraufhin am 11. Januar 1923 französische und belgische Truppen in das Ruhrgebiet einmarschierten, was die Reichsregierung als »Ruhreinbruch« beklagte. Deutschland war endgültig entmündigt, Industrie wie Bergbau unter »kolonialer Kontrolle«. Die Besatzer beschlagnahmten die Devisen in den Banktresoren, sie plünderten jede Amtskasse. Die Bevölkerung leistete daraufhin passiven Widerstand, ganze Fabriken standen still, was zum endgültigen Zusammenbruch der Staatsfinanzen führte. Aber wenigstens die Leipziger Notenpresse der Giesecke & Devrient A.G. leistete sich Vollbeschäftigung, ein in solchen Dingen erfahrenes Unternehmen, das heute den Euro druckt.

Die Franzosen requirierten allein in Krefeld 2366 Wohnungen, im gesamten Ruhrgebiet bauten sie 531 Schulen zu Kasernen um, ließen sich darüber hinaus neue Unterkünfte errichten, enteigneten Bauern, um auf deren Grund Schieß- und Übungsplätze anzulegen, rodeten Weizen- oder Gerstenfelder zu Landebahnen. Diese Politik schuf nicht nur Wohnungsnot, nein, nun mußten Tausende von Kindern auf entlegenere Schulen gehen, Agrarier konnten ihr Land nicht mehr bestellen. Das Chaos wurde »verwaltet«. Von der Reparationskommission, von der Rheinlandkommission, von der Militärkontrollkommission, von der Marinekontrollmission, sie alle unterstanden dem Bureau des Generalagenten für Reparationszahlungen. Die Kosten dieser aufgeblähten Bürokratie bestritt das konkursreife Deutschland.[14] Ein Volk verharrte in der Zwangsbewirtschaftung.

»Die Unfähigkeit des Reichstages«, so beschrieb der Journalist Louis P. Lochner die ausweglose Situation, habe zum »Bankrott des parlamentarischen Systems und der Demokratie schlechthin« geführt. Lochner, dessen Familie aus Nürnberg nach Amerika ausgewandert war und der Hitlers Aufstieg als Vorsitzender des Vereins der ausländischen Presse wie der Amerikanischen Handelskammer bestaunte, registrierte eine »Zeit der Hoffnungslosigkeit, der Gleichgültigkeit und der Verzweiflung«.[15]

Quer durch alle Schichten empfanden die Deutschen die Bedingungen des Versailler Vertrages als Entwürdigung. Die wirtschaftliche Not hinterließ zudem tiefe Spuren. Vaterländische Gesinnung und extremer Nationalismus konnten sich deshalb weit verbreiten. Eine Gruppe solcher Fanatiker bestand aus Bankiers und Konzernlenkern, die unter- und miteinander »Kraft für den Wiederaufstieg« sammeln wollten. Anfangs taten sie es im geheimen. Erst mit Worten. Dann allerdings ließen sie Taten folgen.

»Wir müssen«, so trug 1919 der Bankier Maximillian Heinrich von Schinckel auf der Gründungsversammlung des Hamburger Nationalklubs im Winterhuder Fährhaus vor, auf »den Augenblick, wo der Zeitpunkt für uns wieder naht, gut vorbereitet sein«.[16] Die Anwesenden klatschten Beifall, vor allem der HAPAG-Generaldirektor Wilhelm Cuno,* der auf vielfältige Weise mit der rheinisch-westfälischen Schwerindustrie verbunden war, die unter den Folgen der französischen Besatzungspolitik besonders zu leiden hatte.

Nach dem Hamburger Vorbild entstanden überall im Reich vaterländische Vereine und patriotische Koalitionen. In Düsseldorf mobilisierte der »Industrie-Club« die »Völkische Abwehrpolitik und Aufbaupolitik«, in Oberhausen rief der »Verein zur Wahrung der gemeinsamen wirtschaftlichen Interessen in Rheinland und Westfalen« (Langnamverein) seine Mitglieder zum Kampf gegen »Parlamentarismus und Demokratie« auf, die »Nordwestliche Gruppe des Vereins Deutscher Eisen- und Stahlindustrie« wünschte sich die »Diktatur eines parteifreien ... Mannes«. Ähnlich lauteten die Visionen des Berliner »Esplanade-Kreises«, des »Juniklubs«, der »Vereinigung vaterländischer Verbände«.

Diese Bruderschaften wurden mit großzügigen Spenden bedacht, Bankchefs trugen zu ihrer Finanzierung bei: John von Berenberg-Goßler, Senator a.D., Vorsitzender des Aufsichtsrates des Hamburger Schauspielhauses und später stellvertretender Vorsitzender des Aufsichtsrates der Dresdner Bank, Ricardo Sloman, Vorstandsmitglied der Finanzbank und der Hamburger Sparkasse von 1827, der HAPAG-Direktor Louis Leisler Kiep, dessen Urgroßvater einst als Gouverneur in der britischen Kolonie Nord-Amerika wirkte, oder der Aufsichtsratsvorsitzende der Commerz- und Privatbank, Franz Heinrich Witthoefft.[17]

Der Hamburger Privatbankier Enno von Marcard, der in der

---

* Cuno war 1922/23 Reichskanzler und ließ die Reparationslieferungen aussetzen. Diese Entscheidung nahmen die Franzosen als Vorwand für die Besetzung des Ruhrgebietes.

Hansestadt »Rot-Front-Kämpfern« nachstellte, saß Hitler am 1. Dezember 1930 im Hotel Atlantic einmal im Angesicht gegenüber. Noch sechs Jahrzehnte später hielt er in seinen Erinnerung seinen damaligen Eindruck fest: Hitlers »Argumente klangen überzeugend«, der Führer der NSDAP sei »ein vernünftiger Mann« gewesen.[18] Diese Herren luden nun Wortführer der radikalen Rechten zu ihren Versammlungen ein: Adalbert Volck, Mitbegründer der Deutsch-völkischen Freiheitspartei und Vorsitzender der Nationalsozialistischen Arbeitsgemeinschaft, träumte von »freien deutschen Herrenmenschen«, Heinrich Claß, Vorsitzender des Alldeutschen Verbandes, plante »feindfreie Herrschaftsräume«, und Erich Ludendorff, dessen Judenhaß sich in primitiven Pamphleten mit wirr-absurden Titeln niederschlug (»Die Vollendung des künstlichen Juden durch Zwangsbeschneidung«), erschien die »Ausrottung« des jüdischen Volkes als letzter Rettungsanker.

Adolf Hitler, so hat der Historiker Manfred Asendorf gezeigt, ist den Herren der patriotischen Klubs gut bekannt gewesen – bereits seit 1921.[19] Und als Hitler, neun Jahre später, im überfüllten großen Festsaal des Hotels Atlantic von der Hamburger Kaufmannschaft wie ein alter Bekannter begrüßt wurde, zu einem Zeitpunkt, da die hanseatische NSDAP noch nicht einmal 200 Mitglieder zählte und die Parteikasse noch aus einem abgegriffenen Schuhkarton bestand, da brach stürmischer Jubel aus, als ein Vorredner den Gast mit den Worten ankündigte: »Er hat sich in kurzer Zeit durch seine politische Tätigkeit einen Namen gemacht.« Hitlers Ansprache verfehlte ihre beabsichtigte Wirkung nicht, sie zielte auf empfangsbereite Ohren, denn Hitler sicherte seinen Zuhörern die Vernichtung der Marxisten zu, er verbürgte sich für die Beseitigung der Sozialdemokratie.[20]

Bereits früh zeigte ein einflußreicher Teil der industriellen Elite eine zunehmende Bereitschaft, die Weimarer Republik zugunsten einer autoritären Lösung fallen zu lassen. Anfang der dreißiger Jahre neigten immer mehr Wirtschaftsführer dazu, zumindest eine Regierungsbeteiligung der NSDAP ins Auge zu fassen. Nicht wenige Bosse wähnten Hitler als ihren Verbündeten, als Garant alsbald wieder steigender Aktienkurse. Aber andere betrachteten Hitler als Marionette, einzig dazu da, der deutschen Industrie alte Macht- wie Profitstrukturen zurückzugeben.

Die Schwerindustrie gewöhnte sich an den Mann, der nun von einer Kanzelrede zur anderen stürmte und zunehmend Prestige erwarb. Je mehr er das klare Bekenntnis zur »freien Wirtschaft« ablegte, je häufiger er die gewaltsame Öffnung der Rohstoffgebiete propagierte, den starken Staat forderte und für neu zu erschließende Absatzmärkte trommelte, desto behaglicher fühlten sich die Patriarchen.

Ein Wirtschaftsbaron war im Sinne Hitlers bereits aktiv geworden: Paul Reusch, Generaldirektor der Gutehoffnungshütte. Er prophezeite den baldigen »Abgang« des greisen Reichspräsidenten Paul von Hindenburg. Es galt, einen »Nachfolger« aufzubauen. Im Mai 1929 beschloß er, Wilhelm Cuno auf das Amt vorzubereiten, um – im Fall eines jetzt für möglich gehaltenen respektablen Wahlergebnisses der NSDAP – Hitler den Weg in die Regierung zu ebnen. Doch Hindenburg quittierte diesen Vorschlag mit Desinteresse.[21] Ohnehin überstürzten sich inzwischen die Ereignisse.

Nach den Reichstagswahlen im September 1930 zog die NSDAP vor der SPD als zweitstärkste Fraktion mit 107 Abgeordneten ins Parlament ein. Nur zwei Wochen später reiste Cuno nach Berlin, um Hitler auf den Kurs der Konzerne einzuschwören, der wiederum Cuno wissen ließ: Frankreich wie dessen »Satrapen« Polen müßten »die Rückgabe des Korridors [zu Danzig] und Oberschlesien« abgerungen werden, desgleichen müsse der »Bruch mit dem jetzigen parlamentarisch-demokratischen System« erfolgen, nebst »Säuberung des korrupten Staates«, zum anderen endlich ein »Staatsgerichtshof für die Novemberverbrecher« geschaffen, zu guter Letzt die »Todesstrafe für Vaterlandsverrat« eingeführt werden. Cuno war beeindruckt, vor allem von Hitlers Wirtschaftsprogramm: von der »Förderung des Privatkapitals« bis hin zur »Hebung des Grundbesitzes« – unter den Nationalsozialisten sei der Aufschwung gewährleistet. Und die Juden? Gegen »jüdische Menschen als solche« würde er, Hitler, nicht vorgehen, aber die »jüdische Vorherrschaft im Staate« würde er brechen.[22]

Der Zeitzeuge Louis P. Lochner unterhielt zu vielen deutschen Wirtschaftsführern ein zuweilen herzliches Verhältnis. Das mag seinen Blick gelegentlich getrübt haben, denn Hitlers Förderer Paul Reusch erschien ihm als »hartnäckiger Hitlerfeind«, der – »scharfer Beobachter des politischen Lebens« – aus der Ablehnung des Nazismus kein Geheimnis gemacht habe, obwohl er den »Bund zur Erneuerung des Reiches« unterstützte und zahlreiche vaterländische Vereine an seinem finanziellen Tropf hingen.[23] Reusch votierte aus reinem Selbstzweck für Hitler. Der Industrielle, Sohn eines Königlich-Württembergischen Oberbergrates, pflegte mit dem NS-Führer aber keinen persönlichen Umgang. Im Gegensatz zu Gustav Krupp von Bohlen und Halbach, zu Albert Vögler (Bochumer Stahl-Verein), zu Fritz Springorum (Hoesch), zu Wilhelm Zangen (Mannesmann), zu Hermann Röchling (Eisen- und Stahlwerke), zu Karl Otto Saur (Gewerbebank), zu Ferdinand Porsche, zu August Oetker, der seine Puddinge längst als Volksdessert begriff.[24] Sie alle sahen zu Adolf Hitler keine Alternative. Doch ein Mann verkörperte die Affinität zu den Nationalsozialisten besonders anschaulich: Fritz Thyssen.

»Alle Staatsgewalt dem Nationalsozialismus«

Bis zu seinem 53. Geburtstag blieb Fritz Thyssen der ewige Kronprinz des Stahl- und Kohle-Imperiums.* Während Vater August, ein kleiner, drahtiger Selfmademan, den Konzern diktatorisch re-

* Erst als August Thyssen am 4. April 1926 mit 84 Jahren verstarb, übernahm Fritz Thyssen den Vorsitz der Vereinigten Stahlwerke.

gierte, philosophierte Fritz über religiöse und weltanschauliche Fragen, einer der Gründe, weshalb August Thyssen seinem Stammhalter wirtschaftliche Fähigkeiten nicht zutraute.[25] Fritz Thyssen wurde durch ein Schlüsselerlebnis in das Lager der Nationalsozialisten getrieben.

Am Abend des 5. Dezember 1918, drei Wochen nach Unterzeichnung des Waffenstillstandsabkommens, umstellte eine Gruppe Schwerbewaffneter die Thyssen-Villa in Mülheim, Großenbaumer Straße 250. Es waren wütende Angehörige des Arbeiter- und Soldatenrates. Fritz und sein Vater wurden verhaftet, ins Gefängnis geworfen, am nächsten Tag aus der Zelle gezerrt, zur Bahn geprügelt, in den Zug gestoßen. In Berlin, auf dem Potsdamer Bahnhof, wurden sie von revolutionären Matrosen empfangen. Sie begrüßten die Thyssens im Stil der neuen Zeit – als »Kapitalistenschweine«.

Im Berliner Polizeipräsidium am Alexanderplatz verlas der später zu den Kommunisten übergelaufene Polizeipräsident Emil Eichhorn die bis dahin wohl kürzeste »Anklageschrift«: »Sie [August und Fritz Thyssen] sind Feinde des Volkes.« Als eine Grüne Minna die Inhaftierten anschließend in die Moabiter Strafvollzugsanstalt fuhr, bangten die Thyssens um ihr Leben, denn es gab Gerüchte, kommunistische Aufrührer würden bekannte Persönlichkeiten niederstrecken. Doch ein der Revolutionsgarden überdrüssiger Gefängnisbeamter entließ die Thyssens in die Freiheit.

Zurück in Mülheim, standen einige Tage später die Revolutionäre erneut vor dem Thyssen-Domizil. Wieder sollten sie verhaftet werden. Durch einen Geheimtunnel gelang den Hausherren die Flucht.[26] Fritz Thyssen schwor, er werde jeden Kommunisten jagen. Aber auch mit den Franzosen waren Rechnungen zu begleichen.

Während der Versailler Friedenskonferenz gehörte Fritz Thyssen als Wirtschaftsberater zur deutschen Delegation. Er sprach sich vehement gegen die Annahme des Vertrages aus, da eine Unterschrift für die Deutschen »eine Art Wirtschaftsklaverei« bedeuten würde. Thyssen wußte, wovon er sprach: Das Stahlwerk im lothringischen Hagendingen hatten die Franzosen entschädigungslos enteignet.[27] Und als die französisch-belgischen Truppen das Ruhrgebiet besetzten, stand Fritz Thyssen ganz oben auf der Fahndungsliste. Sein entschlossenes Aufbegehren gegen den Versailler Vertrag, sein Widerstand gegen den Kohlenraub hatte die Franzosen schließlich derart provoziert, daß sie Fritz Thyssen festnahmen.

Im Militärgefängnis zu Mainz wartete er auf seinen Prozeß. Daraufhin rotteten sich zigtausende von Thyssen-Arbeitern zusammen und setzten die Franzosen unter Druck: im Falle einer Verurteilung ihres Chefs würden sie die Kommandanturen stürmen. Das irritierte die Besatzer derart, daß sie Thyssen für ein »Bußgeld« in Höhe von 300000 Goldmark laufen ließen.[28]

Diese Erfahrungen trugen dazu bei, daß sich der Industrielle in einen starrsinnigen Patrioten verwandelte. Fortan wollte Thyssen das politisch-ökonomische Unheil, das da über Deutschland niederfuhr, mit tatkräftigem Engagement bekämpfen. Mit Einfluß und Geld.

Thyssen reiste nach München zu Erich Ludendorff, dem er die Idee eines Bündnisses des Proletariats mit der Industrie in Form einer nationalistischen Arbeiterpartei vortrug, mit dem Ziel, den Klassenhaß zwischen Arbeitern und Arbeitgebern unter einer gemeinsamen, nationalen Fahne zu beenden. So würde dem Marxismus das Wasser abgegraben. Anläßlich dieses Zusammentreffens schwärmte Ludendorff von Adolf Hitler. Fritz Thyssen spendete 100000 Goldmark, mit der Maßgabe, der NSDAP davon einen Teilbetrag zuzuteilen.[29] Über Ludendorff stieß Thyssen schließlich auf Hitler.

Im Herbst 1928 begann Thyssen, Hitler privat auszuhelfen, wobei er – wie zuvor der Klavierfabrikant Carl Bechstein, der Mittelständler Albert Pietsch oder der Verleger Hugo Bruckmann – unversehens in die Rolle eines Mäzens geschlüpft war.[30] Diese

Großzügigkeit mag den stets klammen Hitler bewogen haben, Thyssens Finanzkraft grundsätzlich für sich zu nutzen. Um die Geldquelle regelmäßig sprudeln zu lassen, schmeichelte sich Hitler bei Thyssen ein.

Thyssen favorisierte einen Ständestaat, jene politische Ordnungsform, die nicht von Deputierten politischer Parteien, sondern von Vertretern einzelner Berufsgruppen dominiert wird. Als gläubiger Katholik hoffte Thyssen, Hitler würde das Plädoyer des Papstes Pius XI. für einen Ständestaat (Enzyklika »Quadragesimo anno« vom 15. Mai 1931) aufgreifen, damit das parlamentarische Chaos endlich ein Ende nähme. Hitler hatte Thyssen das Gefühl vermittelt, er selbst würde diese Reform in späteren Jahren tatsächlich ins Auge fassen. Doch als der Tyrann an der Macht war, verwarf er die Stände-Ideologie als »romantischen Unsinn«.[31] Bis dahin aber erhielt Hitler materielle Unterstützung. So hatte Thyssen ihm 1930 den Erwerb wie Umbau des Münchner Palais Barlow in der Brienner Straße 45 ermöglicht, das als imposante Parteizentrale vom Aufbruch einer neuen Epoche künden sollte. Ohne Thyssens Geld wäre dieses »Braune Haus« von einem anderen Interessenten erworben worden.[32]

Fritz Thyssen glaubte aufrichtig an Adolf Hitler. Er war fest davon überzeugt, einen weitsichtigen Ehrenmann zu unterstützen. Bei jeder sich ihm bietenden Gelegenheit verteidigte er ihn, in der Annahme, dieser würde seine Ratschläge befolgen. Doch in Wahrheit verpaßte ihm Hitler die Rolle eines politischen Hofnarren. Niedertracht und Heuchelei – Thyssen kam nicht in den Sinn, daß sein Vorbild ein doppeltes Spiel trieb. Noch nicht. So verschaffte Thyssen seinem Führer schließlich ein bedeutendes Entree: den Auftritt im Düsseldorfer Industrie-Club, allerdings mit Hitler als zweiter Besetzung.

Der SPD-Reichstagsabgeordnete Max Cohen-Reuss, Mitglied des Reichswirtschaftsrates, wurde im Herbst 1931 vom Industrie-Club eingeladen, einen Vortrag über seine Behörde zu halten. Cohen-Reuss aber nutzte diese Gelegenheit, die Anwesenden mit dem gesamten Repertoire linker Propagandaparolen zu konfrontieren. Das vaterländische Auditorium war entsetzt. Fritz Thyssen verlangte einen »Gegenredner«. Er schlug Gregor Strasser vor. Der sagte zu, wurde aber wieder ausgeladen. Als sich Thyssen in Berlin mit Hitler traf, erwähnte er beiläufig das bevorstehende Referat Strassers beim Industrie-Club. Hitler reagierte: »Ich glaube, es wäre besser, wenn ich selber käme.« Er kam. Am 27. Januar 1932.

Im Großen Ballsaal des Parkhotels zu Düsseldorf ertönte aus dem Vorraum ein lautes Kommando: »Alles aufstehen!« Einige Zuhörer erhoben sich wahrhaftig. Und als Hitler martialisch zum Podium schritt, in einem schlechtsitzenden Cutaway und knitteriger Hose, da wird einigen die Absurdität des Führers der neuen Bewegung wohl bewußt geworden sein, zumal die Mehrzahl der rund 600 Industrie-Club-Mitglieder Stresemanns industriefreundlicher Deutscher Volkspartei angehörte.

Mit Ausnahme Thyssens hatte sich von den Anwesenden bisher niemand offen zum Nationalsozialismus bekannt, aber sie alle fürchteten die Kommunisten. Und die abzuschaffen versprach Adolf Hitler. Keiner sonst.

Thyssen, der nach seinem Gast und 20 SA-Begleitern den Ballsaal betrat, hielt die Eröffnungsansprache. Hitler polterte zwei Stunden lang. Wenn die Demokratie so weiter mache, wetterte Hitler, werde es eines Tages kein Privateigentum mehr geben. Und die mißratenen Marxisten? Die betrachteten Besitz als »Diebstahl«. Hitler: »Wenn wir nicht wären, gäbe es schon heute kein Bürgertum mehr«, weshalb er den simplen Schluß zog: »Bolschewismus oder nicht Bolschewismus.« Fritz Thyssen bedankte sich im Namen des Industrie-Clubs: »Nur die nationalsozialistische Bewegung und der Geist ihres Führers können Deutschlands Schicksal wenden.«[33]

Hitlers Industrie-Club-Rede wurde von NS-Journalisten als Sensation verkauft. Der »Vortrag Adolf Hitlers vor westdeutschen Wirtschaftlern« sollte, ähnlich einem Gottesdienst, von der wundersamen Wandlung der Rhein- und Ruhr-Manager künden, die ihre Distanz zum Führer angeblich aufgegeben hätten. Kein Geringerer als Hitlers Pressechef Otto Dietrich nutzte diese Veranstaltung zu einem gewaltigen PR-Feldzug. Er ließ den Vortrag seines Chefs vom Eher-Verlag millionenfach nachdrucken. Damit jeder nachlesen konnte, daß sich die »Herzen [der Industriellen] erwärmten«, »ihre Augen an den Lippen des Führers« gehangen hatten.[34] Zwar stimmte daran kein Wort, aber die Masse ließ sich durchaus beeindrucken. Hitler konnte seinen Düsseldorfer Auftritt als enormen Prestige-Gewinn verbuchen.

Für Hitler galt Fritz Thyssen vorübergehend als wichtigster Verbündeter. Thyssen hatte es wie keiner sonst verstanden, andere Bosse für ihn zu gewinnen. Aber diese Kreise wollten sich ihr eigenes Bild von Hitler machen. So verfielen die Industriellen auf die Idee, in Hitlers Nähe einen »Spion« zu plazieren, wie Louis P. Lochner mutmaßte. In dem Chefredakteur der rechtskonservativen »Berliner Börsen-Zeitung«, Walther Funk, glaubten sie, den rechten Mann gefunden zu haben. Im Januar 1931 sei Funk in Hitlers Nähe geschleust worden, in der Hoffnung, er würde die Ruhrherrscher über die Pläne des Führers unterrichten können. Doch Funk suchte seinen eigenen Weg. Er schloß sich den Nationalsozialisten an.[35]

Es gab freilich noch jemanden, der Hitler als Segen für Deutschland betrachtete – Hjalmar Horace Greeley Schacht, ehedem stellvertretender Direktor der Dresdner Bank (1908/15), Reichsernährungskommissar (1923), anschließend bis zu seiner Absetzung im April 1930 Präsident der Reichsbank.

Schacht war der Überzeugung, daß »das ganze gegenwärtige System sich mit Sicherheit totläuft«, wie er sich 1932 Hitler gegenüber ausdrückte. Zwar würden sich die »großmächtigen Herren« der Industrie noch scheuen, sich offen auf die Seite des Führers zu schlagen, schließlich müßten sie Rücksicht auf die derzeitige Regierung nehmen, aber insgeheim studierten sie doch bereits »die wirtschaftspolitischen Ansichten des Nationalsozialismus auf die

Möglichkeit hin, sie mit dem Gedeihen privater Wirtschaft in Einklang zu bringen«.[36] Und wer inspirierte sie? Die Berliner »Arbeitsstelle Schacht«, eine Vereinigung, in der sich der harte Kern der Nationalklubs versammelt hatte und die Hitler zur Macht verhelfen wollte. Mit Georg von Stauß von der Deutschen Bank als Verehrer Hitlers. Mit dem Freiherrn Kurt von Schröder vom Kölner Bankhaus J. H. Stein als Gönner Heinrich Himmlers.

Schachts Sozietät residierte in einer Bürogemeinschaft am Schöneberger Ufer 39, in der die »Zentralstelle für Mitteleuropa«, ein Ableger des Reichsverbandes der deutschen Industrie, die Miete zahlte, eine Weiterentwicklung der Nationalklubs. In diesen Räumen wirkte ein besonders rühriger Getreuer Schachts, der Potsdamer Journalist Franz Reuter, der in Schachts Auftrag die »Deutschen Führerbriefe« herausgab, eine »politisch-wirtschaftliche Privatkorrespondenz«, die seit 1927 dienstags wie freitags in einer Auflage von 1250 Exemplaren erschien.

Die »Führerbriefe« wandten sich an Finanz- und Industriekreise, auch an Kabinettsmitglieder. Sie erreichten Reichswehroffiziere, die Umgebung Hindenburgs gehörte ebenfalls zu den Adressaten. Ihre Artikel waren voller Widersprüche, von Schacht indes bewußt gewollt: Wenn er beispielsweise die »nationalsozialistische Wirtschaftstheorie [als] seltsame Legierung von Kapitalismus und Sozialismus« abstrafen ließ, dann wollte er einflußreiche Nationalsozialisten auffordern, den NS-Ideologen Gottfried Feder, der sich dem »Kampf der Hochfinanz« verschrieben hatte, in die Schranken zu weisen.[37] Und wenn Schacht bei der NSDAP eine »gewisse Kampfmüdigkeit« erkannte, hieß die Botschaft, der Führer möge sich endlich seines Widersachers Gregor Strasser entledigen.[38]

Der 42jährige war am Ende seiner Karriere angekommen, als er 1930 als Präsident der Reichsbank vom Reichskanzler Heinrich Brüning entlassen wurde. Das Kabinett wollte seine verhaltene Finanzpolitik nicht mittragen. Doch das Ego Schachts vertrug sich nicht mit dem Ruhestand. Darum »setzte er auf den Sieg

Hitlers und klammerte sich an den Schweif des Nazikometen, der in sausender Fahrt am politischen Firmament Deutschlands seine Bahn zog«, wie Louis P. Lochner Schachts Gesinnung beschrieb.[39] Der Inhalt der »Führerbriefe« entlarvte ihren heimlichen Herausgeber als plumpen Konjunkturritter. Als Hitler am 30. Januar 1933 als Reichskanzler vereidigt wurde, kommentierten Schachts »Führerbriefe« dieses »Werden« mit dem Zwischenruf, daß »wir seit dem Sommer unentwegt trotz nicht geringer Kritik und Anfeindungen dies als die beste [Lösung] gefordert haben«,[40] um schließlich den Sinn der »Führerbriefe« zu erklären: Dieser »Systemwechsel machte die Wiederkehr Dr. Schachts unausweichlich«.[41] Schacht wurde tatsächlich wieder Präsident der Reichsbank. Am Tag, an dem der »Führerbriefe«-Aufruf erschien. Am 17. März 1933.

Schacht und Fritz Thyssen hatten, jeder auf seine Art, Adolf Hitler in ihre Freundeskreise eingeführt. Doch alsbald verkehrten Industrielle und Bankiers mit dem Diktator selbständig. Tatsächlich waren Schacht wie Thyssen der irrigen Meinung, der Diktator würde auf sie als Berater nicht verzichten können.* Getrieben von blanker Eitelkeit und arroganter Selbstüberschätzung, wähnten sich Hitlers Steigbügelhalter als die wahren Regisseure, aber sie bemerkten nicht, daß ihre Zeit längst abgelaufen war. Inzwischen waren sie

---

* Schacht leitete als Präsident der Reichsbank in Personalunion vorübergehend auch das Reichswirtschaftsministerium und avancierte zum Generalbevollmächtigten der Kriegswirtschaft. Dann aber widersetzte er sich Hitlers dubioser Finanzpolitik, wurde abgesetzt, 1944 verhaftet und im Nürnberger Kriegsverbrecher-Prozeß freigesprochen. Fritz Thyssen brach mit Hitler, nachdem sein Freund, der Düsseldorfer Regierungspräsident Carl Christian Schmid, aus dem Amt gejagt worden war. Thyssen siedelte erst in die Schweiz, dann nach Frankreich über. Als seine Erinnerungen unter dem Titel »I Paid Hitler« erschienen, ließ Hitler sein gesamtes Vermögen beschlagnahmen. Nach der Besetzung Frankreichs wurde Thyssen an der Riviera festgenommen und in ein KZ überführt. Nach dem Zusammenbruch verzog er mit Frau Amalie und Tochter Anita nach Buenos Aires. Dort starb er verbittert am 8. 2. 1951.

von einer ganz neuen Generation von Wirtschaftsführern verdrängt worden: etwa von einem Hermann J. Abs, dessen rasanter Aufstieg im Dritten Reich bevorstand, oder von Wilhelm Keppler.

Keppler, seit Juli 1933 offizieller »Beauftragter des Führers für Wirtschaftsfragen«, residierte in der Wilhelmstraße 77/78, inmitten der Reichskanzlei. Er hatte, in Heidelberg geboren, die mittelständische Odin-Chemie im badischen Eberbach als Geschäftsführer wie Mitgesellschafter fast in den Ruin geführt. Lediglich eine Beteiligung von Eastman-Kodak, und die damit verbundene Zufuhr frischen Kapitals, verhinderte den Bankrott. Die frühe Bekanntschaft mit Hitler bewahrte ihn überdies vor dem persönlichen Offenbarungseid.

Der »Alte Kämpfer« Keppler, der bereits im Mai 1927 der NSDAP beigetreten war, organisierte für Hitler frühzeitig eine »Arbeitsgemeinschaft mittelständischer Unternehmer«, die mit der NSDAP sympathisierten. Doch einstweilen mieden namhafte Persönlichkeiten aus Industrie und Bankenwelt den später als »Keppler-Kreis« bekanntgewordenen Zirkel. Ein Bankier aber schloß sich dem »Keppler-Kreis« rechtzeitig an: Kurt Freiherr von Schröder, ein entfernter Verwandter des späteren DDR-Demagogen Karl-Eduard von Schnitzler.[42]

Schröders Vater war Bankier gewesen, ebenso Bruder Henry. Mit 24 Jahren heiratete Schröder Ottilie von Schnitzler, Tochter des Mitinhabers des Bankhauses J.H. Stein, Georg von Schnitzler, ein Vorstandsmitglied der I.G. Farben. Als sich der Schwiegervater 1925 aus dem aktiven Bankgeschäft zurückzog, legte er die Geschicke des Instituts in die Hände des Schwiegersohnes.[43] Über Keppler lernte Schröder erst den »Führer« kennen, dann Heinrich Himmler.[44] Und es war genaugenommen Schröder, der dem Dritten Reich auf die Beine half. Am 4. Januar 1933 kam es in des Freiherrn Kölner Villa am Stadtwaldgürtel 35 zu einer denkwürdigen Begegnung.

Franz von Papen, Reichskanzler bis zum Dezember des Vorjahres, erwartete Adolf Hitler zu einem Treffen. Bis dahin hatte

Hitler Papen mit Haßtiraden überschüttet, ihn als »diesen dekadenten Vertreter einer überlebten feudalen Herrenkaste« beschimpft. Für Schröder waren gewaltige Anstrengungen nötig, um die beiden unversöhnlichen Kontrahenten zusammenzuführen. Aber mit Hilfe Kepplers und Himmlers ließ sich Hitler überzeugen.[45]

Der Gastgeber Schröder war mit dem Verlauf der Unterredung zufrieden gewesen, denn Papen hatte zugesagt, sich beim Reichspräsidenten Paul von Hindenburg für eine Kandidatur Hitlers zu verwenden. Am 30. Januar 1933 bestellte er Hitler sodann zum Reichskanzler, und für das Bankhaus J. H. Stein sollte sich dieses Regime schließlich als glänzendes Geschäft erweisen. Ebenso für einen Vetter Kepplers: Emil Heinrich Meyer von der Dresdner Bank.

Meyer war seit 1924 Leiter der Genossenschaftsabteilung der Dresdner Bank, ein Arbeitsfeld, das ihn von der großen Kreditpolitik ausschloß.* Er hatte es, Jahr um Jahr, mit kleinkarierten Mittelständlern zu tun. So sehr sich Meyer auch abquälte – die Chefetage mochte den »Genossenschaftler« nicht akzeptieren, nicht einmal als Prokuristen. Noch nicht.

Emil Heinrich Meyer war – wie Kurt Freiherr von Schröder – Mitglied im Keppler-Kreis. Wenn sich an Rhein und Ruhr wieder einmal beträchtliche Spenden angesammelt hatten, bestieg Meyer auf dem Anhalter Bahnhof den Nachtzug nach Köln, um die Scherflein generöser Konzernherren per Koffer nach Berlin zu bringen.[46] Die-

* Die Idee einer genossenschaftlichen Bank wurde in England um 1797 von Robert Owen entwickelt. Das »Institut der Selbsthilfe« vergab an sozial-schwache Bevölkerungskreise Kleinkredite. Diese neue Form von Kreditvergabe fand in Frankreich und anschließend in Deutschland Nachahmer. In Zusammenarbeit mit der katholischen wie evangelischen Kirche verwirklichte Viktor A. Huber den Genossenschaftsgedanken. 1844 wurde in Berlin der »Zentralverein für das Wohl der arbeitenden Klassen« gegründet, in Bonn entstand eine »Darlehenskasse«, in Koblenz ein »Darlehensverein« und in Dortmund ein »Kreditverein«.

se Loyalität zahlte sich aus. Am 1. August 1934 wurde er Mitglied des Vorstandes der Dresdner Bank. Einen ähnlichen Aufschwung erzielte noch ein anderer Weggefährte Kepplers, dessen Adjutant Fritz Kranefuß.

Heinrich Himmler hielt Ausschau nach Sponsoren für seine Schutzstaffel. Zwar hatten einige Wirtschaftsführer bereits seine Nähe gesucht, beispielsweise ein Vorstandsmitglied der I.G. Farben (Heinrich Bütefisch), Friedrich Flick höchstselbst oder der Robert-Bosch-Direktor Hans Walz, aber ein Geldsegen wie bei Hitler war nicht zu erwarten. Erst Mitte 1934 öffnete Fritz Kranefuß die Schatulle, er rief den »Freundeskreis Reichsführer-SS« ins Leben. Die Mitgliederliste las sich wie ein Auszug aus dem Handelsregister: Vorstands- wie Aufsichtsratsmitglieder der Dresdner und Deutschen Bank, die Commerz- und Privatbank war vertreten, das Bankhaus J.H. Stein, der Norddeutsche Lloyd, die Hamburg-Amerika-Linie, die Deutsch-Amerikanische Petroleum-Gesellschaft, die I.G. Farben, Siemens und der Himmler-fixierte Puddingkönig August Oetker.[47]

Zunächst tagte der Freundeskreis zweimal im Jahr, bis dahin »kostenlos«. Aber ab 1936 bat Himmler seine »Freunde« zur Kasse: Sie alle überwiesen fortan, Jahr um Jahr, Spenden auf das Sammelkonto »S« der Schröder-Bank J.H. Stein, jährlich weit über eine Million Reichsmark. Der SS-Chef revanchierte sich: Mitglieder seines Freundeskreises überhäufte er mit Ehrentiteln der Schutzstaffel.[48]

Wie förderlich eine SS-Mitgliedschaft sein konnte, unterstrich der Fall des späteren Sprechers der Dresdner Bank, Karl Rasche, der inzwischen als Synonym einer Musterkarriere des Dritten Reiches gilt. Geboren wurde er 1892 als Sohn eines Mittelständlers in Iserlohn. Das Studium finanzierte die Verwandtschaft, darunter der Onkel Wilhelm, Mitinhaber der Aktien-Brauerei in Essen. Zeitlebens verfolgte Karl Rasche diese Abhängigkeit. Auf den Universitäten galt er als Streber. Mit diesem Vorwurf ließ sich leben. Doch die materielle Unterstützung verstand er als Knechtschaft, als moralische Belastung. Niemals mehr wollte er durch ein solches Korsett in Atemnot geraten. Staatsexamen wie Promotion absolvierte Rasche mit Auszeichnung. Aber politisch zeigte er sich noch unentschlossen. Zwar favorisierte Rasche die harte Hand, nur – welcher Fraktion sollte er die seine entgegenstrecken?

Zu Beginn des Ersten Weltkriegs gehörte Rasche zur Etappe: Im elsässischen Kolmar kümmerte sich der Vizefeldwebel um den Nachschub. Dann wurde er 1917 nach Riga versetzt, wo er – während der Friedensverhandlungen in Brest-Litowsk – den Nachschub für die deutschen Truppen im Baltikum organisierte. Hier stieß er auf den Mann, der sein politisches Denken prägen sollte: auf den reaktionären General und Freikorpsführer Rüdiger Graf von der Goltz.[49]

Rasche reiste im Auftrag von Goltz nach Westdeutschland und eröffnete in mehreren Städten »Rekrutierungsbüros«. Die Werbung von Freiwilligen für den Feldzug im Baltikum war sein erstes Erfolgserlebnis. Hunderte unterschrieben. Für die schnell organisierte Verstärkung zeigte sich von der Goltz dankbar: Er zeichnete seinen braven Weggefährten mit dem Baltenkreuz aus. Der so Geehrte kehrte aber nicht mehr in das Baltikum zurück. Statt dessen wurde er »Bankier«. Erst beim Barmer Bank-Verein, dann wechselte er, als die Commerz- und Privatbank den Bank-Verein aufkaufte, zur örtlichen Konkurrenz, zur Westfälischen Bank.[50] Dort kam er mit einer Bewegung in Berührung, die ihn im Wortsinn ansteckte.

Rasche stieß auf Alfred Meyer, den Gauleiter von Westfalen-Nord, der als Untermieter im Gebäude der Westfälischen Bank residierte und in Bochum einen effizienten Propaganda-Apparat aufgebaut hatte. Aus einer oberflächlichen Bekanntschaft wurde schnell eine tiefe Freundschaft. Nun hatte der bis dahin politisch heimatlose Rasche seine Bestimmung entdeckt, für die es sich zu opfern lohnte. Die Gelegenheit dazu bot sich prompt: Rasche veröffentlichte in Meyers Gau-Zeitung »Rote Erde« Aufsätze zum Thema Wirtschaft.[51]

Weil der Gauleiter ein »Alter Kämpfer« war, verfügte er über Zugang zum inneren Zirkel des Führers. Von dieser Vertrautheit profitierte auch Karl Rasche. Meyer flankierte seinen neuen Bundesgenossen zur Dresdner Bank, wo Carl Goetz den Kollegen 1934 zum stellvertretenden Vorstandsmitglied bestellte. Rasches Lebensstandard erreichte unverzüglich Hauptstadtniveau.

In der feinen Württembergallee 22 in Charlottenburg war eine Villa frei geworden. Während die Besitzer, ein jüdisches Arztehepaar, in letzter Sekunde ins Ausland emigrieren konnten, bezog Rasches Familie das repräsentative Haus im Jugendstil.[52] Bis 1944 verzehnfachten sich Gehalt und Tantiemen. Rasche war der NSDAP am 1. Mai 1933 beigetreten, doch die Monatsbeiträge blieb er schuldig, woraufhin er aus der Kartei gestrichen wurde. Prompt erlebte das SS-Hauptamt eine seltsame Überraschung: »Parteizugehörigkeit [Rasches] aus den Akten nicht ersichtlich.« Solche Panne ließ sich freilich reparieren: Rasches offizielle NSDAP-Mitgliedschaft wurde um ein Jahr zurückdatiert, damit Himmler ihn im November 1938 in den Rang eines SS-Hauptsturmführers versetzen konnte. Absurdistan Drittes Reich.

Ob Carl Goetz, Karl Rasche oder Emil Heinrich Meyer – die Politik der Dresdner Bank wurde im Vorstand von Herren bestimmt, die eine Nähe zum Dritten Reich nicht mieden. Freilich blieben sie keine Einzelfälle. Auch im Aufsichtsrat der Dresdner Bank parlierten überzeugte Nationalsozialisten.

Wilhelm Kisskalt behauptete 1945 gegenüber den Amerikanern, der NSDAP 1933 nur darum beigetreten zu sein, um »mit der NSDAP seine privaten Versicherungsanteile gegen Übergriffe sozialistischer Elemente [zu] schützen«. Sein Kollege Wilhelm Avieny, der später für das SS-Rasse- und Siedlungshauptamt hochdotierte Gutachten erstellte, hatte im Rang eines SS-Obersturmbannführers zuvor als Gauwirtschaftsberater Fragen der Arisierung beantwortet.

Der SS-Standartenführer Wilhelm Marotzke marschierte im

Windschatten des Schwarzen Ordens in den Aufsichtsrat der Dresdner Bank. Er war durch einen Bekannten dorthin protegiert worden – den damaligen Berater des Rüstungsministeriums, Karl Maria Hettlage. In der Bundesrepublik Deutschland avancierte Hettlage zum Staatssekretär im Bundesfinanzministerium und gehörte der VW-»Stiftung« an. Bevor der SS-Brigadeführer Walther Schieber in den Aufsichtsrat der Dresdner Bank stürmte, hatte ihn Himmler zu seinem »Gasschutzreferenten« erklärt, Schieber seinerseits den Reichsführer-SS auf die Möglichkeit einer bakteriologischen Kriegsführung hingewiesen. Schieber pflegte ein freundschaftliches Verhältnis zu Martin Bormann, der NSDAP gehörte er indes nicht an. Im Gegensatz zu Hans Ullrich, Mitglied der NSDAP seit 1934, der als Generaldirektor der Gothaer Lebensversicherung nach der Reichskristallnacht jüdische Versicherungspolicen zur Regulierung der »Sühneleistung« freigab. Der Prinzipal der Robert Bosch G.m.b.H. und Aufsichtsratsmitglied der Dresdner Bank, der SS-Hauptsturmführer Hans Walz, fiel den Amerikanern dadurch auf, daß er »alle Parteiverbindungen« abstritt. Besonders Walz profitierte von seinen Verbindungen zur SS, die ihm Legionen von Zwangsarbeitern zuteilte.[53]

Die Dresdner Bank kümmerte sich freilich auch um niedere SS-Chargen, die dort ihre Konten eröffneten. Großzügig räumte das Institut Kredite ein, vor allem die Depositenkasse am Askanischen Platz, die auch den Geldverkehr des Reichsführer-SS regelte. Wegen der permanenten Überziehung bis zu 1,5 Millionen Reichsmark wandelte in Absprache mit Emil Heinrich Meyer Himmlers Generalbevollmächtigter, der SS-Sturmbannführer Hellmuth Fitzner, den Saldo kurzentschlossen in einen Dispositionskredit in entsprechender Höhe um, ohne Wert auf bankübliche Sicherheitsleistungen zu legen. Ein Alptraum für jeden gestandenen Bankier, denn wider Erwarten entpuppte sich der prominente Kunde als großer Geldverschwender.[54]

Die deutschen Banken hatten schließlich ihr langgehegtes Ziel erreicht, sich als Geburtshelfer eines autoritären Regimes endlich wieder Gewinnmargen beschert. Die deutsche Wirtschaft begann sich zu erholen. Dank der Aufrüstung, dank der Arisierung.

2
Der Spezialist

Die Grenzen des Wachstums schienen ihm erreicht. Er wollte das Weihnachts- wie Urlaubsgeld abschaffen, die Zuschüsse zur Sozialversicherung kappen, der dynamischen Rente an den Kragen, die Bausparprämien streichen. Zugleich erkannte er den Beginn der Globalisierung, lehnte direkte Steuererhöhungen ab, plädierte statt dessen für eine indirekte Form – für die Anhebung der Kfz- und Mineralölsteuer, für die Einführung der Autobahngebühr. Ein Wirtschafts-Weiser machte sich Gedanken. Bereits 1966.

Vor mehr als drei Jahrzehnten mahnte ein bedeutender Ökonom etwas an, das nach ihm ganze Politiker-Generationen zu vermeiden suchten: Staat und Gesellschaft gründlich zu reformieren. »Seid hart zueinander. Und seht euch einmal die realen Tatsachen an, und richtet euer Verhalten danach«, verbreitete er damals, um seine Diagnose in eine beißende Kurzformel zu fassen: »Die Zeit des Absahnens ist vorbei.«[1]

Paul Binder hieß dieser nüchterne Mann, der als erster das Ende des deutschen Wohlstandsstaates verkündete. Als gewichtige Persönlichkeit anerkannt, suchten Journalisten seine Nähe. Im »Spiegel« brachte Paul Binder das deutsche Auslaufmodell auf den Punkt: »Wir bekommen ... eine Quittung für den verlorenen Krieg.«[2] Binder wußte, wovon er sprach. Auch während des Dritten Reiches waren seine Expertisen gefragt. In Fragen der Arisierung galt sein Urteil oft als letzte Instanz. Das Mandat erteilte ihm anfangs das Wirtschaftsprüfungsunternehmen »Revision« Treuhand

A.G., bis seine Kenntnisse dann von der Dresdner Bank benötigt wurden.

Paul Binder war 1902 in Stuttgart zur Welt gekommen. Der Vater pflegte als Angestellter der Gewerbebank Schwenningen e.G.m.b.H die Kundenstruktur einer ländlichen Sparkasse. Binder schien unter der kleinkarierten Bürgerlichkeit seines pedantischen Elternhauses gelitten zu haben, ein Komplex, der ihn wohl auf dem Stuttgarter Dillmann-Realgymnasium ereilt hatte. Dort traf er mit Schulkameraden zusammen, die besser gekleidet waren, die aus angeseheneren Familien stammten, wie beispielsweise der Stammhalter des Industriellen Robert August Bosch. In diesen Kreisen wollte er künftig verkehren.

Paul Binder durchlief als Student wahre Ochsentouren, dazu in einem atemberaubenden Tempo. Er wählte das Fach Rechtswissenschaften, das der Nationalökonomie. Er besuchte die Universitäten in Rostock, in Tübingen, schließlich in Dijon. Bildung wurde sein wichtigstes Gut, Wißbegierde sein Antrieb: Promotion mit 22 Jahren, Volontariate bei Banken und Wirtschaftsprüfern in London, in Berlin, dann, 1930 mit 28 Jahren, der Beginn der beruflichen Gipfelfahrt: Die »Revision« Treuhand A.G. in Berlin verpflichtete ihn als Wirtschaftsprüfer.[3]

Paul Binder gehörte nun einem Gewerbe an, das nicht immer den allerbesten Ruf genoß: »Der typische Revisor ist ein Mann über das mittlere Alter hinaus«, so beschrieb der amerikanische Branchenprimus Maurice H. Stands seinen Berufszweig, »mager, runzlig, intelligent, kalt, passiv, unverbindlich, mit Augen gleich einem Schellfisch, höflich im Umgang, aber zugleich wenig verständnisvoll, innerlich gefügt wie ein Betonpfahl: eine menschliche Versteinerung mit einem Herzen aus Feldspat, ohne den Zauber der Männlichkeit, ohne Eingeweide, Leidenschaften oder Sinn für Humor. Glücklicherweise pflanzen sich diese Menschen nicht fort«.[4]

Diese Eigenschaften trafen vermutlich teilweise auch auf Paul Binder zu, der nun zu einem Berufsstand zählte, der um die Jahrhundertwende langsam Fuß gefaßt hatte. Bis dahin ließen staatliche Finanzverwaltungen, Gemeinden und kirchliche Institutionen ihre Buchhaltungen von Prüfern kontrollieren, die sich dem bloßen »Abhakertum« verschrieben hatten, deren ganze Tätigkeit darin bestand, Geldein- wie -ausgänge lediglich zu vergleichen. Erst die Firmenzusammenbrüche seit 1873, eine Folgeerscheinung der industriellen Gründerjahre, schufen den Wirtschaftsprüfer, den Treuhänder. Geldinstitute begannen »Bank-Treuhandgesellschaften« zu etablieren, deren Aufgabe es war, Kredite abzusichern. Zugleich boten sie ihren Kunden die Vermögensverwaltung an und inspizierten Jahr um Jahr deren Finanzstatus.[5]

Paul Binders erster Arbeitgeber gehörte zu einem alteingesessenen Unternehmen. Als die »Revision« Treuhand A.G. 1905 errichtet worden war, stand ihr eine einträgliche Zukunft bevor, aber ein unfähiger Vorstand führte das Unternehmen in die roten Zahlen. Das Eigenkapital von einer Million Mark ging verloren, lediglich eine Rettungsaktion der Deutschen Bank ermöglichte das Überleben. Sie verschaffte sich das Aktienpaket, um es Ende 1930 an die von ihr mitbegründete und beherrschte Deutsche Treuhand-Gesellschaft mit Gewinn weiterzuverkaufen. Die »Revision« Treuhand A.G. nahm ihren Sitz in der Berliner Zentrale der Deutschen Treuhand-Gesellschaft in der Taubenstraße 44/45. Der bisherige Konkurrent existierte fortan nur noch auf dem Papier weiter.[6] Als Firmenmantel würde er eines Tages Verwendung finden, überlegten sich die Wirtschaftsprüfer.

Eigentlich war die Deutsche Treuhand-Gesellschaft ins Leben gerufen, um ganz andere Aufgaben zu erfüllen: Im März 1890 wurde in den Räumen der Deutschen Bank die »German American Trust Company« (Deutsch-Amerikanische Treuhand-Gesellschaft) installiert.* Die Company sollte Anteile an den US-Eisen-

---

* Gründer der German American Trust Company waren: Deutsche Bank, die Brüder Jacob S. H. und Theodor Stern (jeweils 9,925 Millionen RM), Otto Braunfels, Georg von Siemens und Henry Oswaldt (jeweils 50000 RM).

bahnen verwalten und erwerben, nur war der Zeitpunkt falsch gewählt, denn inzwischen waren 74 US-Railways zusammengebrochen. Was tun? Zwei Jahre später legte die Trust Company ihren amerikanischen Namen ab und nannte sich Deutsche Treuhand-Gesellschaft. Eine spätere Institution war geboren. In »schweren Zeiten«, so beschied die Treuhand 1965 in einer Selbstdarstellung, hätte sie sich »als ein wichtiges und wirksames Instrument zur Verteidigung und Rettung der bedrohten deutschen Kapitalanlagen erwiesen«: in Süd-Amerika als Beistand für die zusammengestürzten Goldminen, nach dem Ersten Weltkrieg als Nothelfer der verlorengegangenen deutschen Kolonien, wo Franzosen und Engländer deutsche Aktiva beschlagnahmt hatten.[7]

Anläßlich der Bankenkrise 1931 gelang der Deutsche Treuhand-Gesellschaft der Durchbruch: Sie überzeugte den Reichskanzler Heinrich Brüning, eine Prüfung der Jahresabschlüsse jeder Aktiengesellschaft festzuschreiben. Die Gesetzesnovelle wurde noch im selben Jahr durch den Reichstag gepeitscht, zeitgleich der Berufsstand des Wirtschaftsprüfers (ähnlich wie seinerzeit der des Arztes oder der des Advokaten) unter staatliche Aufsicht gestellt.[8]

Da Vorstand wie Aufsichtsrat der Deutschen Treuhand-Gesellschaft vom Einfluß der Deutschen Bank abhingen,* befanden sich Bankkunden nun plötzlich unter strenger Kontrolle. Geriet etwa ein Konzern ins Schlingern, forschte die Deutsche Treuhand-Gesellschaft nach den Ursachen. Hatte sie für eine Sanierung votiert, sorgte die Deutsche Bank für Kreditnachschüsse, unter der Voraussetzung, daß ihr zuvor Gesellschafteranteile, Aktien oder Immobilen sicherungsübereignet wurden. Wehe aber, die Deutsche Bank

* Gerhard Elkmann saß etwa als stellvertretender Direktor der Deutschen Bank im Aufsichtsrat der Deutschen Treuhand-Gesellschaft, während Carl-Heinz Kruse von der Deutschen Bank erst zum Betriebsführer der Deutschen Treuhand-Gesellschaft und der »Revision« Treuhand A.G. bestimmt wurde, bis sie ihn 1936 in den Vorstand delegierte, dem er bis zum Zusammenbruch 1945 angehörte.

drehte den Geldhahn zu. Dann verwertete sie die Bürgschaften, zerteilte die realen Vermögenswerte und warf die »Erbmasse« als »Testamentsvollstrecker« auf den Markt. Interessenten gab es genug. Der Deutschen Bank genügte ein Blick in ihre Kundenkartei. Dieses erprobte Prinzip schien wie gemacht für einen Vorgang ohnegleichen: die Arisierung.

Ein neuer Geschäftszweig

Kaum hielt Hitler die Macht in Händen, begannen für die Juden bittere Jahre. Erst die Angst vor Unterdrückung, schließlich der Schrecken der Verfolgung, am Ende stand ihre Vernichtung. Doch zuvor wurden sie ihrer Vermögen beraubt.

Juden ohne deutsche Staatsbürgerschaft, bestimmte ein Runderlaß des Reichsinnenministeriums, sollten abgeschoben, Einbürgerungen zwischen 1918 bis 1933 »als unerwünscht« widerrufen werden, Boykottaufrufe (»Deutsche, kauft bei Deutschen!«, »Keinen Pfennig den jüdischen Warenhäusern!«) zeigten erste Wirkung.[9] Öffentliche Aufträge vergaben einige Länder nur noch an den »guten alten (deutschen) Mittelstand und christliche Geschäfte«. Am 7. April 1933 trat das berüchtigte »Gesetz zur Wiederherstellung des Berufsbeamtentums« in Kraft (»Beamte, die nicht arischer Abstammung sind, sind in den Ruhestand zu versetzen«).[10] Der Innenminister Preußens, Hermann Göring, erhob SA- und SS-Verbände in den Stand einer »Hilfspolizei«. Weiße Armbinden und Gummiknüppel verliehen ihnen staatliche Autorität.[11]

Die Enteignung der Juden erfolgte in zwei Schritten: erst die »freiwillige« Arisierung, ab November 1938 dann die durch »Verordnungen« gestützten »Zwangsarisierungen«. Der Historiker Raul Hilberg rekapitulierte die systematische Verfolgung: »Auf Grund der Kontigentierungs- und Boykottmaßnahmen und in Erwartung weiterer Restriktionen waren viele jüdische Unternehmer bereit, ihr Eigentum zu verkaufen. Es gab nun einen ›Markt‹. Zu Tausenden inspizierten deutsche Unternehmen die Betriebslandschaft auf der Suche nach geeigneten jüdischen Firmen. In der deutschen Geschäftssprache hießen die jüdischen Betriebe von nun an ›Objekte‹. Da es nicht immer leicht war, ein passendes Objekt zu finden, wurde die Objektsuche zu einem eigenen Geschäftszweig. Auf ihn spezialisierten sich vor allem Banken.«[12] Und die Tochter der Deutschen Treuhand-Gesellschaft, die »Revision« Treuhand A.G. Mit Paul Binder in einer Führungsrolle.

Die Deutsche Treuhand-Gesellschaft verfügte im Ausland über einen guten Ruf. Um diesen nicht aufs Spiel zu setzen, übertrug sie ihrer »Revision« Treuhand A.G. die Arisierungsfälle. Die Aufträge für die Wertbestimmungen eines zu arisierenden Betriebes wurden der »Revision« Treuhand A.G. über die Industrie- und Handelskammern vermittelt.

Nach dem Wahlsieg der »nationalen Regierung« am 5. März 1933, dem »Tag der erwachten Nation«, begann der NS-»Kampfbund des gewerblichen Mittelstandes« aktiv zu werden.* Mit Flugblättern, Sprechchören und Einlaßkontrollen von Kunden übte er zusammen mit SA-Schlägertrupps auf jüdische Geschäfte einen derartigen Druck aus, daß es zu ersten »freiwilligen« Geschäftsschließungen kam.[13] Diese Gewalt löste nun Boykottmaßnahmen gegen deutsche Waren im Ausland aus, zunächst in den U.S.A., dann in West-Europa. Auch Polen schloß sich an, woraufhin sich Goebbels von Hitler die Genehmigung für die »Abwehraktion gegen die internationale jüdische Hetzpropaganda« erteilen ließ,[14] allerdings mit verdrießlichen Nebenwirkungen.

---

* Aus mehreren »Kampfbünden« faßte Theodor Adrian von Renteln Ende 1932 den »Kampfbund des gewerblichen Mittelstandes« zusammen, um effizienter gegen die jüdische Konkurrenz vorgehen zu können, in der berechtigten Hoffnung, die Mitbewerber durch Gewaltaktionen auszuschalten. Er produzierte antijüdische Schilder, beispielsweise »Deutsche, kauft bei Deutschen!«.

Die Auftragsbücher deutscher Mittelständler blieben leer, weil jüdische Unternehmer ihren Zulieferern plötzlich keine Order mehr erteilten, mit der Folge, daß der deutsche Mittelstand selbst in Not geriet: vereinzelt mußten Betriebe geschlossen, Arbeiter entlassen werden. Damit nicht genug: Jüdische Industrielle, die ihrer deutschen Heimat den Rücken kehrten, bauten im Ausland neue Fabrikationsstätten auf, mit fatalen Folgen: Die treuen Kunden kauften nicht mehr in Deutschland ein, sondern jetzt bezogen sie beispielsweise ihre Gummischuhe vom »Emigranten«, so daß der deutsche Export nach England von 627291 Paar (1931) auf lächerliche 1536 (1933) absackte.[15]

Obwohl jüdische Banken von den NS-Boykottmaßnahmen einstweilen ausdrücklich ausgenommen blieben, zog das Ausland Kapital ab. Wenn deutsche Geldhäuser jüdischen Unternehmern Darlehen aufkündigten, sprangen die noch arbeitsfähigen jüdischen Institute mit zinsgünstigen oder gar zinslosen Krediten ein. Und als der Staat seine Beamten auf die Straße setzte, verschaffte die im März 1933 errichtete »Zentralstelle für jüdische Wirtschaftshilfe« Tausenden Juden neue Erwerbsmöglichkeiten.[16] Doch für die Ausgegrenzten wurde die Situation immer schwieriger.

Ein markantes Beispiel dokumentiert jedoch gleichzeitig die Widersprüche der antijüdischen NS-Politik. Boykottaufrufe hatten den Warenhauskonzern Hermann Tietz ins Schlingern gebracht. Die Einnahmen tendierten gegen Null, die Rücklagen waren so gut wie aufgebraucht. Banken sorgten sich um ihr Obligo, Lieferanten blieben auf bestellten Waren sitzen, 14000 Arbeitnehmer bangten um ihre Gehälter – das Gespenst eines bevorstehenden Konkurses erschütterte das Reich. Das Regime mußte eingreifen, um einen schlagzeilenträchtigen Skandal zu vermeiden, der das Ausland noch mehr gegen den NS-Staat aufbringen würde.

Es war Paul Binder, der im Auftrag der »Revision« Treuhand A.G. vor einem Tietz-Zusammenbruch warnte und für ein Weiterbestehen der Firma eintrat. Ausgerechnet die staatliche Sanierungs-Akzept- und Garantiebank A.G. gewährte dem Warenhausunternehmen im Juli 1933 ein 14,5 Millionen-Darlehen,[17] wodurch Hermann Tietz freilich nicht mehr sein eigener Herr war, statt dessen neue »Teilhaber« das Sagen hatten – deutsche Banken.*

Des Führers Stellvertreter Rudolf Heß erließ im Juli 1933 ein Dekret gegen den Boykott. Aufgehoben aber war nur aufgeschoben. Der »Völkische Beobachter« vertagte die »Warenhausfrage«. »Ihre Lösung wird zur geeigneten Zeit im Sinne des nationalsozialistischen Wirtschaftsprogramms erfolgen.«[18]

Die »allmähliche Verdrängung« der Juden, konstatierte 1935 die »Frankfurter Zeitung« noch sehr offen, hätte Juden im Inland zur vollständigen Einstellung der Zahlungen genötigt: der Grundstücks- wie Effektenmarkt verfiel, deutsche Exporteure wehklagten, denn sie litten mehr und mehr unter dem Abbruch jüdischer Außenhandelsbeziehungen.[19] Plötzlich kämpften Deutsche um ihre Existenz.

Doch die »schleichende Verdrängung« der Juden, wie der Historiker Helmut Genschel die planlos vorangetriebenen Arisierungen beschrieb, ging in dem Augenblick ihrem Ende entgegen, als sich das Dritte Reich konsolidierte: Es bewältigte die Wirtschaftskrise, klaglos akzeptierte die Welt die Wiedereinführung der Wehrpflicht, Berlin und London unterzeichneten das Flottenabkommen, Hitler ließ das Rheinland besetzen – das Ausland hatte

---

* Die Akzept- und Garantiebank A.G. wurde nach dem Zusammenbruch der DANAT-Bank als Fonds-Feuerwehr am 25. Juli 1931 ins Leben gerufen, die mit der Golddiskontbank, der Bank für Deutsche Industrieobligationen, der Reichs-Kredit-Gesellschaft, der Deutschen Bank und Disconto-Gesellschaft, der Berliner Handels-Gesellschaft, der Commerz- und Privatbank, der Dresdner Bank, der Deutschen Renten-Kreditanstalt, der Preußischen Staatsbank (Seehandlung), dem Bankhaus Mendelssohn, der Deutschen Verkehrs-Kredit-Bank wie der Preußischen Zentralgenossenschaft kooperierte. Sie alle garantierten eine Haftung bis zu 100 Millionen Reichsmark. Im April 1936 wurde das Institut liquidiert.

das braune Rowdytum längst akzeptiert.[20] Das deutsche Unternehmertum ebenfalls.

Am 18. Oktober 1936 wurde die »Verordnung zur Durchführung des [zweiten] Vierjahresplans« erlassen, Hermann Göring zum Beauftragten bestellt. Das Ziel war eindeutig: »Deutsches Können und deutscher Erfindergeist« sollten gebündelt werden, damit durch »eine umfassende und planvolle Wirtschaftslenkung ... neue Industrien« entstehen könnten. 1940, so die Vorgabe, sollte das Dritte Reich kriegsbereit sein.[21]

Das Signal wurde von den Wirtschaftsbossen mit Euphorie aufgenommen. Nun ging es endlich wieder aufwärts, und unaufhaltsam steuerte die Enteignungswelle auf ihr Endstadium zu, zu einem Zeitpunkt, der besonders Paul Binder gelegen kommen mußte, hatte ihm doch die Dresdner Bank das lukrative Angebot unterbreitet, für das Institut innerhalb der Konsortial-Abteilung das Ressort »Arisierung« aufzubauen.[22] Der »Entjudungs«-Spezialist kündigte 1937 der »Revision« Treuhand A.G.

»Wenn die Arisierung der nichtarischen Betriebe im großen Umfang beschleunigt durchgeführt werden soll, ist es notwendig, die Finanzierung der arisierten Betriebe zu erleichtern«, bemerkte Binder während eines Fachgesprächs mit dem Regierungsrat im Reichswirtschaftsministerium, Hermann Gotthardt. Zunächst sei eine Bestandsaufnahme notwendig, erwiderte Gotthardt, als Chef der »Reichsausgleichsstelle für öffentliche Aufträge« zugleich dafür verantwortlich, daß jüdische Firmen keine staatlichen Aufträge mehr erhielten. Welche jüdischen Betriebe seien profitabel, erkundigte sich Gotthardt ungeduldig, welche deutschen Käufer an einer Übernahme interessiert, bohrte Gotthardt nervös nach, überhaupt – wie hoch sei eigentlich der Kapitalbedarf?[23]

Die »Bestimmungen des Begriffs des jüdischen Gewerbebetriebs, die Anmeldung des jüdischen Vermögens, die Sicherung des Einsatzes dieses Vermögens im Einklang mit den Belangen der deutschen Wirtschaft, der Ausschluß jüdischer Angestellter

DEUTSCHE BANK · FIL. EISENACH
30.NOV.38 V. | 0057
Beantwortet

DEUTSCHE BANK

Mitteilungsblatt der Zentrale

für die Direktionen der Zweigniederlassungen

Das Mitteilungsblatt ist nur für den Innenbetrieb der Bank bestimmt; sein Inhalt ist streng vertraulich zu behandeln.	Den einzelnen Abteilungen sind grundsätzlich nur die für sie in Betracht kommenden Punkte zugängig zu machen.

M. 277/38 Berlin, den 29. November 1938

3512. Abgabe jüdischen Vermögens M. 277/38 vom 29. 11.

Die Durchführungsverordnung über die Abgabe jüdischen Vermögens vom 21. November 1938 ist in einem Runderlaß des Reichsfinanzministers vom 23. November 1938 (abgedruckt Reichssteuerblatt 1938, S. 1073, sowie Deutsche Steuerzeitung) eingehend erläutert worden. Abgabepflichtig sind alle Juden deutscher Staatsangehörigkeit im In- und Auslande sowie staatenlose Juden, die im Inlande wohnen. Dagegen sind Juden ausländischer Staatsangehörigkeit nicht abgabepflichtig. Die im Sudetengau ansässigen Juden sind bisher nicht erfaßt.

Ausgangspunkt für die Abgabe ist die Verordnung über die Anmeldung des jüdischen Vermögens vom 26. April 1938. Im Gegensatz zu der damals begründeten Anmeldepflicht unterliegt nunmehr bei Mischehen nur der jüdische Ehegatte der Abgabepflicht. Das Vermögen von Ehegatten oder Eltern und Kindern wird nicht zusammen gerechnet.

Die Abgabe bemißt sich nach dem Gesamtwert des in- und ausländischen Vermögens nach Abzug der Verbindlichkeiten. Stichtag für den Bestand und die Bewertung des Gesamtvermögens ist der 12. November 1938. Nachträgliche Veränderungen wie z.B. nachträgliche Zahlung der Reichsfluchtsteuer können, wie uns an zuständiger Stelle bestätigt wurde, nicht berücksichtigt werden, selbst wenn die Reichsfluchtsteuer am 12. November 1938 bereits sichergestellt war.

Der Vermögensstand wird den Vermögensverzeichnissen vom 27. April 1938 sowie den inzwischen gemäß § 5 der Anmeldungsverordnung angezeigten Vermögensveränderungsmeldungen entnommen. Die Vermögensverzeichnisse sowie die Veränderungsanzeigen der abgabepflichtigen Juden werden zu diesem Zweck von den höheren Verwaltungsbehörden an die zuständigen Finanzämter abgegeben. Das Finanzamt hat Ver-

- 2 -

Deutsche Bank treibt jüdische »Sühneleistung« ein: »Ausländische Juden sind nicht abgabepflichtig«

aus leitenden Stellungen und schließlich die Nachprüfung von Entjudungsgeschäften mit der Möglichkeit, Ausgleichszahlungen zur Erfassung unbilliger Entjudungsgewinne anzuordnen«, dies alles wurde im Reichswirtschaftsministerium entschieden, im Dezernat III WOS (»Wirtschaftsorganisation und soziale Wirtschaftsfragen«), dort in der Nebenstelle »Entjudung der Wirtschaft« erledigt.[24] Die Fachaufsicht führte der Staatsrat und Ministerialdirektor Rudolf Schmeer, ein Verwaltungsfachmann, der bereits der Deutschen Arbeits-Front das organisatorische Kleid verpaßt hatte.*

Paul Binder schätzte Rudolf Schmeer von Anbeginn, auch Schmeer war Binder zugetan, die »Entjudung« hatte sie zusammengeschweißt. Und als Binder der Dresdner Bank zur Hand ging,[25] stellte er prompt ein weiteres Bündnis her: zum Direktor der Dresdner Bank Gustav Overbeck, einem weiteren Arisierungsspezialisten.

Overbeck hatte im Namen der Dresdner Bank die Engelhardt-Brauerei A.G. samt deren Töchter mit arisiert.** Ignatz Nacher, der Inhaber der Brauerei, wurde von der Geheimen Staatspolizei verhaftet und im Keller der Prinz-Albrecht-Straße von dem von der Dresdner Bank zugeschalteten Wirtschaftprüfer Albrecht Aschoff zum Verkauf getrieben. Der notariell beglaubigte Vertrag

* Tatsächlich verfügte das Reichswirtschaftsministerium über nur begrenzte Einflußnahme auf die Arisierung. Verantwortlich zeichneten die regionalen Entscheidungsträger. Von vielen Arisierungen hatte das Reichswirtschaftsministerium nicht einmal Kenntnis.

** Die Engelhardt-Brauerei, um 1860 gegründet, war seinerzeit der größte Bier-Produzent Deutschlands. Neben der Malzbierbrauerei Groterjan & Co. war sie an der Bamberger Hofbräu A.G. beteiligt, an der Kloster Langheimer Urbräu und Bürgerbräu (Lichtenfels), Bürgerbräu A.G. (Weiden), H. Henninger-Reifbräu A.G. (Erlangen), Winterhuder Bierbrauerei A.G. (Hamburg), Gesenberg-Brauerei A.G. (Elberfeld), Hühnerbräu A.G. (Ansbach) Borussia-Brauerei A.G. (Berlin), Aktienbrauerei Cöthen und an der Bayerischen Braubank A.G. (Bamberg) sowie an Mälzereien, drei Handels- und zwei Grundstücks-Verwaltungsgesellschaften sowie an einer Kisten- und Flaschenfabrik.

trug das Datum 31. August 1934. Der auf solch brutale Weise enteignete Nacher durfte daraufhin in die Schweiz ausreisen. Dort starb er am 15. September 1939, als gebrochener und mittelloser Mann.[26]

Overbeck hatte noch eine andere jüdische Familie außer Landes getrieben: die Tietzens, Eigentümer des größten deutschen Warenhauskonzerns.* Ihr Name wurde gestrichen: die Leonhard Tietz A.G. im Ruhrgebiet gehörte fortan der Westdeutschen Kaufhof A.G., Hermann Tietzens Filialen im Osten Deutschlands wie die der Reichshauptstadt gingen an die neu geschaffene Hertie Waren- und Kaufhaus G.m.b.H. (Hertie = *Her*(mann) *Tie*(tz).[27] Als stellvertretender Aufsichtsratsvorsitzender der Kaufhof A.G. durfte Overbeck dort nunmehr günstig einkaufen.

Für Schnäppchen hatte sich der Manager der Dresdner Bank stets interessiert, sich noch bis zum Spätsommer 1944 auf dem Schwarzmarkt in Belgien mit raren Konsumgütern wie Cognac, Schinken, Kaffee und Zigaretten eingedeckt. Und weil es auch keine Seife mehr gab, bezog er diesen Artikel ebenfalls von dort. Die Rechnungen beglich die Dresdner Bank.[28]

Mit dem Eintritt Paul Binders in die Dresdner Bank rückte Gustav Overbeck als Experte für Fragen der Arisierung ins zweite Glied. In der Zentrale hieß die Autorität fortan Paul Binder, für den sich Overbecks Vorstands-Amt (Revision, Buchhaltung) und die Konsortial-Abteilung zuständig zeigten. Binder enttäuschte die Erwartungen seiner Vorgesetzten nicht.

Im Mai 1938 wurde Binder vom Reichswirtschaftsministerium

---

* Es gab noch andere prominente Arisierungs-Gewinnler: Helmut Horten übernahm die Warenhäuser der Gebrüder Arthur und Siegfried Alsberg, Franz Deyle von Hugo und Hermann Jacobi die Weinbrennerei »Jacobi 1880« wie die Brauerei Englischer Garten (Stuttgarter Hofbäu), der »Quelle«-Chef Gustav Schickedanz die Vereinigten Papierwerke Rosenfelder (»Camelia«, »Tempo«), Josef Neckermann die Wäschemanufaktur Karl Joel, das Würzburger Kaufhaus Ruschkewitz und die Textilkette Vetter.

vertraulich darüber in Kenntnis gesetzt, daß »innerhalb einer nicht allzu langen Frist sämtliche nichtarische Geschäfte entweder in arische Hände zu überführen oder zu liquidieren« seien. Dann wurde der Dresdner Bank-Mitarbeiter darauf hingewiesen, daß die Entscheidung für oder gegen einen Bewerber von der Stellungnahme des Gauwirtschaftsberaters abhängen würde. Überrascht notierte Binder: »So wie die Dinge liegen, wird das Schwergewicht unserer Einflußnahme ... bei den Parteistellen liegen.«[29] Zu diesem Zeitpunkt disponierte allein die Berliner Industrie- und Handelskammer über 1002 Arisierungsanträge.[30]

Mit Hilfe Binders versuchte die Dresdner Bank die Arisierung zu fördern, um kurzfristig Gewinne zu erzielen. Binder suchte persönlich jene Filialen auf, die über »jüdisches Potential« verfügten, denn das Reichswirtschaftsministerium hatte ihn gebeten, keine diesbezüglichen Rundschreiben zu versenden, damit eine Bevorzugung der Dresdner Bank durch staatliche Stellen nicht öffentlich werde.

Binder machte sich auf den Weg durchs Reich. Wichtige Niederlassungsleiter wurden mündlich angewiesen, sich umgehend mit den für ihr Gebiet zuständigen Gauwirtschaftsberatern ins Benehmen zu setzen, vor allem die in Dresden und Breslau,[31] bis diese Strategie durch die Reichskristallnacht am 9./10. November 1938 beschleunigt wurde. Der Mob tötete 91 Juden, beschädigte 76 Synagogen, steckte 101 in Brand, demolierte über 7500 Geschäfte.[32] Diese »Demonstrationen«, ereiferte sich Hermann Göring zwei Tage später über den »Volkszorn«, »habe ich satt«. Im Reichsluftfahrtministerium kam es zur entscheidenden Sitzung.

Dienstleister des Dritten Reiches

Beschlossen wurde eine Kollektivstrafe (»Sühneleistung«) für die entstandenen Schäden in Höhe von einer Milliarde Reichsmark, die die Juden aufzubringen hatten. Selbst die daraus resultierenden

Versicherungsansprüche wurden zugunsten des Reiches beschlagnahmt. Das NS-Regime nahm den Juden all das, was sich auch nur annähernd in klingende Münze umsetzen ließ. Der »Run der Ariseure auf jüdische Betriebe ... [erreichte] seinen Höhepunkt«, resümierte der Historiker Helmut Genschel. In einigen Branchen standen, wie beispielsweise die »Gesellschaft zur Förderung des arischen Leder- und Galanteriewaren-Einzelhandels« in einem »Lagebericht« für ihre Sparte feststellte, die Interessenten Schlange: für jedes einzelne Geschäft seien »zumeist mindestens drei bis vier Bewerber vorhanden«.[33] Probleme, mit denen Paul Binder sich ebenfalls herumschlagen mußte.

In der Behrenstraße 43, wenige Meter von der Zentrale der Dresdner Bank entfernt, residierte das Reichswirtschaftsministerium. Und weil fast zu jeder Tageszeit Fragen der Arisierung zu klären waren, die amtlichen Gesprächspartner dank der räumlichen Nähe also immer zu erreichen waren, saß Binder gelegentlich in irgendeinem Dienstzimmer der Behörde.[34] Im Frühsommer 1938 hatte Minister Walther Funk den Prinzipal der Dresdner Bank, Carl Goetz, und Binder in sein Kontor gebeten.

Diskutiert wurde eine seit Jahren geplante Auffang-Gesellschaft, die deutschen Interessenten den Kauf jüdischer Unternehmen zwischenfinanzieren sollte. Goetz schlug vor, daß »wir Banken hier durch geeignete Vorschläge uns einschalten«.[35] Eine amtliche Arisierungsstelle aber hätte der überwiegend im Ausland tätigen Deutschen Bank aus Imgagegründen nicht ins Konzept gepaßt, die ihren Großkunden attraktive jüdische Unternehmen ohnehin bereits besorgt hatte. Die Deutsche Bank favorisierte »stille« Arisierungen, wie das Vorstandsmitglied Karl Kimmich nach einem Treffen mit Carl Goetz von der Dresdner Bank überheblich in einer Aktennotiz festhielt. Unverkennbar die darin enthaltene Arroganz: »Ich könnte ihm [Goetz] verraten, daß wir sehr viele Unternehmungen bereits mit Erfolg arisiert hätten. Die ganze Frage [ist] ja weniger eine Kapital- als eine Personenfrage.«[36]

Die Deutsche Bank schien inzwischen derart übermächtig, daß sie die Errichtung eines Arisierungs-Instituts zumindest im »Altreich« verhinderte.* Schließlich hatte das größte Geldhaus überzeugend nachgewiesen, daß ein sensibler Umgang mit jüdischen Unternehmern das Ziel ebenfalls niemals verfehlte. Während die unduldsame Dresdner Bank in Einzelfällen von den Aktivitäten der Gestapo und Steuerfahndung profitierte, lehnte die Deutsche Bank dieses Vorgehen ab. Sie erreichte dasselbe auf die nette Art.

Sie drängte nicht, setzte nicht zu, sie tobte nicht. Die Deutsche Bank war nur freundlich, bat zum Mittagstisch, zum Dessert gab es Kaffee und Cognac, notierten 1945 US-Ermittler. Hübsche Gefälligkeiten am laufenden Band – eine Wendigkeit, die sich auszahlte. Einige der um ihren Besitz gebrachten Juden stellten nach dem Zusammenbruch des Dritten Reiches der Deutschen Bank in Person des Hermann J. Abs Persilscheine aus: »freiwillig« sei einem Verkauf zugestimmt worden.

Die Realität aber sah anders aus: Deutsche Banken, allen voran Deutsche und Dresdner Bank, waren »Dienstleister« des Dritten Reiches. Sie errichteten Sperrkonten, Zwangsdepots. Ihre Hypothekenabteilungen bemächtigten sich jüdischer Grundstücke, sie »versteigerten« ganze Unternehmen. All das taten sie »im Auftrag«. Bevor sie aber jüdische Betriebe »im Auftrag« an Deutsche verkauften, korrigierten Wirtschaftsprüfer jede jüdische Bilanz »im Auftrag« nach unten, setzten Schätzer der Industrie- und Handelskammern »im Auftrag« jedes jüdische Warenlager herab, hielten Banken »im Auftrag« jüdische Wertpapiere unter Kurs, Preis-

---

* Sogenannte Arisierungs-Banken wurden jedoch nach dem Anschluß Österreichs gegründet (Österreichische Kontrollbank für Industrie und Handel A.G.), nach der Besetzung Polens (Exportkreditbank A.G.), nach dem Einmarsch in die Niederlande (Niederländische Aktiengesellschaft für Abwicklung von Unternehmen). Diese Institute waren Tochtergesellschaften ausschließlich der Deutschen bzw. der Dresdner Bank, oder sie waren (über Tochter-Institute) gemeinsam Eigentümer, wie bei der Österreichischen Kontrollbank für Industrie und Handel A.G.

stellen entdeckten »im Auftrag« fiktive Steuernachforderungen und »überführten« Juden »im Auftrag« der »Steuerhinterziehung«, meldeten dieses Delikt »im Auftrag« der Geheimen Staatspolizei.

Gierig stürzte sich das Dritte Reich auf das zu vermarktende jüdische Hab und Gut. Und als, nach der Reichskristallnacht, die Gestapo die Juden ganz aus dem öffentlichen Leben drängte, beraubten sie in Zusammenarbeit mit den Finanzbehörden ihre Opfer nach ökonomischen Gesichtspunkten: Um 23.55 Uhr des 9. November 1938 telexte die Prinz-Albrecht-Straße ihren Leitstellen, es seien 20000 bis 30000 Festzunehmende so auszuwählen, daß »vor allem vermögende Juden« in die KZ gelangten. Selbst der eher nüchterne Historiker Helmut Genschel schien nachträglich den Atem anzuhalten: Des Nachts seien Juden, in der Mehrzahl Unternehmer und deren Angehörige, aus dem Schlaf gerissen worden, die sodann – soweit sie noch im Besitze ihrer Betriebe waren – die Arisierungsverträge entweder in der Haft oder auf einer Art »Arisierungsurlaub« unterschreiben mußten. Wer nicht selbst ins KZ kam, stand unter dem psychologischen Druck der Verhaftung von Verwandten oder Bekannten, und die nicht unmittelbar Betroffenen wußten spätestens seit der Reichskristallnacht, wie aussichtslos und gefährlich jeder Widerstand gegen den Willen eines Parteigewaltigen in dieser Zeit geworden war. Einprägsam beschrieb Genschel »die Atmosphäre des blinden Hasses«, der – »immer wieder geschürt« – die »Arisierungspraxis ganz erheblich beeinflußte«: »Wer ... es wagte, die politisch verordnete Lösung vom jüdischen Wirtschaftspartner unter humanen und leidlich fairen Bedingungen zu vollziehen, mußte ... gewärtig sein, durch die Partei oder durch die Presse als ›Judenfreund‹ zurechtgewiesen und dementsprechend behandelt zu werden.«[37]

Es gab viel zu tun: Die Beamten der Reichshauptkasse der Reichsfinanzverwaltung in der Berliner Jägerstraße 49/51 waren zu Überstunden angehalten. Die Höhe der einzelnen Beträge ließ sich rasch ermitteln, die Steuerakten gaben die Größenordnungen vor. Bis zum 15. Dezember 1938 mußte die (erste Rate der) »Sühneleistung« überwiesen sein. Die Millionen stauten sich auf einem Konto der Deutschen Bank, symbolträchtig bei der Filiale in der Jerusalemer Straße 41, in der einstmals überwiegend jüdische Kunden betreut wurden.[38] In einem Runderlaß legte der Oberfinanzpräsident Hans Casdorf fest, daß, für den Fall, ein Jude »unterschlage« einen Teil seines Vermögens, seine Glaubensbrüder in Haftung treten müßten, solange, bis die »Sühneleistung« auf dem Konto der Deutschen Bank in Höhe von einer Milliarde Reichsmark eingegangen war.[39] 1940 war die Aktion beendet, die »Sühneleistung« mit 1126612495,48 Reichsmark »getilgt«.[40]

Perfekt die Logistik der »Entjudung«: Nach dem November-Progrom hatte Reinhard Heydrich die »Reichsvereinigung der Juden in Deutschland« gründen lassen, mit mehr als fünfzig Mitarbeitern. Der Apparat residierte in der Kantstraße 158.[41] Den Vermögenstransfer regelte der »Palästina-Grundfonds« oder die »Palästina Treuhand-Stelle«, das »Reisebüro« Palästina & Orient Lloyd stellte die überteuerten Schiffspassagen aus. Sinnigerweise hatten sich einige dieser Institutionen in der Meinickestraße 10 niedergelassen. In diesem Gebäude residierte, wenn er denn in Berlin weilte, Adolf Eichmann höchstselbst. Während seiner Abwesenheit gab der SS-Sturmbannführer Albert Hartl die Befehle. Juden, die das NS-Regime endlich ziehen ließ, durften am Ende pro Person 2000 Mark Bargeld mitnehmen.[42]

Zuweilen hinterließen sie aber Schulden – bei arischen Gläubigern: Der Kasseler Notar Helmut Niemann hatte den Besitzstand von Salli »Israel« Levi aufgelöst, den kümmerlichen Rest von 1600 RM auf das »Sicherungskonto« bei der Dresdner Bank transferiert. Da aber, so teilte er dieser mit, »mein Büro übersehen hat, die bei mir entstandenen Kosten in Höhe von 62,80 RM in Abzug zu bringen«, habe er »Herrn Salli Isr. Levi [aufgefordert], an mich zurückzuüberweisen«. Dummerweise sei dieser »inzwischen evakuiert und zwar nach Litzmannstadt-Getto, Kelmstrasse 81, Zimmer 5«. Die Mahnung sei von dort »mit dem Vermerk zurückgekommen ›In der Strasse des Empfängers findet z. Zt. keine Postzustellung statt‹«.

Da war nichts mehr zu machen. In einem Antwortschreiben zitierte die Dresdner Bank den Kölner Oberfinanzpräsidenten: »Der Jude Levi ist nach dem Osten abgeschoben und sein Vermögen vom Reich eingezogen.«[43]

Mit ähnlich bürokratischem Aufwand hatte die Deutsche Bank am Bayerischen Platz 9 die Jüdische Toynbeehalle (für Volksbildung und Unterhaltung) des Jüdischen Kulturbundes abgewickelt. Im April 1937 erklärte die Gestapo sie für »aufgelöst« und forderte das Geldhaus auf, die verwalteten Guthaben zu melden. Eilfertig informierte die Filiale, nur einige Tage später, über den Kontostand: 303,29 RM plus Anteilsscheinen des Pfandbriefamtes im Wert von 2520 Goldmark wie Aktien in Höhe von 280 RM. Die Staatspolizei wies die Stadtzentrale der Deutschen Bank an, die Guthaben dem »Girokonto« der Gestapo bei der Hauptkasse der Deutschen Bank in der Mauerstraße 25 gutzuschreiben. Das tat sie, allerdings unter Abzug von 18,15 RM für »Spesenauslagen« – für Porto, für »Auslieferungsgebühren« der Wertpapiere. Und da die Rechtsabteilung hatte eingeschaltet werden müssen, stellte sie der Gestapo für deren Bemühungen zehn Reichsmark in Rechnung.[44] Die Deutsche Bank als philiströser Prinzipienreiter? Schlimmer noch. Die Deutsche Bank hatte keine Skrupel, Konten für die Geheime Staatspolizei zu führen.

Gefühlskalt, kaltschnäuzig – nicht nur die deutsche Rechtspflege hatte einen moralischen Tiefstand produziert, sondern eine Seilschaft schäbig-schofeliger Mammonsknechte scharte sich um das jüdische Eigentum wie um das Goldene Kalb. Spezialisten im Rang eines Paul Binder und Banken verfielen der Habsucht. Sie alle versetzten »dem Juden« einen Tritt, ohne Herz, aber bei Verstand, zwangen ihre Opfer in den Schuldturm, mit schrecklichen Folgen. Nur etwa 14000 bei NS-Behörden registrierte deutsche Juden sollten den Holocaust überleben.[45]

Jüdische Vermögen in treuen Händen

»Die Geschichte der Deutschen Treuhand ist ... unverwechselbar wie die eines lebendigen Wesens«, merkte das Prüfungshaus 1990 anläßlich seines hundertjährigen Jubiläums an. Der heutige Weltkonzern, als KPMG Deutsche Treuhand-Gesellschaft Aktiengesellschaft Wirtschaftsprüfungsgesellschaft inzwischen in 160 Staaten tätig,* verwies – während des spektakulären Festaktes in der Alten Oper zu Frankfurt – auf die Ursachen des Gedeihens hin. Da hätten »Wagemut und Augenmaß« den Aufstieg beschleunigt, der »Sinn für Märkte, Funktionen und Proportionen« unaufhaltsam zur jetzigen Größe geführt, denn: »Wer sich diesem Geschäft verschreibt, darf ... vor dem spitzen Bleistift nicht zurückschrecken.«[46] Das Dritte Reich blieb ausgespart, die Bewältigung der nationalsozialistischen Vergangenheit dem Historiker Michael Stürmer vorbehalten, dessen Festvortrag das Kapitel der enteigneten Juden vornehm verschwieg.

Stürmer, der über das Thema »Regierung und Reichstag im Bismarck-Staat« promoviert und sich mit seiner Arbeit über die Bankiersfamilie Oppenheim allseits Anerkennung erworben hatte, sparte das NS-Umfeld der Deutschen Treuhand-Gesellschaft einfach aus. In Europa wüteten auch nicht Erster oder Zweiter Weltkrieg, nein, »europäische Bürgerkriege« hätten das 20. Jahrhundert ins Elend gestürzt. Deutsche Vermögen, mithin also auch arisiertes Kapital, seien »von der politischen Führung im Vabanque verspielt worden, zusammen mit der Wirtschaft« und – »dem ganzen *schönen* Deutschen Reich«.[47]

---

* Die Deutsche Treuhand-Gesellschaft fusionierte im Juni 1972 mit vier Wirtschaftsprüfungsgesellschaften zur »Vereinigten« Deutschen Treuhand-Gesellschaft, im Juli 1979 gründete sie die Auslandstochter »Klynveld Main Goerdeler« (KMG), um im August 1986 – durch das Zusammenführen von KMG und »Peat Marwick International« – zur heute weltweit agierenden KPMG Deutsche Treuhand-Gesellschaft Aktiengesellschaft Wirtschaftsprüfungsgesellschaft heranzuwachsen. Die Internationale KPMG-Gruppe beschäftigt über 100 000 Mitarbeiter und fährt inzwischen einen Jahresumsatz von über 23 Milliarden Mark ein.

Doch die Deutsche Treuhand-Gesellschaft produzierte auch Gefühl, sie erinnerte an eine schlimme Bombennacht im November 1943. Dereinst, so klagte sie noch 1990, sei ihr schönes Domizil in der Taubenstraße restlos zerstört worden.[48] Einem anderen Ereignis wären die Treuhänder indes am liebsten ausgewichen, aber die Wunden schienen selbst 1990 noch nicht verheilt. Eine Tragödie steckte den Erben der Deutschen Treuhand-Gesellschaft in den Knochen:

Zu den Mitbegründern der Deutschen Treuhand-Gesellschaft gehörten 1890 die Juden Jacob S. H. und Theodor Stern vom Frankfurter Bankhaus Stern. Die Sterns hatten manchen deutschen Industriellen vor dem Ruin bewahrt. Dann aber fiel die gesamte Familie der »Endlösung« zum Opfer. Die materielle wie physische Vernichtung dieses jüdischen Geschlechts hatte sich unvorstellbar grausam abgespielt. In der »Begrüßungsansprache« zum 100. Geburtstag der Deutschen Treuhand-Gesellschaft wurde an die Sterns erinnert: »Als Opfer der unseligen rassischen Verfolgungen im Dritten Reich können wir sie und ihre Nachfahren nicht mehr unter uns haben.«[49]

An die explosionshaften Umsätze und Gewinne während des Dritten Reiches erinnerte die Deutsche Treuhand-Gesellschaft 1990 aber nicht: In den Jahren 1934 bis 1938, auf dem Höhepunkt der Arisierungswelle, kassierten die Aktionäre der Deutschen Treuhand Gesellschaft jeweils zwölf Prozent Dividende, bis dahin unerreichte Margen, die sich 1941 bis 1944 notwendigerweise halbierten, um 1944 zwingend auf Null zu fallen.[50] Die ökonomische »Entjudung« war vollstreckt, somit nach dem Zusammenbruch des Dritten Reiches der Rücktritt des gesamten NS-belasteten Aufsichtsrates wie Vorstandes erforderlich. Doch durch die Hintertür kehrten alte Kameraden zurück. Sie hießen nur anders, beispielsweise Hermann Bernhard Fellinger, der 1950 den Aufsichtsrat der Deutschen Treuhand-Gesellschaft beanspruchte. Fellinger hatte zuvor, als Mitglied der Reichswirtschaftskammer, die Politik der Arisierung mitgetragen.

Paul Binder (1961)

Ebenso unverfolgt blieben die Arisierungsernten des Paul Binder, der 1941 den Vertrag mit der Dresdner Bank aufkündigte, um sich in der Tauentzienstraße 18 als Wirtschaftsprüfer selbständig zu machen.[51] Binder hatte, dank seiner weitreichenden Beziehungen in die NS-Hierarchie, den Vormarsch von Waffen-SS und Wehrmacht in die Sowjet-Union begleitet, da die dortigen Raubzüge ebenso einer gutachterlichen Deckung bedurften, und sich um Aufträge bei der Ostindustrie G.m.b.H. (Osti) bemüht, einer SS-Firma, die die Hinterlassenschaften deportierter Juden vermarktete (vgl. Kapitel 6 in diesem Buch). Nach der Erstellung der Wertgutachten schickte er der Osti gepfefferte Kostennoten ins Haus. Binder war sogar vor Ort präsent, mit einer eigenen Niederlassung im Generalgouvernement, in Warschau.[52] Als die Rote Armee jedoch auf die Reichshauptstadt vorrückte, raffte Binder all seine heiklen Arisierungs-Dokumente zusammen und setzte sich schwerbepackt und in letzter Minute im April 1945 in seine Heimatstadt Stuttgart

Ostindustrie G.m.b.H.
LUBLIN
BANKKONTO EMISSIONSBANK
Telefon 1940

Posteingang 14. Februar 1944
Schließfach 117
1. Ausfertigung
St. W. P.
Ablage

Dr.H/Kz.
2/1a

Vorläufiger Geschäftsbericht

der Ostindustrie GmbH. zum 31. Dezember 1943 für das Geschäftsjahr 1943

- -

Die am 12. März 1943 gegründete Ostindustrie GmbH. hat im Jahre 1943

Zl. 26.607.562,21 Umsatz

getätigt.

Ihre vorläufige Bilanz schließt trotz des plötzlichen Entzugs des größten Teiles ihrer Arbeitskräfte am 3.11.43 und der dadurch entstandenen Verluste und Liquidationskosten mit einem

Gewinn von	....	190.508,61 Zl.
minus Einkommensteuer	....	44.130,00 "
" Gewerbesteuer	....	13.989,10 "
	=	132.389,51 Zl. ab.

Die Osti hat neben dem Aufbau ihrer Betriebe bis 31. Dezember 1943

Zl. 12.632.749,71 Reichsvermögen

verwertet und an das Reich abgeführt, soweit die Beträge bei der Osti eingegangen waren. Bei einem Großteil der zugunsten des Reiches eingezogenen Summen, handelte es sich um den Wert von Maschinen, die sich bereits seit Jahren in arischem Besitz befanden und deren Abrechnung vermutlich in Vergessenheit geraten wäre, wenn die Osti sich nicht darum gekümmert hätte. Bis zum Zeitpunkt der

1.) Firma Transavia, Warschau C 1, Schließfach 1050 - Tel. 70702
Durch vereidigte Sachverständige der Firma Binder, Warschau, wurden Schätzungen über Zl. 48.880,-- vorgenommen. Die Rechnung ist noch nicht bezahlt, da die Firma mit Hauptsitz in Deutschland die dazu notwendigen Devisengenehmigungen noch nicht erhalten hat. Es steht noch die Schätzung für
9 Maschinen, 1 LKW, 1 Pferdedroschke,
1 Tafelwagen und 1 Pferd

Osti-Bilanz (1943): »Durch vereidigte Sachverständige der Firma Binder ...« (unterer Ausschnitt)

ab.* Im Einflußbereich eines westlichen Alliierten war die Chance eines erneuten Aufstiegs gewährleistet.[53] Einen Job fand Paul Binder auf der Stelle.

Bereits am 15. Oktober 1945 trat er in die Dienste des Landes Württemberg-Hohenzollern. Erst als Landesdirektor, dann als Staatssekretär der Finanzen, ein Jahr später als Vizepräsident des Staatssekretariats. Binder komplettierte seine Nachkriegskarriere mit einem Aufsichtsratsmandat der Süddeutschen Bank, einem Teilstück der (vorübergehend von den Alliierten zerschlagenen) Deutschen Bank.** Den Vorsitz führte kein Geringerer als Hermann J. Abs.[54] Dem Kreisvorsitzenden der Stuttgarter CDU öffnete die Union alle Türen: Geschäftsführendes Vorstandsmitglied des CDU-Wirtschaftsrates, Mitglied des Parlamentarischen Rates wie des CDU-Bundesausschusses für Wirtschaftspolitik, bis ihn der »Sachverständigenrat zur Begutachtung der gesamtwirtschaftlichen Entwicklung« adelte, er sich als einer der Wirtschaftsweisen Gehör verschaffte und von 1964 bis 1968 jährlich das Bruttoinlandssozialprodukt der Bundesrepublik Deutschland mit voraussagte.

Um das Vaterland hatte sich Paul Binder verdient gemacht. Bundespräsident Gustav W. Heinemann verlieh ihm das Große Bundesverdienstkreuz mit Stern, der baden-württembergische Ministerpräsident Hans Filbinger befürwortete den Professoren-Titel, die Universität Erlangen ernannte ihn zum Ehrensenator. Paul Binder starb am 25. März 1981 im Alter von 78 Jahren.

* Das Wirtschaftsprüfungs-Büro Paul Binder hatte zudem Wert-Gutachten für die Grundstücksgesellschaften Estland m.b.H., Litauen m.b.H., Lettland m.b.H., die Versicherungsverwaltungen Estland, Lettland, Litauen und für die »Generaldirektion der Monopole in der Ukraine« und »im Ostland« erstellt.

** Die Deutsche Bank wurde 1945 (wie die Dresdner Bank) von den Alliierten zerschlagen und in zehn Institute zerstückelt. 1952 vereinigten sie sich zu drei Regionalbanken (Norddeutsche Bank in Hamburg, Rheinisch-Westfälische Bank in Düsseldorf, Süddeutsche Bank in München), bis sich diese 1957 wieder zur Deutschen Bank zusammenschließen konnten.

Aber auch die Brüder Alfred und Werner Kühne, Inhaber der Spedition Kühne & Nagel, überlebten das Dritte Reich unbeschadet. Sie beherrschten einen besonders scheußlichen »Entjudungs«-Bereich.

Das im selben Jahr wie die Deutsche Treuhand-Gesellschaft in Bremen als »Commissionsgeschäft« gegründete Unternehmen nahm sich der »Müllbeseitigung« an – es entsorgte die Wohnungen deportierter Juden, es schaffte aber auch Hochwertiges ins Reich.[55] Alfred und Werner Kühne hatten eine perfekte Logistik aufgebaut,* ihre Lkw fuhren sogar nach Polen, ganze Reichsbahnzüge standen unter ihrem Kommando. Von dort wurde das jüdische »Umzugsgut« weggekarrt, damit sich arische »Bombenopfer« oder hohe NS-Chargen mit Stilmöbeln neu einrichten konnten. Die Kühnes waren in der Tat gefordert, denn immerhin galt es, die Monopolstellung gegen die hartnäckige Konkurrenz der Schenker & Co. G.m.b.H. zu verteidigen. Dies war nur über außergewöhnliche Kraftakte möglich. Der Gründlichkeit deutscher Bürokraten ist es zu verdanken, daß die Expansion Kühne & Nagels nachvollzogen werden kann, schier unglaublich deren unternehmerisches Triebwerk außerhalb der Reichsgrenzen. In Frankreich vor allem galt das Know-how der Gebrüder Kühne als unentbehrlich.

Das in Paris wütende »Sonderkommando« des »Einsatzstabes Reichsleiter Rosenberg« (»Dienststelle West«) zählte im Juli 1944 in einem »Gesamtleistungsbericht« 69 619 aufgelöste jüdische Haushalte (an anderer Stelle: 71 616). Das Inventar der in die Vernichtungsstätten getriebenen Juden hätte 1 079 373 m^3 betragen, das

* Alfred und Werner Kühne hatten sich ein verschachteltes Firmenkonglomerat errichtet. Außer Kühne & Nagel (mit Filialen im besetzten Amsterdam wie Rotterdam) gehörten dazu: die Europäische Transport G.m.b.H. (Hamburg), Otto Handel & Co. (Berlin), Johannes Heckmann (Hamburg, Bremen), Krook & Person (Lübeck), Kakao-Spedition G.m.b.H. (Hamburg), Leipziger Lagerhof Kühne & Co. K.G. (Leipzig), Ernst Röbken (Lübeck), Eugen Rüdenburg, Wilhelm Stellfeld, Johs. Weber & Freund (alle Hamburg).

»Emigrantengut« in 26984 Waggons gepaßt, insgesamt seien 674 Züge zusammengestellt worden. Die Gebrüder Kühne verfügten über entsprechende Lagerkapazitäten, eine wesentliche Voraussetzung, um sich auf diesem umkämpften Markt tatsächlich behaupten zu können.

Das geplünderte Mobiliar wurde versteigert. Aber gelegentlich kapitulierten die zuständigen Behörden vor der schieren Masse.

Während einer Sitzung der Hamburger Sozialverwaltung im Frühjahr 1941 stellte sich heraus, daß sich im Freihafen inzwischen »eingelagertes Judengut« im Wert zwischen 23 und 27 Millionen Reichsmark aufgetürmt hätte. Noch 1945 erwarben hunderte von Hanseaten Einrichtungsgegenstände. Die Erlöse aus den Schlußverkäufen wurden von der Gestapo vereinnahmt, die Beträge auf ein Sonderkonto der Hamburger Leitstelle bei der in solchen Dingen erfahrenen Deutschen Bank eingezahlt.[56] Sogar eine Kommission der Hamburger Kunsthalle taxierte Gemälde, Öffentliche Bücherhallen bereicherten sich an Privatbibliotheken.[57]

Schaden nahm Kühne & Nagel nach dem Offenbarungseid des Dritten Reiches nicht. Im Gegenteil: Alfred Kühne residierte als chilenischer Honorarkonsul an der Hamburger Außenalster, bekam das Große Verdienstkreuz und bahnte seiner Firma den Weg in die Nachkriegszukunft, zum heute weltweit operierenden Mega-Transporteur, mit kompliziert-verschachtelten Beteiligungen, mit Umsätzen in Milliardenhöhe. Den Grundstein zum Global Player hatte das NS-Regime gelegt.

Der Historiker Michael Hepp schätzt die jüdischen Vermögen in Deutschland, einschließlich der »Ostmark« (Österreich), auf 14,3 Milliarden Reichsmark. Die größten Arisierungs-Gewinne erzielten die Dresdner und die Deutsche Bank, so errechnet Hepp (für 1937 bis 1944). Die Institute hätten 128 Millionen RM verdient, durch die Kreditvergabe an die SS zehn Millionen RM. Auch die Überweisungen der Löhne für die Zwangsarbeiter warfen Erträge ab: 6,994 Millionen RM. Aber bei Kriegsende stauten sich bei der Deutschen Bank 32,9 Millionen nicht überwiesener Zwangsarbeiter-Entgelte.[58] Wo sind sie abgeblieben?

3
Das Ende zweier Dynastien

Existenzen vernichtet, Lebenswillen erloschen – Stillstand. Erst die Reparationszahlungen, dann die Inflation. Das Reich lag 1923 in wirtschaftlicher Agonie. Aber eine Branche überfiel die Hochkonjunktur: 135 Druckereien und 35 Papierfabriken produzierten Tag und Nacht Banknoten, bis sie letztendlich 400 Trillionen Reichsmark in Umlauf gesetzt hatten. In dieser Phase suchten Bankiers ihr vermeintliches Heil in Sachwerten. Die Folge: Die Börse öffnete nur noch an zwei Tagen in der Woche, eine Ära, die der Deutsche Bank-Historiker Manfred Pohl mit »Spielwut und Spekulationswut« beschrieb.[1]

Eine Periode der Pleiten, eine der Gerichtsvollzieher, eine der Selbstmorde und – eine der Erntezeit. Gleich einem Vielfraß verleibten sich kapitalkräftige Banken die Konkurrenz ein. Ob Deutsche, Dresdner oder Commerz- und Privatbank A.G. – hunderte ihrer Mitbewerber verloren in den zwanziger Jahren ihre Selbständigkeit. Die Aufkäufer verfielen in einen Rausch, sie rissen die in Liquiditätsengpässen stehenden Häuser in den Städten an sich, sie erwarben die der Provinz.[2] Diese Konzentrationswelle hatte mit Wirtschaftlichkeitsberechnungen wenig zu tun, es war reine Gigantonomie, ein frühes Vorspiel der »Globalisierung«, allerdings noch beschränkt auf die Grenzen Deutschlands.

Doch nicht alle Institute waren in Not geraten. Jüdische Häuser hatten sich gegenüber der Depression als widerstandsfähig erwiesen: in Berlin Mendelssohn & Co., in Dresden die Gebrüder Arnhold. Diese jüdischen Banken galten als stabil, ihre Kundenstruktur als solide. Ein Ruf, der nicht jedem deutschen Geldaristokraten paßte. Vielen kam der Machtantritt Adolf Hitlers daher gerade recht. Sie wollten Deutschland »judenfrei« werden lassen.* Bald brach eine andere Inflation an, die der Entmenschlichung.

Bis die starken jüdischen Mitbewerber aufgeben mußten, vergingen indes noch Jahre. Selbst nach Verkündung der Nürnberger Rassegesetze stellten sich lediglich »Behinderungen« ein. Zwar mußten Juden ihre Aufsichtsratsmandate niederlegen, wurde ihre Geschäftstätigkeit eingeschränkt, Zwangsverkäufe aber gab es noch nicht. Nach den Olympischen Spielen verschärften sich allerdings die antijüdischen Maßnahmen. Das NS-Regime nahm keine Rücksicht mehr auf ausländische Proteste. 1938 wurde den noch verschont gebliebenen jüdischen Banken endgültig der Garaus gemacht, im Berliner Bankenviertel das Ende der »Herrschaft des jüdischen Finanzkapitals« bejubelt.[3]

Die Arisierung von Arnhold

Die Dresdner Bank war an einer der brutalsten Arisierungen beteiligt. Sie garantierte den Niedergang des traditionsreichen Bankhauses der Gebrüder Arnhold. Der Historiker Keith Ulrich erinnert an deren Schicksal: »Diese Übernahme stellte den Anfang der späteren ›Arisierungswelle‹ im privaten Bankgewerbe dar.«[4]

Dabei hatten die Arnholds deutsche Wirtschaftsgeschichte geschrieben. »Ein Meister der Rede, ausgestattet mit einem wundervoll klingenden Organ, versteht er es, in knappen Worten stets den Nagel auf den Kopf zu treffen, Meinungsverschiedenheiten auszugleichen und die Gegner durch einen Scherz oder durch seinen

---

* 1935 zählte, so fand der Historiker Albert Fischer heraus, die Reichsbank 915 Privatinstitute, 345 davon standen in »nichtarischem« Besitz, aber von den rund 200000 Angestellten waren lediglich 4000 Juden, nicht einmal zwei Prozent, während die jüdischen Bankiers dagegen über 57 Prozent der Gesamtbilanzsumme aller Privatbanken verfügten.

Charme zu entwaffnen, ohne daß er seine geistige Überlegenheit fühlen ließ.« So beschrieb der jüdische Chronist Kurt Zielenziger den Juden Eduard Arnhold,[5] einen am 10. Juni 1849 in Dessau geborenen Arztsohn, der als Industrie-Pionier in die Wirtschaftsgeschichte eingehen sollte.

Bereits mit 22 Jahren avancierte Arnhold zum Prokuristen in der Firma von Caesar Wollheim, vier Jahre später zum Teilhaber. Wollheim versorgte Berlin mit oberschlesischer Kohle. Wie keiner sonst verstand es Arnhold, für »sein« Brennmaterial ein Monopol zu erstreiten. Zielenziger schilderte den einfachen Weg dorthin: »Man kannte wohl den Vertreter für Tuch und Konfektionen, der seine Abnehmer aufsucht, aber Arnhold ist der erste, der regelmäßig durch Vertreter neue Kohlenkunden werben läßt. Der Großhändler wird so für den Produzenten immer unentbehrlicher, immer stärker sein Einfluß auf die Produktion selbst.«[6] Nach dem Vorbild des Rheinisch-westfälischen Kohlesyndikats schuf er die Oberschlesische Kohlenkonvention und galt als der Thyssen des Ostens.

Arnhold, alsbald alleiniger Herr des Geschäfts Caesar Wollheim, verwirklichte viele Ideen: Er initiierte den Bau des Mittelland- wie des Teltowkanals, er sorgte für die Schiffbarkeit der Oder, in Berlin kümmerte er sich um die Verbreiterung der Straßen, um das Streckennetz der Straßenbahn, er reorganisierte die preußischen und schlesischen Eisenbahnen, er sponsorte die Luftschiffe des Grafen Zeppelin, er freundete sich mit Max Liebermann an, er kaufte die Villa Massimo, um dort die Deutsche Akademie errichten zu lassen. Arnhold verehrte Kaiser Wilhelm II., finanzierte dessen holländisches Exil mit, und als auch Prinz August Wilhelm sein Palais in der Wilhelmstraße räumen mußte, stellte er ihm seine Villa in Wannsee zur Verfügung. Dann erlag Arnhold am 10. August 1925 während eines Spazierganges einem Herzanfall. Adolf von Harnack hielt die Trauerrede.[7] Mit Eduard Arnhold trat eine eindrucksvolle Persönlichkeit ab. Doch auch die älteren Brüder Max und Georg, die Begründer des legendären Bankhauses Arnhold in der Dresdner Waisenhausstraße 18–22, hatten erfolgreiche Geschäfte gemacht.

»Es fehlte Sachsen an Köpfen, die es verstanden hätten, das reichlich vorhandene Kapital in jene Wege zu lenken, die zu einem schon damals durchaus möglichen mächtigen Aufblühen der sächsischen Industrie hätten führen können.«[8] Mit dieser Begründung eröffnete Max Arnhold 1864 in Dresden sein Bankhaus und hatte zugleich vor Ort seinen Rivalen brüskiert: das seit 1772 bestehende Institut der Freiherren von Kaskel, der Begründer der Dresdner Bank.

Max Arnhold drängte mit Hilfe seines Bruders Eduard erst die Kastels aus dem oberschlesischen Geschäft, dann die Dresdner Bank. Daraus entwickelte sich eine stetig wachsende Gegnerschaft. Die Ressentiments der Dresdner Bank gegenüber den Arnholds verschärften sich in dem Augenblick, da Max Arnhold am 1. Februar 1907 in Berlin eine Repräsentanz eröffnete.[9] Durch seinen frühen Tod am 4. Dezember 1908 erhoffte sich die Dresdner Bank eine Kurskorrektur. Der gefürchtete Konkurrent, so spekulierte sie, sei nun führerlos. Doch die Dresdner Bank sollte sich irren, denn Bruder Georg trat das Erbe an.

Unter Georg Arnhold expandierte das Bankhaus Gebr. Arnhold mehr oder minder aggressiv, vorab brach es in den Kundenkreis der Dresdner Bank ein. Es engagierte sich in der Elektro-, Maschinen- wie Metall-Industrie, es kreditierte die Textilbranche, die der Verlage, schließlich Spielfilm-Produktionen, damit Kinos. »Unser Haus«, so bekannte Georg Arnhold 1925 voller Stolz, »trägt heute einen Namen mit Weltruf und zum Teil mit Weltgeltung.«[10]

Irritiert verfolgte die Dresdner Bank den rasanten Aufstieg. Ihre Unterlegenheit wurde um so deutlicher, als nach und nach die Söhne Georg Arnholds in das Bankhaus eintraten: Adolph, Hans, Heinrich Gustav und Kurt – die neue Generation breitete sich obendrein in einer Domäne aus, die bis dahin annähernd ungestört von der Deutschen Bank gepflegt wurde. Die Arnholds wagten es, im Geschäft der Auslandsfinanzierungen mitzumischen – für die Dresdner und die Deutsche Bank eine klare Kampfansage.

Die Arnhold-Kinder genossen eine vorzügliche Ausbildung, im väterlichen Haus in Dresden-Loschwitz wurden sie von Mentoren betreut. Nach dem Universitätsstudium erlernten sie Fremdsprachen: Adolph Arnhold perfekt englisch, französisch, sowie Hans, der die Berliner Filiale leitete, Kurt dazu italienisch, sowie auch Heinrich Gustav, der als einziger obendrein Esperanto beherrschte. Der Vater hatte jeden einzelnen nach London in die Banklehre geschickt. In New York orientierten sie sich als Volontäre über die US-Finanzmärkte, dann verbrachten sie ein halbes Jahr in Brüssel, Monate in Paris. Keine der großen Banken investierte derart konsequent in Nachwuchskräfte. Es war aber nicht nur der Fleiß, der sich auszahlte. Jeder der vier Arnholds knüpfte internationale Verbindungen, schloß Freundschaften und brachte diese in das Bankhaus ein, eine Überlegenheit, vor der der überhebliche Standesdünkel der etablierten Nabobs kapitulieren mußte.

Das Haus Gebr. Arnhold wuchs seit Ende der 20er Jahre zu einer Bedrohung für die Dresdner Bank heran. Die Kunden des großen Instituts reagierten plötzlich gereizt, denn die Gebr. Arnhold räumten günstigere Konditionen ein. Arnholds Darlehen hatten eine längere Laufzeit, die Zinsen waren um ein halbes oder gar um ein ganzes Prozent günstiger. Die Klientel der Dresdner Bank lief zu den Gebr. Arnhold über, zumal die Arnholds einen einflußreichen Verbündeten in ihr Boot gezogen hatten: das Bankgeschäft S. Bleichröder, das sie 1931 vor dem Bankrott retteten und mit dem fortan eine Interessengemeinschaft bestand.

Die Arnholds hielten Beteiligungen an 147 Firmen, sie gründeten in Amsterdam die Rijn-Bank, sie errichteten am New Yorker Broadway eine Repräsentanz. Die Historikerin Simone Lässig hob die Bedeutung des Instituts hervor: Im Gegensatz zu den anonymen Aktienbanken verkörperten die Arnholds »Solidität und persönliche Verantwortung«, sie gehörten zu »den bekanntesten und stabilsten Privatbanken in Deutschland«.[11] Mit der Machtübernahme Hitlers begann der Anfang vom Ende der Arnholds. Noch aber blickten sie hoffnungsvoll in die Zukunft. Ausgerechnet ein alter Kämpfer sorgte sich um sie.

Der Kapitänleutnant a.D. Manfred von Killinger, der Auftraggeber des Mordes an dem Reichsfinanzminister Matthias Erzberger, NSDAP-Mitglied seit 1928 und SA-Obergruppenführer,[12] regierte Sachsen als Reichsstatthalter. Er lud Heinrich Gustav Arnhold und seinen Mit-Gesellschafter Alfred Meyer im August 1933 in seine Wohnung ein, um sie aufzufordern, ihre Aktivitäten einzuschränken; so ein Verhalten würde das Haus am Leben erhalten.[13] Doch die Arnholds hatten nicht mit Killingers Gegenspieler Martin Mutschmann gerechnet.

Mutschmann, der sich vom Strickmeister zum Lagerchef verschiedener Plauener Wäschefabriken hochgearbeitet und sich schließlich mit einem mittelständischen Tuch-Betrieb selbständig gemacht hatte, gehörte der NSDAP seit 1922 an. Als er Killinger als Reichsstatthalter abgelöst hatte, brachen brutalere Zeiten an, denn Mutschmann empfand das Arnholdsche »Judenpack« als schädlich für sein schönes Dresden.

Augenblicklich durchlitten die Arnholds ein wahres Martyrium. Sie erlebten Demütigungen primitivster Art: SA-Schläger randalierten vor ihren Schaltern, alte Kunden zogen ihre Guthaben ab, schließlich die verzehrende Angst, von der Gestapo ins KZ verschleppt zu werden, so wie es jüdischen Unternehmern bereits ergangen war.[14] Dieser Psychoterror wirkte. Die Arnholds nahmen einen neuen Partner auf: Dr. Walter Frisch, ein ehemaliges Vorstandsmitglied der Dresdner Bank, der 1933 zur Tochter der Dresdner Bank, Hardy & Co., gewechselt war. Der Eintritt von Frisch bei Arnhold, so kommentierte Simone Lässig das Ereignis, »kam nicht nur für Insider relativ überraschend«, sondern der neue Teilhaber hätte »kaum über Kapital verfügt, das er als Partner … hätte einbringen können«.[15] Mit Frisch als Kompagnon, so schien es, wollten die Arnholds möglichen Restriktionen des NS-Regimes vorbeugen.

Im Frühherbst 1935 leitete Mutschmann gegen die Gebr. Arnhold Ermittlungen wegen Steuerhinterziehung und Devisenvergehen ein. Doch das Landgericht lehnte die Verfahrenseröffnung wegen der Haltlosigkeit der Vorwürfe ab, ein letztes Aufbäumen einer noch nicht ganz gleichgeschalteten Justiz. Die von Mutschmann kontrollierte Staatsanwaltschaft legte Beschwerde ein. Im Mai 1936 endete der Prozeß freilich mit einem Freispruch und einer Ohrfeige für den Gauleiter.[16] Ein letztes Mal blieben die Richter unbeeindruckt von den Einschüchterungsversuchen.

Dem Seniorchef Heinrich Gustav Arnhold verließ der Mut. »Wer diesen kraftvollen und wachen Mann von früher kannte«, so erinnerte sich sein Bruder Adolf, der »war geschockt beim Anblick des vorzeitig gealterten Mannes, gebrochen durch die Zeitumstände und dem Unrecht, daß ihm und mir angetan wurde«.[17] Er starb am 10. Oktober 1935 im Alter von nur 50 Jahren an einem Schlaganfall. Der Tod beschleunigte die Schließung der Gebr. Arnhold.

Mutschmann, so vermutete Simone Lässig, habe das jüdische Institut der Dresdner Bank angedient. Doch wird sich vielmehr Walter Frisch als »Vermittler« ins Spiel gebracht haben. Die »Verträge« arbeitete der Justitiar Walther Bernhard aus, den die Dresdner Bank aus der Erbmasse der in Konkurs gegangenen Darmstädter und Nationalbank (DANAT) hatte übernehmen müssen.[18] Während Hardy & Co. das laufende Geschäft und die Pensionskasse übernahm, vereinnahmte die Dresdner Bank Stammhaus, Fillialnetz sowie die Anteile an der Bank für Brau-Industrie.[19]* Seit die Dresdner Bank – im Verein mit der Geheimen Staatspolizei – Ignatz Nachers Engelhardt-Brauerei arisiert hatte, war sie Deutschlands größter Bier-Finanzier.[20]

---

* Die am 8. Juni 1899 gegründete Bank für Brau-Industrie war u.a. an folgenden Unternehmen mehrheitlich beteiligt: Brauerei Westfalia (Münster), Enzinger (Mannheim), Berliner Kindl, W. Isenbeck (Hamm), Dortmunder Ritter, Engelhardt (Berlin), Aktienbrauerei (Magdeburg), Bautzener Brauerei, Hürnerbräu (Ansbach), Mährisch-Ostrauer Brauerei, Metzer Union (Metz).

Den Schlußakkord der Arnholds kommentierte Keith Ulrich: »Damit waren zum ersten Mal wesentliche Teile eines großen, renommierten Privatbankhauses durch Druck der Partei von einer Berliner Großbank übernommen worden.«[21] Nach dem Kriegsende beschrieb Walther Frisch die rücksichtslose Arisierung aus seiner Sicht: »Ich erinnere mich nicht, daß Arnholds mit dem Abschluß unzufrieden waren.«[22] Ein Zynismus, der in der Nachkriegs-Ära der Bundesrepublik Deutschland weit verbreitet war. Verschwiegen hatte Frisch, daß Kurt Arnhold vorübergehend in Haft genommen wurde, was der Historiker Christopher Kopper auch registriert hat, freilich auffällig verhalten: Die Aktion »deutet auf eine mögliche Zusammenarbeit zwischen der Dresdner Bank und Gestapo hin«,[23] ein in Fällen der Unfolgsamkeit mehrfach von der Dresdner Bank praktiziertes Verfahren.

Mit der Arisierung der Arnhold-Bank freilich war die Geburtsstadt der Dresdner Bank längst nicht »judenfrei«, schließlich existierte noch das 1755 gegründete Bankhaus Bondi & Maron, mit dem die Arnholds eng zusammenarbeiteten. Nach der Entlassung aus der Schutzhaft emigrierte der Prinzipal Rudolf Maron in die U.S.A. und beauftragte von dort aus den vormaligen Reichsinnenminister und nachmaligen Oberbürgermeister Dresdens, Wilhelm Külz, mit der Liquidation.[24] Külz desertierte nach dem Zusammenbruch des Dritten Reiches zu den Kommunisten und gründete in der sowjetischen Besatzungszone die Liberal-Demokratische Partei Deutschlands.

Carl Goetz, der Chef der Dresdner Bank, hatte sich dem NS-Regime unterworfen. Er verantwortete die Zusammenarbeit mit der Gestapo, er duldete den von ihr verbreiteten Terror. Entsprechend schamlos behandelte die Dresdner Bank ihre wehrlosen jüdischen Angestellten.

Der Historiker Dieter Ziegler beschreibt einen solchen Fall. Die Dresdner Bank hatte 1921 das kleine Würzburger Privatbankhaus Felix Heim übernommen, den jüdischen Inhaber daraufhin als Filialleiter weiterbeschäftigt. Wegen seiner Verdienste erhielt er eine stattliche Pension von 960 RM (einschließlich eines Zuschusses des Bankbeamtenversicherungsvereins von 117,45 RM). Da es sich um eine freiwillige Leistung handelte, konnte die Dresdner Bank die Rente jederzeit reduzieren oder widerrufen. Dazu kam es 1932 nach der Gehaltsreduzierungs-Notverordnung ein erstes Mal (auf 782,45 RM), dann fünf Jahre nach Hitlers Machtergreifung: von 467,29 RM sackte der Zuschuß auf 201 RM. Zu wenig zum Leben. Felix Heim schrieb dem Vorstand der Dresdner Bank. Carl Goetz muß die bedrückenden Zeilen zur Kenntnis genommen und – sie ignoriert haben.

»Meine Gesundheitsverhältnisse«, so der nunmehr 74jährige im Herbst 1938, »haben sich dauernd … verschlechtert«, im übrigen wolle er darauf hinweisen, »daß die Eröffnung der Würzburger Niederlassung keinerlei Aufwendungen für die Bank im Gefolge hatte, … im Gegenteil, ich brachte ein fertiges Geschäft mit, da die Kundschaft der Firma Felix Heim fast vollzählig mit mir ging, und es ist unbestreitbar, daß die Dresdner Bank binnen kurzer Zeit das größte Kontokorrentgeschäft am Platze innehatte. Ich war nach meiner Pensionierung jeden Vormittag mehrere Stunden im Büro anwesend … und während der Bankenkrise dauernd vor den Schaltern, woraus wohl ersichtlich ist, daß ich die Interessen der Bank jeder Zeit voll und ganz wahrgenommen habe.« Schäbig die Antwort: Eine »Änderung der von uns getroffenen Maßnahmen« sei nicht beabsichtigt – »Mit deutschem Gruß pp.«[25]

Am 21. August 1942 informierte die Zentrale ihre Würzburger Dependance, daß der vormalige jüdische Niederlassungsleiter inzwischen »evakuiert« worden sei. Vier Wochen später war der Gipfel der Schamlosigkeit erreicht: Die Filiale wurde aufgefordert, dem ins Vernichtungslager überstellten Juden der Ordnung halber »den Pensionswiderruf auszusprechen«, per Post – »als gewöhnlichen Brief an die letzte Ihnen bekannte Anschrift«. Da aber davon auszugehen sei, daß die Mitteilung »als unzustellbar« zurückkäme, »wollen Sie [das] Schreiben nebst den mit Unzustellbarkeitsvermerk versehenen Umschlägen zwecks sorgfältiger Aufbewahrung zu ihren Akten nehmen« – »Heil Hitler!«[26]

»Die Dresdner Bank nutzte die Gesetze, die die Nazi-Regierung erlassen hatte, um Juden aus der deutschen Wirtschaft und jüdische Angestellte aus deutschen Unternehmen zu entfernen«, folgerte die »Sektion für finanzielle Nachforschungen« der US-Militärregierung.[27] Die Aktivitäten der Dresdner Bank waren Raubzüge im Sinne des Wortes.

Mit den Methoden der Gestapo

Adolf Fürst von Schwarzenberg, ein Schwager der Großherzogin von Luxemburg, gehörte dem Verwaltungsrat der Böhmischen Escompte-Bank an. Die Dresdner Bank hatte das Prager Institut, noch am Tag des Überfalls auf die Tschechoslowakei im März 1939, an sich gerissen. Schwarzenberg wurde vom Dresdner Bank-Direktor Reinhold Freiherr von Lüdinghausen vor die Tür gesetzt, »das Vermögen des Fürsten Schwarzenberg … wegen seines staatsfeindlichen Verhaltens« beschlagnahmt. Darüber gerieten die Dresdner und Deutsche Bank in einen Konflikt. Jede beanspruchte die Verwaltung Schwarzenbergscher Unternehmens-Beteiligungen für sich. Die Entscheidung ließ sich ohne Votum des SS-Hauptsturmführers Willi Linnemann von der Staatspolizeileitstelle Linz nicht herbeiführen.

Als die Dresdner Bank bemerkte, daß die Kontrolle des Besitztums Schwarzenberg an die Böhmische Union-Bank der Deutschen Bank zu fallen drohte, schaltete sich Carl Goetz ein. Mit Hilfe der Machtfülle ihres Großkunden SS, vertreten durch den SS-Obergruppenführer Oswald Pohl vom Wirtschafts-Verwaltungshauptamt (WVHA) (vgl. Kapitel 4 in diesem Buch), sollte das Geschäft zugunsten der Dresdner Bank erzwungen werden. Das stellvertretende Vorstandsmitglied Gustav Overbeck, das inzwischen Aufsichtsratsmandate verschiedener Schwarzenberger Ak-

Geheime Staatspolizei
Staatspolizeistelle Linz.

Linz/Donau, den 12. September 1940.
Langgasse 13. – Tel. 0180–0183 u. 8188.

B. Nr. – II 1 174/39 –
Bitte in der Antwort vorstehendes Geschäftszeichen und Datum anzugeben.

Verwaltungsamt-SS
Eingang: 13. SEP. 1940
Anlagen: Sachbearbeiter: V

Der Reichsführer-SS
Hauptamt Haushalt u. Bauten, Amt R.3.
Eing.: 14. SEP. 1940

Der Reichsführer-SS
Hauptamt Verwaltung u. Wirtschaft
Eing.: 14. SEP. 1940

Eing.: 23. SEP. 1940
Anlagen: Abt.: Hdz.:

An den
Reichsführer-SS
– Chef des Hauptamtes Verwaltung und Wirtschaft –
B e r l i n – Lichterfelde=West,
Unter den Eichen 127.

Betrifft: Verwaltung des Schwarzenberg'schen Vermögens.
Vorgang : Dortiges Schreiben vom 7.9.1940.

Auf Grund des dortigen Schreibens vom 7.9.1940 habe ich den von der hiesigen Dienststelle eingesetzten Verwalter des Schwarzenberg'schen Vermögens angewiesen, sofort Verbindung mit der Böhmischen Escompte-Bank aufzunehmen und in Zukunft nur noch mit diesem Bank-Institut zu arbeiten.

Die Geheime Staatspolizei mischt sich ein: »... habe ich ... angewiesen, sofort Verbindung mit der Böhmischen Ecompte Bank aufzunehmen«

tiengesellschaften besetzt hielt, forderte – über einen Direktions-Briefkopf der Escompte – Beistand an. Ansprechpartner: Der leitende Wirtschaftsprüfer der SS, Dr. Hans Hohberg, der in Pohls WVHA die Firmen der SS beaufsichtigte.

»Nachdem wir nach den politischen Veränderungen des Frühjahrs 1939 durch das Zusammengehen mit der Dresdner Bank unsere [Escompte] als rein deutsches Unternehmen in den Vordergrund stellten, schied Fürst Schwarzenberg aus unserer Verwaltung aus und kündigte die mit uns bestehenden Verträge«, teilte Overbeck mit, um sodann auf den Punkt zu kommen: »Da wir unter Zugrundelegung des Vorhergesagten annehmen müssen, dass die vorhandenen Vermögenswerte resp. deren Verwaltung ... möglicherweise der Böhmischen Union-Bank [der Deutschen Bank] übertragen werden, ... wären wir Ihnen äusserst dankbar, wenn Sie über die Staatspolizeistelle Linz ... in unserem Interesse intervenieren würden.« Overbeck siegesgewiß: »Wir danken Ihnen für Ihre Bemühungen.«

Der vermeintliche Freibrief traf zwei Wochen später ein. Linnemann, der Delegierte der Gestapo, meldete: Er habe »den von der hiesigen Dienststelle eingesetzten Verwalter des Schwarzenberg'schen Vermögens angewiesen, sofort Verbindung mit der Böhmischen Escompte-Bank aufzunehmen und in Zukunft nur noch mit diesem Bank-Institut zu arbeiten«.[28] Solch ein Einsatz störte wiederum die Interessen der Deutschen Bank. Sie intervenierte bei dem zuständigen Gauleiter Oberdonau, bei August Eigruber. Der wiederum sondierte bei Hohberg.

»Im Hinblick auf die bisherige zuvorkommende Haltung der Böhmischen Escomptebank gegenüber der Schutzstaffel und mit Rücksicht darauf, daß ihre Vorpostenstellung für das Deutschtum auch vom Propagandaministerium anerkannt ist«, erläuterte Hohberg dem Linzer Eigruber in einer Antwort, möge er bitte »wohlwollend prüfen, ob der Böhmischen Escomptebank ... nicht ein angemessener Anteil an den Bankgeschäften des Schwarzenberg-Vermögens zugedacht werden kann.« Erst diese Querelen zeigten

BÖHMISCHE ESCOMPTE-BANK

DIREKTION

OD/W

Prag, den 2.Oktober 1940.

Herrn

Dr. Hans H o h b e r g ,

Berlin-Lichterfelde W.

Unter den Eichen 127.

Sehr geehrter Herr Dr.Hohberg !

Betr.Schuldübernahme aus dem Konto septo
des Bodenamtes Prag.

Herr Prof.Dr.Dr.Meyer hat uns von Ihrem Schreiben vom 27.v.M.Kenntnis gegeben und uns gleichzeitig den Entwurf des Briefes des Reichsführers SS an uns in Abschrift übermittelt.Wir bitten Sie höfl.davon Kenntnis zu nehmen,dass wir heute Herrn Prof.Meyer durch Fernschreiber unser Einverständnis zu dem Briefentwurf Reichsführer SS bestätigt haben.

Zwecks Eröffnung des Kontos für die Reichsführung SS überreichen wir Ihnen in der Anlage unsere Geschäftsbedingungen sowie Unterschriftskarten mit der Bitte, letztere uns mit den Unterschriften der Herren, die über dieses neu zu eröffnende Konto verfügungsberechtigt sind, zurückzureichen. Wir wären Ihnen gleichzeitig verbunden, wenn Sie uns noch mitteilen würden, unter welcher genauer Bezeichnung das Konto zu führen und an welche Adresse die erforderliche Korrespondenz zu richten ist.

Ihrem Bescheid gern entgegensehend, grüssen wir

Heil Hitler !
BOEHMISCHE ESCOMPTE-BANK

Beilagen.

Böhmische Escompte Bank eröffnet SS-Konto: »… überreichen wir Ihnen in der Anlage unsere Geschäftsbedingungen«

Eigruber aber an, daß sich in seinem Gau ein großer Schatz befände. Da kam ihm eine hübsche Idee: Solange er seine Entscheidungen hinauszögerte, solange auch würde er über das Aktien-Konvolut Schwarzenbergs selbst verfügen können. Dieser Entschluß verhinderte letztendlich die »Privatisierung«.[29]

Die Dresdner Bank stieg selbst in ein finsteres Geschäft ein: in das der Löse- und Schutzgeldzahlung. Die Gestapo hatte den holländischen Unternehmer Soet ins KZ Mauthausen gesperrt. Schweizer Freunde betrieben dessen Freilassung. Sie hinterlegten bei der Schweizerischen Bankgesellschaft 20 000 Franken, zahlbar in dem Augenblick, wenn der Häftling gesund im eidgenössischen Konsulat in Amsterdam eintreffen würde. Die Abwicklung dieses Handels übernahm die Dresdner Bank, ein Geschäft, für das sich die SS mit einer »angemessenen« Provision revanchierte.[30]

Die Prinz-Albrecht-Straße schaltete die Bank ihres Vertrauens in heiklen Fällen inzwischen routinemäßig zu: Der jüdische Rentner Isaak Keesing wollte in die U.S.A. emigrieren, doch er wurde von der Gestapo verhaftet. Unter der Voraussetzung, daß der reiche Bruder seine Verlagsdruckerei abtreten würde, würde die – gesamte – Familie Keesing nach Amerika entkommen können. Dieser Vorgang landete direkt auf dem Schreibtisch von Gestapo-Chef Heinrich Müller. Der Minsterialrat Karl Zindel, das Faktotum Müllers und ein politischer Weggefährte des Dresdner-Bank-Vorstandsmitgliedes Karl Rasche, sollte den Fall zum Abschluß bringen. Aber es ging wohl nicht um Keesings Druckerei, sondern die SS wird vielmehr ein Devisen-Kontingent in der Schweiz ausgemacht haben. Warum sonst sollte sich Heinrich Müller eingeschaltet haben? Karl Rasche beauftragte seinen Persönlichen Sekretär Georg Stiller mit der Durchführung. Solche Transaktionen, so stellten die Amerikaner fest, seien »himmelweit vom üblichen Bankgeschäft entfernt« gewesen.[31]

Die Dresdner Bank profitierte von den Methoden der Geheimen Staatspolizei. Eines der prominentesten Opfer war »schlank, blond, gutaussehend, gleichsam der Prototyp eines angelsächsischen Aristokraten« gewesen: Baron Louis Rothschild.[32]

Der österreichische Familienzweig der Rothschilds wurde lange von Louis repräsentiert. Nach Einschätzung des Rothschild-Biographen Frederic Morton »die scharf geschliffene Waffe gegen alles, was da an Scheußlichkeiten heraufkam«.[33] Louis Rothschild gebot über die angesehene Privatbank S.M. Rothschild & Söhne, er kontrollierte die Wiener Creditanstalt, er sanierte die auf Landwirtschaft spezialisierte Bodenkreditbank, er residierte in einem Palais in der Prinz-Eugen-Straße, in einem Büro, das für alle Fälle über zwei Geheimausgänge verfügte.[34] Während Eugene Rothschild noch vor dem Anschluß Österreichs nach Paris floh und sich Bruder Alphonse in die Schweiz absetzte, denn beide fürchteten um ihr Leben, wollte Louis Rothschild nur zum Polospielen nach Italien fliegen. Auf dem Flugplatz wurde er, noch während des deutschen Einmarsches, verhaftet.[35]

Am Wiener Morzinplatz wurde der Baron in eine Gestapo-Zelle gebracht. Mit seinem Nachbarn, dem Ex-Bundeskanzler Kurt von Schuschnigg, tauschte er Klopfzeichen aus. Das Interesse an Rothschild galt dessen Witkowitzer Berg- und Hüttengewerkschaft in Mährisch-Ostrau.

Der Konzern vereinte ein Drittel der Kohleförderung, 40 Prozent der Roheisenproduktion und 30 Prozent der Rohstahlerzeugung in der Tschechoslowakei,[36] ein Wirtschaftsriese, der längst von der NS-Rüstung verplant war. Die Mehrheit des Aktienkapitals hielt Rothschild, Anteile aber auch der österreichische Industrielle Wilhelm Gutmann.[37] Kaum, daß Rothschild inhaftiert war, schickte Hermann Göring einen Emissär nach Wien. Rothschild sollte seinen Stahl-Giganten seinen Reichswerken übereignen und dafür seine Freiheit zurückerlangen.[38] Aber Rothschild lehnte ab. Da besuchte ihn die Dresdner Bank, in Person von Karl Rasche.

Rasche versprach, seine Verbindungen spielen zu lassen und eine Haftentlassung zu garantieren, wenn – ja, wenn Louis Rothschild den Deutschen seinen Besitz anvertraute. Rothschild, des Arrests überdrüssig, willigte ein. Im Mai 1938 wurde, unter Rasches Federführung, der Witkowitz-Vertrag unterzeichnet. Rasche paraphierte für die Reichswerke Hermann Göring. Im Oktober ging das Rothschild-Bankhaus an die Münchner Konkurrenz Merck, Finck und Co.

Rasche bestellte sich zum Aufsichtsratsmitglied der Witkowitzer Werke, und auch Friedrich Flick profitierte von dem Deal: Das steiermärkische Gut des Witkowitz-Teilhabers Wilhelm Gutmann geriet in den Privatbesitz des Unternehmers,[39] während die Gestapo in das Wiener Rothschild-Palais einzog, in dem Adolf Eichmann später seine »Zentralstelle für jüdische Auswanderungen« errichtete.[40]

Wie in Wien, so agierte die Dresdner Bank auch in der Tschechoslowakei, dieses Mal nicht mit Rasche als Antreiber, sondern mit Reinhold Freiherr von Lüdinghausen als Vormann: Am 15. März 1939 rückte die Wehrmacht in die Tschechoslowakei ein. Noch am selben Tag hatte von Lüdinghausen mit seinem Stab die Räume der Böhmischen Escompte-Bank in Prag betreten und verkündet, das tschechische Bankhaus werde ab sofort von der Dresdner Bank übernommen.[41] »Die Gründe« seien, so hielt – bereits einen Monat vor der Besetzung – eine Aktennotiz des Reichsfinanzministeriums fest, »daß ein großes Bankinstitut in Prag unter deutschen Einfluß gebracht werden müßte«: zur Betreuung der deutschen Industrie, und zur Einschaltung in die bevorstehenden Arisierungen, »die sicherstellen soll, daß der jüdische Besitz in deutsch-arische Hände« überführt werde.[42]

Der brutale Übergriff auf die Escompte, so dokumentierte Karl Heinz Roth in den »Ermittlungen gegen die Dresdner Bank«, sei »ein Gemisch aus Erpressung, abenteuerlichen Devisenoperationen und Währungsmanipulationen« gewesen.[43] Dasselbe Verhalten hatte die Dresdner Bank an den Tag gelegt, als Hitler im Oktober 1938 das Sudetenland heim ins Reich holte.* Roth: »Ohne einen Pfennig aus den eigenen Depots lockerzumachen, [sei der] Dresdner Bank die Sudetenfiliale der Böhmischen Escompte Bank« zugefallen.[44] Karl Rasche behielt sich den Posten des Vorsitzenden des Aufsichtsrates, Lüdinghausen den eines Mitgliedes vor.[45]

Lüdinghausen, ein Protegé Rasches, der einer alten ostpreußischen Familie entstammte, gehörte 1940 dem Wehrmachts-Wirtschaftsstab an und damit zur deutsch-französischen Waffenstillstandskommission.[46] Über die erzielten wirtschaftspolitischen Erfolge setzte er Rasche in Kenntnis, freilich mit theatralischen Hinweisen auf die Gestaltungskraft des Führers: Adolf Hitler habe übermenschlich alle Probleme »meisterhaft« gelöst, weshalb »unser Glaube an seine Führung – daher grenzenlos« sei, bis er schließlich bedauerte, »daß ich nicht mehr berufen bin, an der Spitze von diesen Männern in den Kampf zu ziehen«. Lüdinghausen ahnte: »Wir stehen wieder einmal vor bedeutenden Ereignissen.«[47] Eines trat am 22. Juni 1941 ein: der Überfall auf die Sowjetunion.

Aus dem ostpreußischen Schippenbei meldete sich Lüdinghausen zu Wort, vier Wochen nach dem Einmarsch, und verlor dabei allerlei Gedanken über »die Zähigkeit, mit der der rote Soldat kämpft und stirbt«. Dann schwärmte er von der riesigen Beute, die »in unsere Hände [fiel]«, von der »vorbildlichen Disziplin [des deutschen Landsers], wie sie uns keine andere Nation nachmachen kann«.[48] Im Auftrag der Dresdner Bank hatte Lüdinghausen »Wirtschaftsfragen« in den besetzten Gebieten abzuklären.

Lüdinghausen teilte seinem »lieben Dr. Rasche« mit, daß zunächst eine reichseigene Osthandelsgesellschaft mit einem Kapital

---

* Auf ähnliche Weise hatte sich die Deutsche Bank der Böhmischen Union-Bank bemächtigt, die über ein Kapital von 150 Millionen Kronen (1,2 Millionen RM) und elf Filialen im »Rumpfstaat« verfügte. Die Dresdner Escompte kam auf sieben Niederlassungen und auf 120 Millionen Kronen Aktiva.

von 300 Millionen RM gegründet worden sei, weshalb er die Befürchtung hegte, »daß die Privatwirtschaft nicht sehr eingeschaltet wird«. Weil aber die Sowjet-Union »für die Wirtschaft des Reiches für die nächsten Jahrzehnte ein bedeutender Lieferant von unentbehrlichen Rohstoffen« sei, möge die Dresdner Bank bitte ihren Einfluß dahingehend geltend machen, daß endlich auch die Privatwirtschaft von den zu erwartenden ungeheuren Gewinnen partizipieren könnte.[49]

Lüdinghausen hat das NS-Regime überlebt. Nach dem Zusammenbruch des Dritten Reiches repräsentierte er die Dresdner Bank in Hannover und als Honorarkonsul die Republik Paraguay. Seine stattliche Rente verzehrte er am Genfer See.

Eine noch steilere Karriere war hingegen einem Kollegen der Konkurrenz beschieden: Franz Heinrich Ulrich, der 1933 mit 22 Jahren der SS beitrat und sich drei Jahre später im Rang eines SS-Scharführers bei der Deutschen Bank bewarb.[50] In der Bundesrepublik brachte er es zum Primus inter pares der Deutschen Bank. Hermann J. Abs war ihm dabei behilflich.

»Ausgerüstet mit der Kraft, schnell logische Schlüsse ziehen zu können«, so schrieb die »FAZ« 1987 nach dem Tod Franz Heinrich Ulrichs in einem Nachruf, habe er »sehr viel Herz und Wärme besessen«, »bis zuletzt die Geschäfte der Deutschen Bank verfolgt« und nach seiner Pensionierung mit dem vor ihm ausgeschiedenen Hermann J. Abs »allsonntäglich Telephongespräche geführt«.[51] Ulrich, das Abs-Ziehkind, trat 1967 dessen Nachfolge als Sprecher der Deutschen Bank an.* Er war während des Dritten Reiches als Abs-Assistent in einen Abs-Deal involviert. Ulrich hatte die »freundschaftliche« Übernahme des jüdischen Bankhauses Mendelssohn & Co. mitverantwortet.

---

* Diese Funktion übte Ulrich anfangs zusammen mit Karl Klasen aus. Als Klasen im Januar 1970 die Präsidentschaft der Deutschen Bundesbank übernahm, blieb Ulrich bis zu seinem Ausscheiden im Mai 1976 alleiniger Sprecher. Am 16. März 1987 beging Ulrich, 76jährig, Selbstmord.

Die Arisierung von Mendelssohn

Mendelssohn habe, so schrieb 1925 der Wirtschaftspublizist Ernst Neckarsulmer, »niemals die gleiche internationale Bedeutung gehabt wie … Rothschild«, aber sie sei eine Bank »von europäischer Bedeutung«.[52] Auch der jüdische Zeitzeuge Kurt Zielenziger rühmte Mendelssohn vier Jahre später: »Trotz aller Krisen und aller Schicksale ist das Haus nicht nur die erste Privatbank Berlins, sondern eine der ersten Deutschlands, ja der Welt.«[53]

Die bewegende Ära Mendelssohn begann in der Zeit der Preußenkönige. Moses Mendelssohn stand 1743 am Rosenthaler Tor zu Berlin. Er war 14 Jahre alt. Noch galt das Generalreglement, das den Zuzug von Juden beschränkte. Bettelarm, verwachsen sei Mendelssohn gewesen, er habe gestottert, berichtete Zielenziger. Die Torwachen ließen ihn trotzdem ziehen.

Sieben lange Jahre hatte sich Mendelssohn durchgehungert, sich auf jedes Buch gestürzt, wie ein Besessener gelesen, bis er endlich seine erste Anstellung fand. Der jüdische Seidenwaren-Fabrikant Isaak Bernhard stellte ihn als Buchhalter ein, dann machte er ihn zum Teilhaber, dann »stößt Mendelssohn die Tore zum Ghetto auf« (Zielenziger).

Unter Friedrich II. waren die Juden entrechtet und verachtet, ohne jedes Bürgerrecht. Die so Ausgeschlossenen sonderten sich ab. Doch Moses Mendelssohn sah die Zukunft seiner Glaubensbrüder in der Annäherung an die deutsche Umgebung und erhoffte so die Toleranz der Gegenseite. Seither gilt er als Philosoph der Aufklärung.* Zielenziger: »Mendelssohn verdanken es die Juden, daß sie deutsche Bürger geworden sind.«[54] Neben seiner kaufmännischen Tätigkeit studierte er Geisteswissenschaften. Ein Universalgenie gewann rasch an Einfluß.

---

* Moses Mendelssohns Hauptwerke waren: »Phädon oder die Unsterblichkeit der Seele« (1767), »Jerusalem oder über religiöse Macht und Judentum« (1783), »Morgenstunden oder Vorlesungen über das Dasein Gottes« (1785).

Für seinen ältesten Sohn Joseph übersetzte er die Bibel (Pentateuch). Als Erzieher verpflichtete er den der Humboldts: Joseph Engel, einen Freund Schillers und Goethes. Joseph Mendelssohn entschied sich, trotz seiner vielseitigen Bildung, für den Beruf eines Geldverleihers. Er war gerade 25 Jahre alt geworden, da gründete er 1795 in der Spandauer Straße die Bank J. Mendelssohn, ohne Kapital, mit zwei Angestellten. Die Humboldts wurden die ersten Kunden. Joseph nahm seinen Bruder Abraham als Teilhaber auf. Dieser hatte es in Hamburg zu Reichtum gebracht und den Namen Mendelssohn-Bartholdy angenommen. Seine Nachkommen konvertierten zum Christentum.

Abraham unterhielt zur Preußischen Regierung die besten Beziehungen. Sie schickte den Bankier 1819 nach Paris, um die französische Kriegsschuld nach Napoleons Niederlage für Preußen einzutreiben, ohnedies hielt er sich immer wieder im Ausland auf. Die französische Revolution erlebte er vor Ort. Im Juli 1825 erwarb er das Grundstück Leipziger Straße 3, auf dem er ein Herrenhaus errichten ließ. Die Mendelssohns, so fing Zielenzieger die Atmosphäre ein, hätten das Gebäude »nicht als einen toten Steinhaufen« betrachtet, sondern als »eine lebendige Individualität, jeder teilnehmend am Glück der Familie, es war ihnen und den Nächststehenden gewissermaßen Repräsentant derselben.« Als Abraham am 19. November 1835, fast erblindet, starb, feierte dessen Sohn, der Komponist Felix Mendelssohn-Bartholdy, als Dirigent des Leipziger Gewandhausorchesters wahre Triumphe.[55]

Das Institut hatte 1820 als Mendelssohn & Co. Räume in der Jägerstraße 51 bezogen. Und dort begann der unaufhaltsame Aufstieg. Um 1860 wurden die Mendelssohns die Bankiers der Zaren. Sie waren es, die sämtliche russischen Anleihen auf dem internationalen Kapitalmarkt plazierten, eine Position, die sie bis zum Ausbruch des Ersten Weltkrieges beibehielten, wodurch Joseph Mendelssohn die Bedeutung einer zentralen Notenbank erkannte.

»Man hat Zettelbanken errichtet«, begründete er seine Initiative,

»diese geben für Geld Noten aus, d. h. Anweisungen auf sich selbst, die jeder Vorzeiger jeden Tag bei ihnen gegen bares Geld umtauschen kann. Solche Noten werden in der Regel von jedem, der Zahlungen zu leisten hat, lieber genommen als bares Geld; denn sie ersparen ihm den beschwerlichen Transport und das zeitraubende Geschäft des Zählens der Geldstücke.« 1846 wurde die Preußische Bank errichtet, die spätere Reichsbank.[56] Mendelssohn galt als das Synonym bankpolitischer Solidität. Diesen Ruf vermehrten später Rudolf Loeb und Fritz Mannheimer, die letzten jüdischen Mitinhaber Mendelssohns.

Loeb wurde von dem Wirtschaftsjournalisten Felix Pinner als »ein Gelddisponent zweifellos sehr großen Stils« beschrieben, als ein »scharfer Durchdenker der Geld- und Währungsfragen«. Ihm hatte das Institut ab 1914 das Überleben nach dem Wegfall des russischen Geschäfts zu verdanken, er steuerte Mendelssohn unbeschadet durch die Inflation, aber stets in Absprache mit Fritz Mannheimer, dem Leiter der Niederlassung in Amsterdam, des damaligen Zentrums des deutschen Außenhandels. Pinner: »Man hat in jenen Jahren nach dem [Ersten] Weltkrieg die deutschen Bankvertreter und Finanzleute, die in Holland arbeiteten, nicht besonders gut behandelt, man hat ihnen nicht einmal das Recht zum Börsenbesuch zugebilligt. Mannheimer nahm von Anfang an eine Ausnahmestellung ein, ... weil er sich Beziehungen, auch geschäftliche, in den bekanntlich sehr konservativen Geschäftskreisen Hollands zu verschaffen wußte, die andern deutschen Finanzvertretern verschlossen blieben, selbst denen der größten deutschen Aktienbanken.«

Mannheimer sei ein »Banksouverän« gewesen, ein »genialer Devisenarbitrageur«, ein »Finanzkönig«, »der sich zwar auf die Autorität seiner Firma stützte, aber ihr gegenüber so frei dastand, daß er neben den Transaktionen für das Berliner Haus auch große Geschäfte für eigene Rechnung abschließen und damit ein gewaltiges Privatvermögen erwerben konnte«.[57]

Rudolf Loeb, von ähnlicher Statur wie Mannheimer, hatte Furore bei den Londoner »Stillhalteverhandlungen« gemacht, sie

Amtsgericht Berlin
29.DEZ.38
Gerichtstraße

Berlin W 8, 29.Dezember 1938.

3

An das

Amtsgericht Berlin,

Berlin N 65,
- - - - - - - - - - -
Gerichtstr.27.

Gesch.No. 552 HRA 86750
Betr.Registersache.

In Beantwortung der dortigen Anfrage vom 19.d.M. teilen wir ergebenst mit, dass an die Gesellschafter

Rudolf Löb,
Dr.Paul Kempner,
Dr.Fritz Mannheimer und
Frau Marie von Mendelssohn geb.Westphal

anlässlich ihres Ausscheidens Barzahlungen bezw. Abfindungen nicht geleistet worden sind.

Es ist beabsichtigt, Frau Marie von Mendelssohn bis auf weiteres eine jederzeit widerrufliche Rente von RM 3.000.- monatlich zu zahlen.

MENDELSSOHN & CO.
[illegible]

[illegible] Mendelssohn & Co. [illegible]

Mendelssohn meldet Amtsgericht Berlin: »Anläßlich [des] Ausscheidens [der Gesellschafter seien] Abfindungen nicht geleistet worden«

entscheidend geprägt.* Er war heimatliebend, ein Patriot, in Ansätzen vielleicht sogar vaterländisch. Doch dann hätte »die zwölfjährige Herrschaft Hitlers ... die Handlungsfähigkeit« gelähmt, beschied anläßlich des hundertsten Geburtstages der Deutschen Bank 1970 der hauseigene Historiker Fritz Seidenzahl: In »vielen Städten [seien] Schalter in Kellerräumen eröffnet« worden. Das Dritte Reich behandelte der Autor Seidenzahl in einem dicken Jubiläumsbuch sehr diskret, ebenso die Mendelssohns – als Fußnote. Kein Wort darüber, daß die jüdische Bank von der Deutschen Bank arisiert wurde, nicht einmal ein scheuer Hinweis im stolzen »Calendarium«.[58]

Die Einverleibung Mendelssohns durch die Deutsche Bank war die Tat des Hermann J. Abs. Ein erster Höhepunkt seiner vielversprechenden Karriere. Zu verdanken hatte er sie dem Ableben des Vorstandsmitgliedes der Deutschen Bank, Gustaf Schlieper, eines Freundes von Rudolf Loeb. Den Wechsel von Delbrück Schickler & Co. zur Großbank bezeichnete der strenggläubige Katholik Abs wie eine Andacht: »Die Privatbanktätigkeit war die Organistentätigkeit an einer Zweimanual-Orgel mit 36 Registern. Nun wurde mir plötzlich eine ... Tätigkeit als Domorganist angeboten mit einer wundervollen Orgel mit fünf Manualen und 72 lebenden Registern. ... Und ich habe diese Berufung in den Dom angenommen, weil das größere Instrument mir ein angemesseneres Instrument schien.«[59] Die berufliche Neuorientierung galt seinerzeit als Sensation. Bereits im September 1937 meldete das Branchenblatt »Die

* Seit 1932 verhandelten Frankreich, England, die U.S.A. und Deutschland in London über die Rückzahlung der dem Reich kurzfristig gewährten Kredite, die es während der Bankenkrise hatte im Ausland aufnehmen müssen. Dem ersten Stillhalte-Abkommen folgte ein zweites, ein drittes, schließlich ein viertes. Folge: Das »Gesetz über Zahlungsverbindlichkeiten gegenüber dem Ausland« vom 1. Juli 1933 führte die Devisenzwangswirtschaft ein. An diesen sogenannten »Stillhalteverhandlungen« nahmen Gustaf Schlieper (Deutsche Bank), Hans Fürstenberg (Berliner Handels-Gesellschaft), Ernst Spiegelberg (Warburg) und Rudolf Loeb (Mendelssohn) teil.

Bank« die gewichtige Personalie, obwohl sie offiziell erst im Januar vollzogen werden sollte. Ein merkwürdiger Vorgang.

Am 15. Februar 1938 lud der eigentlich knauserige Abs im Hotel Esplanade zu einem prunkvollen Empfang. Der Beginn seiner Laufbahn bei der Deutschen Bank sollte wie ein Paukenschlag wirken. An dieses »herausragende gesellschaftliche Ereignis«, so merkte Lothar Gall an, erinnerten sich »noch Jahrzehnte später viele«.[60]

Ob Rudolf Loeb von Mendelssohn mitfeierte, darf bezweifelt werden. Gleichwohl: Welche NS-Honoratioren erwiesen Abs ihre Reverenz *nicht*?

Ob Warburg in Hamburg, Hirschland in Essen, Aufhäuser in München oder Kohn in Nürnberg – diese jüdischen Bankiers, so schreibt Keith Ulrich, hätten gehofft, »ihr Bankhaus wieder zurückzuerwerben, sobald der nationalsozialistische Spuk zu Ende wäre«.[61] Möglicherweise hegte Rudolf Loeb ähnliche Gedanken.

Die Bilanzsumme Mendelssohns betrug weit über 100 Millionen Reichsmark, das Eigenkapital 22 Millionen, ein erheblicher Anreiz, und zum bedeutenden Vermögen Mendelssohns gehörten Beteiligungen im Ausland.[62] Interessenten gab es genug. Zu ihnen gehörte Alfred Olscher.[63]

Olscher, in Dresden als Sohn eines Beamten geboren, hatte es nach dem Studium der Rechtswissenschaften zum Gerichtsassessor gebracht, während des Ersten Weltkrieges zum Adjutanten verschiedener Divisions- wie Generalkommandos. Auf Seiten der mit Deutschland verbündeten Türkei kämpfte er in Palästina. Dort wurde er zum glühenden Antisemiten.

Beim Dresdner Finanzamt fand er seine erste Anstellung, bis ein entfernter Verwandter ihm den Weg in die Reichshauptstadt ebnete. In Berlin avancierte er 1922 zum Sachbearbeiter im Reichsfinanzministerium, 1932 zum Ministerialdirektor. Mit Hitlers Machtübernahme reüssierte auch Olscher: als Mitglied unzähliger Aufsichtsräte, stellvertretender Vorsitzender des Ehrengerichtshofes der Deutschen Wirtschaft, Vorstandsmitglied der reichseigenen Vereinigten Industrie-Unternehmen A.G. (VIAG) sowie der Reichs-Kredit-Gesellschaft A.G.[64]

Olscher war als Arisierer gefürchtet. Nach seinen Vorstellungen sollte jedes jüdische Unternehmen, das wie Mendelssohn schwarze Bilanzen schrieb, in das Eigentum des Staates überführt werden. Diese Wirtschaftspolitik brachte verschiedentlich selbst hartgesottene Nationalsozialisten in Verlegenheit, weshalb der eigentlich zurückhaltende Lothar Gall bei Olscher im Fall Mendelssohns »dreiste Übernahmeversuche« erkannte.[65] Otto Christian Fischer, später persönlich haftender Gesellschafter bei Merck, Finck & Co., hatte Mendelssohn ebenfalls im Visier.[66] In dieser Situation mußte Hermann J. Abs handeln, wollte er nicht ins Hintertreffen geraten.

Es habe sich um eine »freundliche Übernahme« gehandelt, schrieb Lothar Gall, die zudem erst erfolgt sei, »als der staatliche Druck auf das Bankhaus [Mendelssohn] übermächtig« geworden sei. Allerdings, so schränkte Gall selber ein, es bliebe die »umstrittene Frage« bestehen, »ob es sich bei dieser Übernahme eher um eine Hilfsaktion oder um eine ›harte Arisierung‹« gehandelt hätte. Schließlich beruhten alle »Ausführungen und Schlüsse« zum Thema Mendelssohn »überwiegend auf Interviews mit Abs«, somit bliebe ihm, Gall, weiterhin verschlossen, »auf welcher Basis das Vertrauen von Loeb in Abs beruhte«.

Zum Vizepräsidenten der Reichsbank, Friedrich Dreyse, unterhielt Rudolf Loeb enge Beziehungen. Mit ihm wird er darüber gesprochen haben, ob er dem arischen Erwerber Bedingungen würde stellen können. Darüber hinaus wird er Dreyse gebeten haben, Mendelssohn & Co. weder in die Hände der Reichs-Kredit-Gesellschaft des Alfred Olscher noch in die des Otto Christian Fischer zu spielen. Eine Unterstützung, die Dreyse gewährt haben muß, denn wie sonst wird erklärbar, daß plötzlich – bis auf Hermann J. Abs – Anwärter auf Mendelssohn nicht mehr existierten.[67] Nur in einem Bündnis mit Abs muß Loeb geglaubt haben, die Zukunft seiner treuen Angestellten sicherstellen zu können.

Die Belegschaft von Mendelssohn & Co. bestand aus 150 Mit-

Hermann J. Abs (1939)

Alfred Kurzmeyer (1941)

Mendelssohn & Co. Jägerstrasse 49/52

An die

D e u t s c h e B a n k ,
z.Hdn. des Herrn Direktor A b s ,

B e r l i n W.8.

Wir gestatten uns hierdurch auf die Unterredungen zurückzukommen, in denen vorbehaltlich der behördlichen Genehmigungen verabredet worden ist, dass wir, soweit unsere Kundschaft damit einverstanden sein wird, den Grossteil unseres Kundengeschäftes auf Sie überleiten werden. Verzeichnisse der von Ihnen zu übernehmenden Creditoren, Debitoren und Consortialbeteiligungen werden wir Ihnen noch übergeben.

Andererseits haben Sie sich bereit erklärt, unser arisches Personal - soweit es nicht weiterhin in unserer Firma benötigt wird - zu übernehmen. In der Anlage 1 gestatten wir uns Ihnen den Wortlaut der Vereinbarungen zu überreichen, welche wir

a) bezüglich der Übernahme der Gefolgschaft,

b) bezüglich der Übertragung des Vermögens des Vereins "Pensionskasse der Amgestellten des Bankhauses Mendelssohn & Co. zu Berlin" (Pensionskasse) auf Sie gegen Übernahme der Verpflichtungen

1) gegenüber unseren arischen Pensionären und deren Witwen und Waisen ,

2) aus den Anwartschaften auf Pensions-, Witwen- und Waisengelder der in Ihre Dienste tretenden Gefolgschaftsmitgliedern unserer Firma und der bei der arisierten Firma Mendelssohn & Co. verbleibenden Gefolgschaftsmitglieder ,

Mendelssohn bestätigt der Deutschen Bank: »… haben Sie sich bereit erklärt, unser arisches Personal … zu übernehmen …«

arbeitern, darunter 27 jüdischen Glaubens. Loeb wollte die älteren Betriebsangehörigen in Sicherheit wissen, »seinen Juden« das Grauen der Konzentrationslager ersparen, ihnen den Weg ins geborgene Ausland ermöglichen. Dafür würde er einen Pakt mit dem Teufel schließen, auch sein eigenes Leben geben.[68] Hermann J. Abs sicherte Rudolf Loeb seine Hilfe zu.

Im März 1938 begannen die offiziellen Übergabeverhandlungen, ein für Abs entschieden ungünstiger Zeitpunkt, denn zur selben Stunde wollte er nach dem Anschluß Österreichs die Creditanstalt-Bankverein (CA) annektieren. Das führende Wiener Institut bot sich der Deutschen Bank als ein weiterer Übernahmekandidat an.

Mendelssohn und CA – Hermann J. Abs mußte die Inbesitznahme zugleich zweier Banken in Angriff nehmen. Da waren schließlich nächtelang Konferenzen zu bewältigen, komplizierte Verträge zu formulieren, ermüdende Reisen zwischen Berlin und Wien zu überstehen – im Falle eines Erfolges ohne Frage lohnende Anstrengungen.

Die Abwicklung Mendelssohns & Co. ließ Abs vor Ort durch niedere Ränge realisieren; er mußte wohl Prioritäten setzen: CA. So autorisierte er einen zuverlässigen Helfer, den gerade einmal 27jährigen Franz Heinrich Ulrich, sicherlich wissend, daß diesem ein leitender Angestellter Mendelssohns zur Hand ging: der 57 Jahre alte Alfred Kurzmeyer.[69]

Alfred Kurzmeyer gehörte zu den zwielichtigsten Bankiers des Dritten Reiches. Er gefiel sich in der Rolle eines Verschwörers. Ausgerechnet dieser Mann sollte später gefördert werden – von Hermann J. Abs. Er machte ihn zu seinem engsten Vertrauten. Kurzmeyer ließ sich seinen Verrat vergolden.

Alfred Kurzmeyer kam am 2. September 1880 in Luzern als Sohn eines Angestellten zur Welt. Nach der Banklehre siedelte er als 20jähriger nach Brüssel über. Dort lernte er Fritz Mannheimer von der niederländischen Filiale Mendelsohns & Co. kennen, der seine Begabung erkannte. Um 1905 vermittelte er Kurzmeyer zu

Mendelssohn nach Berlin. Fünf Jahre später erhielt er Einzelprokura, nahm die deutsche Staatsbürgerschaft an, ohne seinen Schweizer Paß abzugeben, und begann, dank seiner Verbindungen in seine Schweizer Heimat, eine herausragende Karriere.

Während es sein Bruder Otto in Luzern zum Polizeidirektor gebracht hatte, leitete ein anderer, Adolf, als Generaldirektor die Basler Lebensversicherung. Dieses familiäre Geflecht ebnete Alfred Kurzmeyer den Aufstieg bei Mendelssohn & Co., in deren Auftrag er schließlich in Zürich, Basel und Genf Aktiendepots errichtete und Devisen-Transaktionen durchführte.[70] Ob Schweizerische Bankgesellschaft, Kreditanstalt oder Nationalbank – überall war Kurzmeyer anerkannt. Doch sein stetig forscher werdendes Auftreten vertrug sich immer weniger mit dem strengen Verhaltenskodex Mendelssohns.[71] Als die Nationalsozialisten dann die Straße beherrschten, machte sich Kurzmeyer Hoffnung auf den Chefposten bei Mendelssohn.

Im Sommer 1934 leitete der Berliner Oberfinanzpräsident gegen Fritz Mannheimer Ermittlungen ein. Diesem wurde vorgeworfen – in Zusammenarbeit mit der »französischen Hochfinanz« – »Währungsspekulationen« gegen das Deutsche Reich betrieben zu haben, indem er die Umsätze des Berliner Hauses Mendelssohn auf die Niederlassung nach Amsterdam verlagerte und so dem deutschen Fiskus Steuern vorenthielt. Das Verfahren hatte eine anonyme Anzeige ausgelöst, die sich durch intime Kennerschaft auszeichnete.[72] Über eben diese Kenntnisse verfügte Mannheimers Protegé, Alfred Kurzmeyer, der in diese Vorgänge eingeweiht war. Noch ein anderer Mendelssohn-Mitarbeiter hatte daran Interesse, Mannheimer zu schaden: der stellvertretende NS-Betriebsobmann Erich Kluge.

Kluge forderte das Reichswirtschaftsministerium in mehreren Eingaben auf, die jüdischen Inhaber Mendelssohns zu entfernen, das Institut zugleich aber zu erhalten. Sehr emotional warnte er vor einer Übernahme Mendelssohns durch die Deutsche Bank, weil dann der Verlust von Arbeitsplätzen zu beklagen sei. Und wen schlug Kluge statt dessen vor? Alfred Kurzmeyer, dem die Belegschaft Mendelssohns angeblich »große Sympathien« entgegenbrächte.[73] Das Motiv Kluges schien identisch mit dem des Alfred Kurzmeyer: beide überfiel die Furcht vor Arbeitslosigkeit, Kurzmeyer drohte obendrein gar der Schuldturm.

Alfred Kurzmeyer führte ein Leben auf großem Fuß, stieg in den teuersten Hotels ab, überzog Spesen- wie Gehaltskonto. Solches Verhalten stufte Rudolf Loeb indes nur als vorübergehende Krise ein. Er verhielt sich loyal. Seinen Mitarbeiter ließ er nicht fallen, sondern entschuldete ihn durch ein Darlehen. Kurzmeyer, nun uneingeschränkt in Abhängigkeit seines jüdischen Arbeitgebers geraten, mußte daran interessiert sein, sich dieser ihn bedrückenden Fessel zu entledigen, immerhin eines Betrages in sechsstelliger Höhe.[74] Die Entjudung Mendelssohns & Co. kam ihm also wie gerufen. Taktvoll vermerkte Lothar Gall, daß Mendelssohn & Co. an Kurzmeyer »noch Forderungen« gehabt hätte.[75] In welcher Höhe, verschwieg der Historiker sichtlich pietätvoll.

Franz Heinrich Ulrich, der für Abs auf seiten der Deutschen Bank die Übergabeverhandlungen führte, wurde deshalb unversehens mit einem Angebot konfrontiert: Er, Kurzmeyer, würde gegenüber der Deutschen Bank die Kundenstruktur Mendelssohns offenlegen, Zahlen nennen, internationale Verbindungen preisgeben, wenn ihm im Gegenzug Hermann J. Abs einen Job in der Vorstandsetage garantierte. Daraufhin wurde Kurzmeyer von der Deutschen Bank eingestellt. Abs hatte diesen Treuebruch im Dezember 1938 belohnt: Er verpflichtete den Überläufer für seine Auslandsabteilung. Der Denunziant avancierte wirklich zum Direktor und Generalbevollmächtigten der Deutschen Bank.[76] Wie und an wen zahlte Kurzmeyer, wenn überhaupt, seinen »Kredit« zurück? Es spricht zumindest nichts dagegen, daß Hermann J. Abs die Verbindlichkeiten seines späteren Vertrauten in der Bilanz 1938 vergraben hatte, unauffindbar für jeden Wirtschaftsprüfer. Lothar Gall kommentierte Kurzmeyers Stellungswechsel in der Rückschau: Dieser sei »zu einem der wertvollsten, aber auch zu einem der vielleicht fragwürdigsten Mitarbeiter von Abs« geworden.[77]

Die Deutsche Bank übernahm Mendelssohns Aktiva und Passiva in Höhe von 68 Millionen Reichsmark, die Kundendepots im Wert von 150 Millionen und hatte, wichtiger noch, einen mächtigen Rivalen im Auslandsgeschäft ausgeschaltet. Abs hielt sein heute nicht mehr zu verifizierendes Versprechen, arische Angestellte Mendelssohns zu übernehmen.[78] In einem Brief an Abs hatte Paul Loeb die Namen aufgelistet (»Es handelt sich dabei um folgende jetzt zu Ihnen übertretende Herren«), einer aber fehlte – der Alfred Kurzmeyers.[79]

Für die ostentative Nichtnominierung Alfred Kurzmeyers wird Loeb seine Gründe gehabt haben.

Während am 5. Dezember 1938 die jüdischen Mendelssohn-Gesellschafter ausschieden, führte Mitinhaber Robert von Mendelssohn das Haus als »Mendelssohn in Liquidation« weiter – in der Zentrale der Deutschen Bank, in einem winzigen Hinterzimmer. Erstaunlich: Abs hatte beim Reichswirtschaftsministerium eine Bitte Loebs durchgesetzt, den Namen Mendelssohn zu erhalten, wenigstens auf dem Papier.

Zu den Teilhabern Mendelssohns & Co. gehörte noch Paul Kempner, der sich nach Hitlers Machtergreifung obendrein erfolgreich für die Aufrechterhaltung amerikanischer Kredite eingesetzt hatte. Für diesen Dienst war ihm dann garantiert worden, Möbel und Schmuck mit nach England nehmen zu können. Doch das NS-Regime zeigte wieder einmal sein wahres Gesicht: den Kempners wurden die Eheringe belassen, zwei Uhren, von ihrem Millionenvermögen blieb ihnen für einen Neuanfang in der Fremde nicht viel.[80]

Paul Loeb entkam mit 210000 Reichsmark in die U.S.A. Fritz Mannheimer schied im August 1939 durch Selbstmord aus dem Leben.[81] Das jüdische Bankhaus Mendelssohn ist 143 Jahre alt geworden. Es hätte noch heute existieren können.

II
Die Geldgeschäfte der SS

4
Oswald Pohl und das WVHA

Heinrich Himmler hatte ein Problem. Seiner Schutzstaffel, seit der Machtergreifung Hitlers in einem atemberaubenden Wachstum begriffen, fehlte ein organisatorisches Fundament. Viele SS-Angehörige waren zwar fanatische Anhänger ihres Reichsführers-SS, aber das Gros kam für eine höhere Laufbahn innerhalb des Schwarzen Ordens nicht in Frage. Ihnen stand ihre mangelnde Ausbildung im Weg. Dieser Zustand, so hatte Himmler inzwischen erkannt, konnte seine Schutzstaffel mittelfristig in ein organisatorisches Chaos stürzen. Wochen nach der Machtübernahme zeigte er sich darum diesen Dingen gegenüber aufgeschlossen, nutzte seine Verbindungen zielstrebig dazu, um der SS extern Fachleute zuzuführen. Da kam ein ungewöhnlicher Himmler zum Vorschein: debattierend und akquirierend.

Bei der Marine hatte Himmler seine Fühler ausgestreckt: Er, der wegen seiner Sehschwäche dort einst abgelehnt worden war, machte sich nunmehr auf, das personelle Vakuum mit Angehörigen der Flotte aufzufüllen. Ausgerechnet der Kommandant des Linienschiffes »Schlesien«, Wilhelm Canaris,[1] besorgte Heinrich Himmler jenen Mann, der alsbald zu seinem intimsten Berater aufsteigen und schließlich gar über größeren Einfluß als Reinhard Heydrich verfügen sollte: Oswald Pohl.*

---

* Pohl, am 30. Juni 1892 in Duisburg als fünftes von acht Kindern eines Werkmeisters der August-Thyssen-Werke geboren, erlangte die Mittlere Reife und begann seine Laufbahn am 1. April 1912 als Marine-Zahlmeister bei der II. Werft-

Im Mai 1933 erhielt Canaris von Himmler ein Schreiben, worin der SS-Chef die Bitte aussprach, geeignete Kandidaten zu benennen. Er wolle, so teilte Himmler weiter mit, zusammen mit dem Führer Kiel einen Besuch abstatten und bei dieser Gelegenheit die vorgeschlagenen Herren mustern. Canaris reichte den Brief an seinen Zahlmeister Hans Großmann weiter, der Himmler einen Kameraden empfahl: der Marineoberzahlmeister Pohl (»noch aktiv, P.G. und S.A. Marinesturmbannführer, zugleich auch kommissarischer Stadtrat in Kiel«) »würde sich nach meiner Überzeugung zum Organisator dieser von Ihnen bezeichneten Neuschaffungen ganz besonders eignen«.[2]

In einem Kieler Hotel, das den Eltern von Pohls erster Frau gehörte, lernte Himmler den Anwärter kennen. Am nächsten Tag schickte er dem Reichsführer-SS ein offizielles Bewerbungsschreiben: »Wenn Sie so einen Kerl noch gebrauchen können, dann nehme ich sogar den Wechsel auf eine noch nicht so gesicherte Zukunft in Zahlung.«[3]

Im Spätsommer 1933 sprach Pohl in der Münchner Karlstraße 10 vor, wo ein bescheidenes SS-Verwaltungsamt sein Dasein fristete.[4] Das armselige Häuflein hatte sich das Domizil noch mit anderen Dienststellen zu teilen.[5] Zum 31. Dezember kündigte Pohl seinen Vertrag mit der Marine. Anfang Januar reiste er, mit vollgepackten Koffern, in die »Hauptstadt der Bewegung«. Vorübergehend quartierte er sich zur Untermiete ein, bis für ihn auf dem Gelände des Konzentrationslagers Dachau in der Lagerstraße 1 ein Einfamilienhäuschen errichtet war.

Division in Wilhelmshaven. 1925 wurde er zum Marine-Oberzahlmeister befördert. Pohl gehörte der NSDAP seit 1923 an, der SA seit 1926. Pohl war zweimal verheiratet und wurde Vater dreier Töchter und eines Sohnes. Ihm gelang es, nach dem Zusammenbruch unterzutauchen. Erst im Mai 1946 wurde er bei einem seiner Schwiegersöhne bei Bremen verhaftet, in Nürnberg am 3. November 1947 zum Tode verurteilt und am 7. Juni 1951 als letzter Kriegsverbrecher hingerichtet.

Der schwarze Orden

Die Schutzstaffel blieb lange Zeit unbedeutend: Im Sommer 1931 zählte die SS nur 10000 Mitglieder, zarte organisatorische Formen entwickelte Himmlers erster Adjutant, der Erbprinz Josias zu Waldeck und Pyrmont.[6] Ihm auch hatte es Himmler zu verdanken, daß die SS Zulauf aus aristokratischen Kreisen erhielt, bis Ende 1931 zehn Prozent der Abschnittsführer Adelige waren.[7]

Einstweilen aber blieb diese »Elite« unter sich. Im machtpolitischen Konzept Hitlers spielte die SS keine Rolle, noch verfügte Himmler über keine politische Autorität. Und als Hitler Reichskanzler wurde, fiel er zwar mit seinem Hofstaat in Berlin ein, aber die SS beteiligte er daran nicht. Himmler wurde lediglich Münchner Polizeipräsident und kurz darauf Kommandeur der Politischen Polizei in Bayern.[8] Nun drohte er beim Führer in Vergessenheit zu geraten.

Um eben das zu unterbinden, ließ Himmler gezielt Gerüchte verbreiten, die Hitlers empfindlichste Stelle treffen sollten: dessen stetige Furcht vor einem Mord-Anschlag, vor allem nach dem Reichstagsbrand. Fortan geisterten gedungene Attentäter durch das Reich, unzählige finstere Gestalten hatten es plötzlich auf den Führer abgesehen. Himmlers »Attentatsgeflunker«, so schrieb der Historiker Heinz Höhne, zeigte Wirkung.

Im Sommer 1933 konnte der Reichsführer-SS endlich einen Fuß in die Machtzentrale setzen: 120 SS-Männer zogen in die Reichskanzlei ein und lösten die Wachtruppe der Reichswehr ab. Um zu Hitler zu gelangen, mußten Besucher fortan eine dreifache Postenkette passieren. Auf dem Nürnberger Reichsparteitag 1933 verlieh Hitler seinen neuen Söldnern ein passendes Etikett: »Leibstandarte-SS Adolf Hitler«. Hitler hatte somit den Grundstock einer zweiten Wehrmacht gelegt.[9] Unaufhaltsam riß Himmler ein Machtinstrument nach dem anderen an sich.

Bald beherrschte er den gesamten Polizei-Apparat, es unterstanden ihm die Konzentrationslager, mit dem Sicherheitsdienst

Oswald Pohl
(Dezember 1950, in Landsberg)

Reichsführer-SS (SD) verfügte er über einen eigenen politischen Geheimdienst, über die SS-Verfügungstruppe, aus der später die Waffen-SS hervorgehen sollte. Dann legte er sich seine eigene Ärzteschaft zu, eine eigene Gerichtsbarkeit, eigene Schulen, ein eigenes Bauwesen, eigene Wohnsiedlungen, bis er schließlich die Siedlungspolitik der eingegliederten Ostgebiete beeinflußte. Die SS war zu einem Monstrum mutiert, dessen Verwaltungsstrukturen mit der Expansion allerdings nur schwer Schritt halten konnten. Himmlers Neuerwerb Oswald Pohl, seit dem 1. Juni 1935 Chef des SS-Verwaltungsamtes, machte sich nun daran, Ordnung in das Chaos zu bringen.

Das SS-Verwaltungsamt, ein Teil des aus sechs Abteilungen bestehenden SS-Hauptamtes,[10] bearbeitete Angelegenheiten der SS-Verfügungstruppe, es führte die SS-Totenkopfverbände in den Konzentrationslagern, brachte die Finanzen der Allgmeinen SS auf Vordermann.[11] Pohl war, wie er im März 1947 seinem amerikanischen Vernehmer Erik J. Ortmann stolz gestand, »die höchste Autorität in allen finanziellen und Verwaltungsangelegenheiten innerhalb der SS«.[12]

Pohl mischte sich in andere SS-Ämter ein, um deren brachliegende Organisationen wie die seine zu konstruieren. Rudolf Höß erinnerte sich, daß »alle Geldausgaben bei der gesamten SS seiner Genehmigung bedurften und seiner Überprüfung unterlagen«: »Selbst die halsstarrigsten Querköpfe unter den höheren SS-Führern wie Sepp Dietrich und [Theodor] Eicke mußten klein beigeben und bei Pohl um Geld bitten.«[13]

Von Anfang an hatte Pohl keinen lästigen Mitbewerber zu fürchten. Keiner war erpicht auf diesen vorgeblich langweiligen Job, keiner so sachkundig, Pohl überprüfen zu können. Niemand kam auf die Idee, in die stets komplizierter werdenden SS-Verwaltungsstrukturen eine Revisions-Abteilung einzubauen, um Pohls Macht beschneiden zu können. Statt dessen schuf Pohl ein Überprüfungs-Amt – um die ihm nicht unterstehende SS-Bürokratie selbst unter die Lupe nehmen zu können. Der einzige, der Pohl hatte zensieren können, war Pohl selbst, dessen Rechnungsprüfer (Rudolf Höß: »Von ihm ausgesucht, gestützt und nur ihm verantwortlich«) gefürchtet waren.[14] Und als Pohl schließlich auch noch zum »Reichskassenverwalter der SS« aufstieg, diese Position ihn damit zum Beauftragten des NSDAP-Schatzmeisters für die gesamte SS machte, hatte er den ersten Höhepunkt seiner Karriere erreicht.[15]

Die Schutzstaffel war, im juristischen Sinne, keine Rechtspersönlichkeit, sondern lediglich eine der vielen Gliederungen der NSDAP, mithin zivil- und vermögensrechtlich ein Partei-Ableger und im ersten Jahr der Machtergreifung finanziell von der Partei abhängig.[16] Wenn ein SS-Hauptamt mal wieder nicht liquide oder dem Rasse- und Siedlungshauptamt das Geld ausgegangen war, wem auch immer Reichsmark fehlten – alle mußten bei Pohl betteln gehen, nur er war imstande, über den NSDAP-Reichsschatzmeister Franz Xaver Schwarz die leeren Kassen aufzufüllen. Ohne Barmittel, das wußte nicht nur Oswald Pohl, das wußten vor allem seine Gegenspieler wie Reinhard Heydrich, hätte die SS zugrunde gehen müssen. So etwas schuf Korpsgeist, so etwas verlieh Pohl zentrale Macht.[17] In der Tat avancierte Oswald Pohl zum heimlichen Bankdirektor der SS.

Pohls Auseinandersetzungen um Gelder, später vor allem die mit dem Reichsfinanzministerium, wurden fester Bestandteil seines Alltages.[18] Er war ständig bemüht, neue Finanzquellen zu erschließen und dabei sehr kreativ: Die Münchner Dienststelle SS-Verwaltungschef wandelte er in ein selbständiges Hauptamt um, zum »Hauptamt Verwaltung und Wirtschaft«. Pohl sammelte Zuständigkeiten im Fließbandverfahren, denn zugleich hatte er sich zum Chef eines »Hauptamtes Haushalt Bauten« ernannt, um sich aus einigen Etats des Reichsinnenministeriums bedienen zu können, bis Pohl auch das durchsetzte: Da die SS »Reichsfeinde« in den KZ beaufsichtigte, sei sie mithin eine staatliche Dienststelle, der folglich Staats- und nicht Parteigelder zustünde. Prompt vergrößerten die SS-Totenkopfverbände die reichsdeutsche Beamtenschaft, die sich die SS durch das Reichsinnenministerium teuer bezahlen ließ.[19]

Die SS verschlang von Jahr zu Jahr mehr Geld, das zu beschaffen die NSDAP längst überforderte.* Über die Installierung der Bandwurm-Behörde »Hauptamt Haushalt und Bauten des Reichsführer-SS und Chefs der Deutschen Polizei im Reichsinnenministerium« kam Pohl endgültig an die begehrten Reichsmittel heran. Diese Bezeichnung war eine Stegreif-Geburt, allein zu dem Zweck erdacht, den Pfennigfuchsern im Reichsfinanzministerium Gelder abzupressen.[20]

Oswald Pohl hatte die materielle Zukunft der SS sichergestellt, eine Leistung, die der Reichsführer-SS goutierte. Auf Pohl prasselte ein Regen von Titeln und Ämtern: Er beförderte ihn nicht nur zum Obergruppenführer der Allgemeinen-SS, er war General der

---

* 1938 betrug der Etat nur der SS-Totenkopfverbände 43 448.000 Reichsmark, ein Jahr später verdreifachte sich der Haushalt auf 122 436.000 RM.

Waffen-SS, Ministerialdirektor im Reichsinnenministerium, Kassenwart des Deutschen Roten Kreuzes, ihm unterstanden Stiftungen und Vereine, die Beiratsitzungen des Instituts für Entomologie in der SS-»Forschungs- und Lehrgemeinschaft Ahnenerbe« beispielsweise begannen erst, wenn Pohl erschienen war. Als Amtsgruppenchef W(irtschaft) und Alleingesellschafter der SS-Holding Deutsche Wirtschaftsbetriebe G.m.b.H. hatte er sich mit der Last eines Unternehmers beschwert, bis ihm 1942 die KZ unterstellt wurden, bis er die Bewirtschaftung der Waffen-SS übernahm. Wie kam Oswald Pohl zu diesem Aktionsbereich? Er hatte sich der Kompetenzen nahezu selbst bemächtigt. Den Anstoß gab ein Spaziergang mit Himmler auf seinem Herrensitz Comthurey in der Nähe des KZ Ravensbrück Ende 1941.

Häftlinge als Betriebskapital

Himmler ließ wieder einmal seinen Ärger über die Konzentrationslager freien Lauf. Die dortigen Korruptions-Affären schienen ihn aus der Bahn zu werfen, denn seine SS-Richter hatten unglaubliche Fälle von Korruption selbst unter hohen KZ-Kommandanten aufgedeckt. Dem Reichsführer-SS waren seine Zwingburgen völlig aus dem Ruder geraten.

Aber da störte noch etwas. Die bevorstehende »Endlösung der Judenfrage«, die Ausbeutung der Zwangsarbeiter. Himmler habe weinerlich gewirkt, berichtete Pohl später, nicht aus moralischen Gründen, nein, die Logistik der ins Haus stehenden Ausrottung der Juden bereiteten ihm Kopfzerbrechen, und er wußte nicht, wie der Zwangsarbeiter-Einsatz gelöst werden sollte. Fragen, auf die Oswald Pohl die einzig mögliche Anwort gab: Er, Pohl, wolle den Reichsführer von seinen Lasten befreien.

Wenige Wochen später wurde das Ergebnis der Comthurey-Besprechung in die Tat umgesetzt, aus Pohls bisherigen Behörden (Hauptamt Haushalt Bauten/Hauptamt Verwaltung und Wirtschaft) am 1. Februar 1942 das gigantische Wirtschafts-Verwaltungshauptamt (WVHA) gebildet (siehe Graphik). Jetzt verfügte Oswald Pohl über fünf Mammut-»Amts-Gruppen«,* und die SS hatte es fortan – neben Heinrich Himmler – mit einem zweiten »Befehlshaber« zu tun: mit Oswald Pohl, einem Mann, der sich inzwischen vorstellen konnte, eines Tages Heinrich Himmler als Reichsführer-SS nachzufolgen.[21]

Im Dritten Reich hatten sich inzwischen gravierende Einschnitte vollzogen: Nach der Wehrmacht stellte die SS die personalstärkste NS-Maschinerie. Während in der Waffen-SS im Dezember 1943 über 540000 Männer dienten, kämpften dort Ende 1944 bereits 910000,[22] zugleich wurde der Schwarze Orden dank der Häftlinge zweitgrößter »Arbeitgeber« des NS-Regimes. Nur der Generalbevollmächtigte für den Arbeitseinsatz (GBA), der Gauleiter Thüringens, Fritz Sauckel, verwies die SS in ihre Schranken. Dessen Behörde war kurz nach Gründung des WVHA errichtet worden: am 21. März 1942.

Das synchrone Entstehen von WVHA und GBA kam nicht von ungefähr: die Personalnot an den Werkbänken deutscher Waffenkammern sollten mit Hilfe des WVHA und des GBA abgestellt werden. Doch eine Koordination scheiterte an der Selbstherrlichkeit Pohls, am Unvermögen Sauckels. Die Operation »fremdvölkischer« Einsatz entwickelte sich ensprechend chaotisch.

Das Regime war ob der Leichtigkeit des Sieges in Polen überrascht, zugleich darüber verwundert, wie mühelos sich anfänglich polnische Zivilarbeiter rekrutieren ließen, um die Lücken zu

---

* Amts-Gruppe A (Truppenverwaltung Waffen-SS und Allgemeine SS, Leiter: SS-Gruppenführer August Frank, ab Herbst 1943 SS-Oberführer Heinz Fanslau), Amts-Gruppe B (Truppenwirtschaft Waffen-SS und Allgemeine SS, Leiter: SS-Gruppenführer Georg Lörner), Amts-Gruppe C (Bauwesen, Leiter: SS-Gruppenführer Hans Kammler), Amts-Gruppe D (Konzentrationslager, Leiter: SS-Gruppenführer Richard Glücks, am 5. März 1942 dem WVHA unterstellt), Amts-Gruppe W (Wirtschaftsunternehmen, Leiter: Hans Hohberg, ab Juni 1943 SS-Oberführer Hans Baier).

VERWALTUNGSAMT-SS
1929 – 19. APRIL 1939

Hauptamt Haushalt und Bauten 20. April 1939 – 31. Januar 1942	**Hauptamt Verwaltung und Wirtschaft** 20. April 1939 – 31. Januar 1942

SS-WIRTSCHAFTS-VERWALTUNGSHAUPTAMT
1. Februar 1942 – 7. Mai 1945

Vertreter Ämter SS-Gruppenführer Georg LÖRNER	ab 3. März 1942	**Vertreter WIRTSCHAFT** SS-Oberführer Hans BAIER

AMTSGRUPPE A (Truppenverwalt.) SS-Oberführer Heinz FANSLAU	**AMTSGRUPPE B** (Truppenwirtsch.) SS-Gruppenführer Georg LÖRNER	**AMTSGRUPPE C** (Bauwesen) SS-Gruppenführer Dr. Ing. H. KAMMLER	**AMTSGRUPPE D** (Konzentrationsl.) SS-Gruppenführer Richard GLÜCKS	**AMTS-GRUPPE W** Wirtschafts-Untern. SS-Oberführer Hans BAIER
AMT A I (Haushalt) SS-Oberführer Hans LÖRNER	**AMT B I** (Verpflegungswirtsch.) SS-Standartenf. Erwin TSCHENTSCHER	**AMT C I** (Allg. Bauaufgaben) SS-Sturmbannf. Karl-Wilh. SESEMANN	**AMT D I** (Zentralamt) SS-Obersturmbannf. Rudolf HÖSS	**AMTS-GRUPPE W** Wirtschafts-Untern. SS-Oberführer Hans BAIER
AMT A II (Kassen- und Besoldungswesen) SS-Oberführer Hans LÖRNER	**AMT B II** (Bekleidungswirtsch.) SS-Obersturmbannf. Fritz LECHLER	**AMT C II** (Sonderaufgaben) SS-Obersturmbannf. Max KIEFER	**AMT D II** (Arbeitseinsatz) SS-Standartenf. Gerhard MAURER	**AMT W II** (Steine + Erden) SS-Obersturmbannf. Dr. Hanns BOBERMIN
AMT A III (Rechtsamt) SS-Oberführer Dr. Walter SALPETER	**AMT B III** (Unterkunftswirtsch.) SS-Obersturmbannf. Friedr. KÖRBERLEIN	**AMT C III** (Techn. Fachgebiete) SS-Sturmbannf. Rudolf SCHMINCKE	**AMT D III** (Sanitätswesen) SS-Standartenf. Dr. Enno LOLLING	**AMT W III** (Ernährungs-Betriebe) SS-Hauptsturmf. Friedr. RABENECK
AMT A IV (Prüfungsamt) SS-Standartenf. Josef VOGT	**AMT B IV** (Rohstoffe + Beschaff.) SS-Obersturmbannf. Andreas WEGGEL	**AMT C IV** (Künstler.- Fachgeb.) SS-Sturmbannf. Dr. Ing. Oswin FLIR	**AMT D IV** (KZ-Verwaltungen) SS-Sturmbannf. Willi BURGER	**AMT W IV** (Holzbearbeitungs-Betr.) SS-Hauptsturmf. Josef OPPERBECK
AMT V (Personalamt) SS-Oberführer Heinz FANSLAU	**AMT B V** (Verkehrswesen) SS-Standartenf. Rud. H.K. SCHEIDE	**AMT C V** (Bauinspektionen) SS-Sturmbannf. Wilhelm LENZER		**AMT W V** (Land-, Forst-, Fischwirtschaft) SS-Obersturmbannf. Heinrich VOGEL
		bis 1944 **AMT C VI** (Bauunterhaltung, Preisprüfung) SS-Standartenführer Franz EIRENSCHMALZ		**AMT W VI** (Textil- und Lederverwertung) SS-Sturmbannf. Fritz LECHLER
				AMT W VII (Buch + Bild) SS-Sturmbannf. Dr. Alfred MISCHKE
				AMT W VIII (Sonderaufgaben) SS-Oberführer Dr. Walter SALPETER

Stand vom 17. März 1945

schließen. Nach der Blitzkrieg-Euphorie im Westen, als die Benelux-Staaten wie Frankreich am Boden lagen, kehrten deutsche Soldaten an ihre Arbeitsstellen zurück. Ein Arbeitskräftemangel existierte akut nicht. Doch dann fielen Wehrmacht und Waffen-SS in die Sowjet-Union ein, womit augenblicklich ebenso die Anforderungen an die Rüstungsindustrie enorm stiegen.[23] Die Rote Armee hatte im Dezember 1941 vor Moskau ihre erfolgreiche Gegenoffensive gestartet. Die Deutschen erlitten nicht nur ihren ersten militärischen Rückschlag, sondern plötzlich hielt die Waffen-Produktion mit dem Materialverschleiß nicht mehr mit.

Je stärker das Dritte Reich also in der Folgezeit an den Fronten unter Druck geriet, desto massiver wurden die Einberufungsschübe, je mehr deutsche Betriebsangehörige den Drehbänken fernblieben, desto unzulänglicher der Nachschub an Kriegsgerät. Im Mai 1941 war die Zahl deutscher Arbeiter bereits um 1,685 Millionen zurückgegangen, die der beschäftigten Frauen um 200000. Diesem Aderlaß standen 2,6 Millionen offene Stellen gegenüber, allein die Landwirtschaft büßte eine halbe Million Kräfte ein, der Bergbau 50000, die metallverarbeitende Industrie 300000, das Bauwesen 140000.[24] Der Arbeitsmarkt in Deutschland war leergefegt. Sollte so der Krieg gegen die Sowjet-Union gewonnen werden?

Sowjetische Kriegsgefangene, die die Fabriken hätten auslasten können, starben wie die Fliegen an Unterernährung oder Fleckfieber: bis zum 1. Februar 1942 zwei von 3,340 Millionen. Sie galten als »Untermenschen«, als nicht »einsatzfähig«. Im Gegensatz zu den »freiwilligen« Zivilarbeitern aus Frankreich, Holland, Belgien, Italien, Jugoslawien, Polen, der Tschechoslowakei – Ende 1942 hielten mehr als drei Millionen von ihnen, einschließlich westalliierter Kriegsgefangener, die deutsche Wirtschaft am Leben.[25] Fritz Sauckel versuchte, das Repressions-System zu durchbrechen, er wollte die hemmungslose und »unökonomische« Vernichtung sowjetischer Gefangener stoppen. Auch der Propagandaminister hatte diese Absicht.

Nach dem Stalingrad-Desaster vollzog Joseph Goebbels eine

geniale Kehrtwende, ähnlich wie der Dikator im Kreml die russischen Völker mit der Ausrufung des »Vaterländischen Krieges« beeindruckt und zum Durchhalten motiviert hatte. Goebbels gab die Parole »Europa gegen den Bolschewismus« aus und die zielte auf die Sklavenheere aus Ost und West. Unter den »Ostarbeitern« sollte sich die Angst vor dem Bolschewismus verbreiten. Doch der Abbau der Repressionen und zufriedenstellende Nahrungsversorgung – zu dieser Kehrtwende kam es nicht mehr.[26] Goebbels' Vorstoß nach dem Motto Ernährung statt Stacheldraht, verlor sich im Gewirr der politischen Kompetenzen, denn nun kam Oswald Pohl als weiterer »Arbeitgeber« hinzu.

Die SS nutzte ihre Häftlings-Brigaden, um ihre Unentbehrlichkeit im Dritten Reich unter Beweis zu stellen. Sie nahm sich vor, die Wehrmacht über die Einvernahme der Rüstungs-Industrie von ihrem ersten Platz zu verdrängen. Im April 1940, die SS-Totenkopfverbände hatten sich bereits in Divisionsstärke formiert, ließ Heinrich Himmler eine eigene Beschaffungs-Behörde gründen: das »Waffen- und Geräteamt der Waffen-SS«, das – unter der Leitung des SS-Oberführers Heinrich Gärtner im SS-Führungshauptamt integriert – auf Konfrontationskurs zur Wehrmacht ging. Die SS wollte ihr eigenes Kriegswerkzeug schmieden, was dem Chef der Heeresrüstung und Befehlshaber des Ersatzheeres, Generaloberst Friedrich Fromm, kaum behagen konnte. Aber je lauter er vor einem SS-eigenständigen Rüstungsapparat warnte, desto aufgeschlossener zeigte sich Hitler, der auch den blinden Fanatismus der SS benötigte, um die Ausrottung ganzer Ost-Völker voranzutreiben. Warum sollte der Führer seiner treuergebenen Schutzstaffel eine Kompetenzausdehnung verweigern?

Anfang 1942, Sauckel war soeben zum Generalbevollmächtigten für den Arbeitseinsatz bestellt, Oswald Pohl zum Chef des WVHA, entstand offiziell das SS-Beschaffungs- und Waffenamt (als Ämter IX und VIII dem SS-Führungshauptamt unterstellt), das – auch dank der Beziehungen Pohls – längst über enge Kontakte zu den Wirtschaftsbaronen verfügte. Mit dem Auftreten des Schwarzen Ordens als unmittelbarer Rivale der Wehrmacht, verstärkten sich zwangsläufig die Verhandlungspositionen der Industrie. Unversehens war den Aufsichtsräten und Vorständen ein wirkungsvolles Manipulationsinstrument in die Hände gefallen: Neues Kriegsgut, das Einkäufer der Wehrmacht als zu kostspielig oder noch als zu »unausgereift« verwarfen, würde dann eben die Arsenale der Waffen-SS füllen.[27] Die Wehrmacht geriet zunehmend in die Defensive.

Damit aber nicht genug. Die SS war inzwischen auch in einem wichtigen Ministerium präsent: Im November 1943 wurde der Wehrwirtschaftsführer Franz Hayler zum Staatssekretär bestellt, ein Mitläufer des Himmler-Freundeskreises und SS-Brigadeführer ehrenhalber, Aufsichtsratsmitglied der Deutschen Industriebank A.G. und Mitglied im Beirat der Reichsbank. Auf Veranlassung Heinrich Himmlers, in Personalunion jetzt auch Reichsinnenminister, stellte der Reichswirtschaftsminister Walther Funk seinem Vertreter Hayler einen Stellvertreter zur Seite: Otto Ohlendorf. Als vormaliger Chef der SD-Einsatzgruppe D hatte der spätere Gruppenführer im Süden der Ostfront und auf der Krim 90000 Juden exekutiert. Der nunmehrige Ministerialdirektor, der seinen Posten als SD-Amtschef III freilich weiterführte, sollte als Gegengewicht zum bis dahin übermächtigen Rüstungsministerium Speers plaziert werden.[28]

Die SS war ihrem Ziel, nach Hitler zur zweiten Machtsäule des Dritten Reiches zu werden, nähergekommen. So eine Einflußerweiterung stieß bei einigen Konzernen spontan auf Beifall, denn die SS zeigte sich entschlußfreudiger als die verkrustete Wehrmachts-Bürokratie. Und sie hatte auch nicht die Absicht, den Generaldirektoren die Gewinnmargen zu schmälern, zumal sie darüber hinaus als »Dienstleister« noch ein As auszuspielen verstand: Die SS bestimmte die Größe der Häftlingskolonnen, ein Feld, das Oswald Pohl gelegentlich höchstselbst beackerte.*

---

* Bei Ausbruch des Zweiten Weltkrieges existierten sechs Konzentrationslager mit 21400 Häftlingen, Anfang 1944 bereits 20 KZ mit über 500 Außenlagern und insgesamt 600000 Häftlingen.

Fast jeden Monat ließ sich Pohl in seinem Horch zur KZ-Verwaltungszentrale nach Oranienburg chauffieren, wo ihn der SS-Gruppenführer Richard Glücks und dessen Vertreter, der für den Arbeitseinsatz zuständige SS-Standartenführer Gerhard Maurer, bereits erwarteten.[29] Sie diskutierten gemeinsam anstehende Probleme, etwa die hygienischen Mißstände. Für Pohl waren die allerdings weniger von Gewicht. Bei ihm hatten zuvor vielmehr Industrielle vorgesprochen und um eine rasche Versorgung mit KZ-Arbeitern nachgesucht. Diese Termine, so erinnerte sich in Nürnberg ein Pohl-Mitarbeiter, habe er regelrecht zelebriert, denn »ob ein Unternehmen Häftlinge erhielt, entschied [er] persönlich«.[30] Das tat er oft nach Gutsherrnart: Wirtschaftsführer, die eine menschlichere Behandlung der Häftlinge anmahnten, überstellte Pohl gar keine Häftlinge, oder aber er teilte ihnen bewußt ausgemergelte KZ-Insassen zu. Dieses Signal war nicht schwer zu verstehen. Einige Unternehmen rückten daraufhin von ihrem bisherigen Wehrmachts-Kurs ab.

SS- und Wehrmachts-Offiziere behandelten sich inzwischen wie feindliche Brüder. Während die Waffen-SS mit der neuesten Panzer-Generation aufgerüstet wurde, rasselten für das Heer ältere Modelle an die Front, mit der Folge, daß zwischen den beiden Kontrahenten Zwietracht ausbrach – schlechte Voraussetzungen für einen Endsieg. Und als ein Pohl unterstellter Freund Kompetenzen an sich riß, als sein Amts-Gruppen-Chef C, Hans Kammler, mit seinen Baugruppen die rüstungspolitische Bannmeile durchbrach, da war damit wirklich eine erste Vorentscheidung gefallen – zugunsten der SS. In der Tat: ohne den SS-Gruppenführer Hans Kammler hätten Rüstungsfabriken ihren Weg nicht unter die Erde gefunden.

Im Sommer 1943 zerbombten die Engländer die Raketen-Versuchsanstalt Peenemünde. Die Serienfertigung der »fliegenden Aggregate« V 1 und V 2 mußte daraufhin in unterirdische Fabriken verlagert werden, eine Aufgabe wie gemacht für Hans Kammler, der als einziger noch über einen intakten Bauapparat verfügte. Er trieb seine Architekten und Ingenieure nach Niedersachswerfen in den Südharz, wo in kurzer Zeit tatsächlich eine voll funktionsfähige Anlage entstand. Da die Produktion die höchste Geheimhaltungsstufe erhielt, brach auch hier eine barbarische Ära an: Erst fahndete das RSHA in den Zuchthäusern nach technisch versierten Straftätern, um sie für das Kammler-Projekt abzustellen, dann wurde dieses Aufgebot samt Tausender Zwangsarbeiter als Zeugen durch »Vernichtung durch Arbeit« beseitigt.[31]

Dieses grausame Kapitel hatte die dafür gegründete Mittelwerk G.m.b.H. aufgeschlagen, eine Tochter des staatlichen Rüstungskontors, das der Zentralabteilung für Wirtschaft und Finanzen im Speer-Ministerium unterstand und von Karl Maria Hettlage auf Touren gehalten wurde, einem Vorstandsmitglied der Commerzbank A.G. und Aufsichtsratsvorsitzenden der Hansa-Bank A.G. in Riga/Reval. Hettlage finanzierte, über seine Commerzbank, den Rüstungswahn Albert Speers mit.[32] Nach dem Zusammenbruch des Dritten Reiches blieb er dem Gewerbe erhalten: als Staatssekretär im Bundesministerium der Finanzen. Erfahrungen haben sich in der Bonner Republik immer ausgezahlt.

Während über den Wolken des Dritten Reiches die feindlichen Bomber flogen, rührten Hans Kammlers Baubrigaden unter- und oberirdisch Beton an. Ob Rüstungs- oder Befestigungsanlage, Bunker oder Krematorien im Vernichtungslager – am Ende stieg Pohls Mitarbeiter unaufhaltsam zum beherrschenden Baumeister des Dritten Reiches auf. Skrupellos verschließ Kammler Häftlingskolonne auf Häftlingskolonne, aber auch Kammlers Subunternehmer, die großen Baukonzerne, ließen ihre Zwangsarbeiter sich totschuften. Dabei handelte es sich um Firmen, deren Aktienkurse heute eine ganze Nation in Atem halten kann.

Die Nervengas-Fabrik der I.G. Farben in Dhyernfurth, in der Tabun und Sarin produziert wurden – die SS ließ dieses Werk von der Grün & Bilfinger A.G. errichten. Für das Mannheimer Unternehmen ließ Kammler in Absprache mit Pohl zudem das Auschwitzer Außenlager Eintrachtshütte in Schlesien errichten, wo Grün & Bilfinger Bahngleise verlegte und Montagehallen für Flakgeschütze aus dem Boden stampfte.[33] Dem Aufsichtsrat gehörten Carl Goetz von der Dresdner Bank an und Ferdinand von Zuccalmaglio, Mitglied des Landesausschusses für Baden in der Dresdner Bank. Doch allein konnten Grün & Bilfinger dieses Projekt nicht bewältigen.

Wegen des Termindrucks wurde die Philipp Holzmann A.G. hinzugezogen, die ihre Tätigkeit in den besetzten Gebieten anläßlich ihres hundertsten Geburtstages 1949 zu »Arbeiten im Operationsgebiet« verklärte. Immerhin aber hatte die Firma ihr während des Dritten Reiches verschwendetes Bauvolumen im »Ostraum« preisgegeben: »In den 5 Jahren 1940–1945 wurden 58,0 Millionen m^3 Erde bewegt, 4,4 Millionen m^3 Stahlbeton gestampft und 680000 m^3 Steine verbaut.« In einem Vorwort bezog – nur vier Jahre nach dem Zusammenbruch des NS-Regimes – auch die Deutsche Bank Stellung. Hermann J. Abs, der Aufsichtsratsvorsitzende der Holzmann A.G., würdigte Holzmanns SS-Verpflichtungen als »stolze Vergangenheit«.[34]

Ein Teil dieser Geschichte läßt sich noch heute besichtigen: Hitlers Obersalzberg – eine Leistung Holzmanns; der Ausbau des Buchenwalder Konzentrationslagers – Holzmann; das I.G. Farben-Werk in Auschwitz – Holzmann. Ohne jüdische Häftlinge oder Zwangsarbeiter wären Holzmanns Auto- und Reichsbahn-Erweiterungen gescheitert, in Wien-Lobau keine Mineralölfabrik entstanden. Ob die Hochtief A.G. oder Dyckerhoff und Widmann – sie alle führten entschlossen die Aufträge Hans Kammlers aus.[35]

Pohls WVHA war die zentrale Verrechnungsstelle für die Häftlings-Entgelte, an die auch die SS-eigenen Wirtschaftsunternehmen ihre Zahlungen leisten mußten. Die Tagessätze wurden von den einzelnen KZ den jeweiligen Firmen in Rechnung gestellt, die die Beträge dann auf das WVHA-Hauptkonto 2300 bei der Dresdner Bank in Berlin-Steglitz überwiesen. Von dort erreichten die Entgelte entweder die Reichsbank in Charlottenburg (Konto 15/1917) oder das Postscheckamt (Konto 11/156). Zwar war die

Stand vom
1. Januar 1944

AMTS-GRUPPE C
(gegründet im Dezember 1941)
zuständig für: Waffen-SS, Polizei, Allgemeine-SS, Adolf-Hitler-Schulen, Nationalpolitische Erziehungsanstalten, Konzentrationslager, Rüstungswerke (über- und untertage), Beseitigung von Bombenschäden
Chef: SS-Gruppenführer Dr. Ing. Hans KAMMLER

Adjutant:
SS-Obersturmführer
PASTOWSKI

Stellvertreter:
SS-Obersturmführer
Prof. Dr. Hans SCHLEIF

AMT C I
Allgemeine Bauaufgaben
Leiter: SS-Sturmbannführer
Karl Wilhelm SESEMANN

AMT C II
Sonderbau-Aufgaben
Leiter: SS-Sturmbannführer
Max KIEFER

AMT C II/z. B.
grundsätzliche Baupolizeiangelegenh.
Leiter:
SS-Obersturmbannführer
FUNKE

AMT C III
Technische Fachgebiete
Leiter: SS-Sturmbannführer
Rudolf SCHMINCKE

AMT C IV
Künstlerische Fachgebiete
Leiter:
SS-Sturmbannführer
Dr. Ing. Oswin FLIR

AMT C V
Zentrale Bauinspektion
Leiter:
SS-Sturmbannführer
Wilhelm LENZER

AMT C VI
Bauunterhalt, Betriebswirtschaft, Vorprüfung, Preisprüfung
Leiter: SS-Standartenführer
Franz EIRENSCHMALZ

Bauinspektionsbereich »REICH NORD«
Berlin, Leiter:
SS-Sturmbannführer **SCHULRING**

Bauinspektionsbereich »BÖHMEN UND MÄHREN«
Prag, Leiter:
für diesen Zeitpunkt nicht verifizierbar

Bauinspektionsbereich »REICH SÜD«
Dachau, Leiter:
SS-Obersturmführer **Herbert KARL**

Bauinspektionsbereich »SCHLESIEN«
Auschwitz/Kattowitz, Leiter:
SS-Sturmbannführer **Karl BISCHOFF**

Bauinspektionsbereich »REICH WEST«
Wiesbaden, Leiter:
SS-Sturmbannführer **Robert Riedl**

Bauinspektionsbereich »SÜDOST«
Schabac, Leiter:
für diesen Zeitpunkt nicht verifizierbar

Bauinspektionsbereich »REICH OST«
Posen, Leiter:
SS-Sturmbannführer **Wilhelm LENZER**

Bauinspektionsbereich »RUSSLAND-MITTE«
Minsk, Leiter:
für diesen Zeitpunkt nicht verifizierbar

Höhe der »Löhne« festgelegt worden, doch häufig wurden sie »individuell« berechnet: von anfänglich 30 Pfennig bis zu zwei Mark (für Hilfsarbeiter), bis zu sechs Mark (für Facharbeiter). Pro Tag, versteht sich. Aber das WVHA scheint Beträge zurückgehalten zu haben. Es habe »die Vermutung bestanden«, erinnerten sich WVHA-Bedienstete, daß Pohls »Vermögensteile ... dadurch entstanden, daß die an das Reich zu zahlenden Entgelte für Häftlingsleistungen ... nicht entrichtet worden sind.«[36] Wenn das stimmt, wird diese Geldquelle am üppigsten über Kammlers Häftlings-Baubrigaden gesprudelt haben. Kammler war inzwischen unentbehrlich geworden.

Sein Talent, auch aussichtslose Vorhaben zu verwirklichen,* verführte Himmler dazu, Pohls Tausendsassa Kammler mit Genehmigung Hitlers erst zum »Beauftragten für Baufragen der Fertigung« des Raketenprogramms zu küren, bis er als Generalbevollmächtigter für Strahlflugzeuge den Endpunkt seiner Karriere erreichte.[37] Geschosse, die so einfach abhoben, hatten den Reichsführer-SS ebenso fasziniert. Er prägte für sie den Begriff »Blitzstrahl« oder verstand ihn als »fliegenden Hammer«, den er der germanischen Sagenwelt entnommen haben wollte und hinter dem sich vielleicht »ein frühes, hoch entwickeltes Kriegswerkzeug unserer Vorfahren« verborgen hielt.[38]

Im März 1945, gut sechs Wochen vor der Kapitulation, hatte die SS die Vorherrschaft der Wehrmacht gebrochen, sich die letzten intakten Rüstungs-Fabriken unterstellt.[39] Zwar lag das Dritte Reich längst im Koma, aber die SS war die einzig noch funktionsfähige Organisation. Auf einem anderen Gebiet wollte die SS das ebenfalls erreichen.

---

* Ohne Hans Kammler wären Wunderwaffen wie die Düsenjäger Heinkels und Messerschmitts niemals abgehoben, ohne Kammler hätte die erste Generation der Luft-Luft-Rakete R4M nicht gezündet. Während sich die Flugzeug- und Raketenbauer den Amerikanern stellten, versuchte Kammler sein Glück bei den Russen. Ende April 1945 setzte er sich nach Prag ab. Dort wurde er wegen der Tötung von KZ-Häftlingen angeklagt und schließlich hingerichtet.

5

Die wirtschaftlichen Betriebe der SS

Im September 1940 gab der SS-Chef ein streng gehütetes Geheimnis preis. Die SS sei »nicht denkbar ohne die Exekutive des Staates«, so dozierte der Reichsführer-SS vor hohen Offizieren der Leibstandarte »Adolf Hitler«, aber »auch nicht denkbar ohne die wirtschaftlichen Unternehmungen.« Die Anwesenden staunten, denn Himmler fügte wahrheitsgetreu hinzu: »Den meisten [sei das] unbekannt, weil noch nie darüber gesprochen wurde.«[1] Tatsächlich waren die ökonomischen Aktivitäten der SS (vgl. Graphik Seite 118/19) für die Zuhörer eine echte Neuigkeit. Dabei lagen die Anfänge noch gar nicht so lange zurück.

Die seit März 1933 errichteten Konzentrationslager waren auf Selbstversorgung angewiesen. Inhaftierte Bäcker, Schlachter, Köche, Tischler, Schlosser, Schneider und Schuhmacher, Maurer, Zimmerleute, Installateure, Dachdecker, Maler – sie alle beförderten, zusammengefaßt in Arbeitskommandos, das Wachstum der Lager. Dann überschritt die Produktion den Eigenbedarf. Oswald Pohl befahl die Umwandlung der »Kommandos« in Gesellschaften mit beschränkter Haftung, um die überschüssigen KZ-Erzeugnisse dem »freien Markt« zuzuführen. Fortan wurde die Schufterei der Häftlinge von Buchhaltern und Wirtschaftsprüfern erschlossen. Die Gefangenen rackerten für in Handelsregistern eingetragene Betriebe in Steinbrüchen, in Lehm- wie Kiesgruben, in Mooren. Sie bauten Straßen und Häuser. Sie stellten Möbel her. Kaufmännische Erfahrungen hatte die SS bereits gesammelt. Ihre erste Firma war geradezu ein mustergültiges Beispiel.

Am 8. Dezember 1934 ließ Himmler in Magdeburg die Nordland-Verlags G.m.b.H. gründen, um SS-Angehörigen (»und darüber hinaus auch weiteren Volkskreisen«) die »weltanschaulichen Gedanken« der SS näherzubringen.[2] Der Nordland-Verlag blieb bis zum Zusammenbruch des Dritten Reiches das profitabelste aller SS-Unternehmen, mit imponierenden Bilanzen nach zehn Jahren Tätigkeit: Er publizierte 16 369 550 Bücher, 6,2 Millionen Bildhefte, 1,7 Broschüren, darunter das in 15 europäischen Sprachen übersetzte Pamphlet »Der Untermensch«. Er veröffentlichte Himmler-Reden, das Magazin »Ahnenerbe«, er gab die Zeitschriften »Nordland« und »Der Brunnen« heraus. »Ein deutsches Brevier für Hitler-Soldaten« (»Soldatenglaube, Soldatenehre«) erschien in 500 000 Exemplaren, die »Deutschen Thesen gegen den Papst und seine Dunkelmänner« in einer Auflage von 150 000. Für Nordland dichteten Autoren mit damals klangvollen Namen: Kurt Herwarth Ball,* Heinz Ballensiefen, Kurt Pastenaci, Ernst Jünger, nachgedruckt wurden Gorch Fock und Wilhelm Busch. Bei einem Umsatz von 7,3 Millionen erwirtschaftete der Verlag 1942 einen Reingewinn von einer Million Mark.[3] An solch herausragende Bilanzen kamen andere SS-Unternehmen nicht heran, obwohl sie günstige Voraussetzungen vorgefunden hatten, wie die am 29. April 1938 gegründete Deutsche Erd- und Steinwerke G.m.b.H. (DESt). Die DESt wollte an einer Idee des Führers partizipieren.

Hitler hatte sich für eine Neugestaltung Berlins entschieden, aber auch München, Nürnberg, Weimar und Hamburg ein nationalsozialistisches Stadtbild verordnet. Später sollte Linz dazukom-

---

* Kurt Herwarth Ball ist ein Beispiel dafür, daß Nazis auch in der »antifaschistischen« DDR hatten Karriere machen können: Ball war nicht nur Nordland-Autor, sondern Schriftleiter der antisemitischen Schmähschrift »Hammer«, seit 1933 NSDAP-Mitglied. Nach dem Zusammenbruch tauchte er als Hilfsarbeiter in einer Leipziger Eisengießerei unter, wurde Mitglied der Blockpartei NDPD und Redakteur der »Leipziger Neuesten Nachrichten« und hatte sich schließlich mit Romanen über die romantische Arbeitswelt in der DDR hervorgetan.

men. Den Auftrag für diese Gigantomanie erteilte der Führer Albert Speer, den »Generalbauinspekteur für die Reichshauptstadt«. Dazu waren allerdings Unmengen von Baumaterial erforderlich. Um die Werkstoffe herstellen zu können, damit »die neuen Pyramidenbauer nicht hinter ihren ägyptischen Vorläufer« zurückfielen, wie der Historiker Enno Georg bemerkte, errichteten die DESt in der Nähe der KZ im Eiltempo Ziegel-, Zement- und Tonwerke.[4] Die Aussicht auf strahlende Gewinne – für die DESt ein Selbstläufer? Theoretisch.

Albert Speer gewährte der DESt zinslos 9,5 Millionen Reichsmark, der Hamburger Gauleiter Karl Kaufmann überwies drei Millionen,[5] die Dresdner Bank verborgte fünf Millionen. Die Kredite wollte die DESt mit dem Verkauf von Klinkersteinen abtragen. Aber nur der Bankvorschuß der Dresdner Bank wurde zurückgezahlt, nicht etwa aus Überschüssen der DESt, sondern über ein außerplanmäßiges Darlehen der staatlichen Golddiskontbank: Sie füllte die DESt-Konten mit 11,050 Millionen, womit zumindest die jährliche Zinsbelastung bei der Dresdner Bank in Höhe von 325 000 Mark entfiel.[6] Die übrigen Kredite verschwanden aber unauffindbar in dunklen Kanälen, denn im April 1940 wirkten die Bankguthaben der DESt, trotz der in zwei Jahren erzielten Umsätze von fast vier Millionen Mark, wie ein Sparbuch: bei der Dresdner Bank lagen 27 639,95 Mark, bei der Sparkasse Mauthausen 14 322,58, die Neue Sparkasse von 1864 in Hamburg führte hingegen lächerliche 603,24 Mark auf dem Konto.[7]

Eigentlich war die DESt bereits im frühen Stadium ihrer Existenz konkursreif. Dies dämmerte auch Oswald Pohl. Im Frühjahr 1940 stellte er die DESt deshalb auf den Kopf. Der Offenbarungseid ließ sich damit freilich nicht aufhalten.

Pohl setzte die DESt-Geschäftsleitung ab und ernannte den SS-Standartenführer Dr. Walter Salpeter und den SS-Hauptsturmführer Karl Mummenthey zu neuen Geschäftsführern. Ihnen sollte vorübergehend tatsächlich eine Reorganisation gelingen. Aber der schwerfällige Apparat mit seiner ungelenken Verwaltung ließ sich auf Dauer nicht stabilisieren. Zwar erzielten 1943 annähernd 7000 Häftlinge in 20 DESt-Werken einen Umsatz von fast 15 Millionen Mark – die Gewinne flossen jedoch in marode SS-Firmen, daneben färbten die Löhne für 1092 Zivilarbeiter, die Gehälter für 94 SS-Angehörige und 220 Bürokräfte samt 202 Lehrlingen die Bilanzen tiefrot.[8] Vorgaben, die sich für eine Schuldenregulierung wenig eigneten. Im Gegenteil: die DESt geriet, von Monat zu Monat, immer tiefer ins Minus. Vor allem wegen eines Neukunden.

Die Messerschmitt A.G. hatte ihre Fabrikationsanlagen in Regensburg durch Fliegerangriffe verloren.[9] Anfang 1943 trat der Vorstand an die SS heran, sprach bei Heinrich Himmler vor, um die unterbrochene Montage der Me 109 wieder aufzunehmen. Diese Aufgabe, so entschieden Heinrich Himmler und Oswald Pohl, sollte die DESt übernehmen, die inzwischen Umsatzeinbrüche erfahren hatte, da – auf dem Höhepunkt des Krieges – die Kundschaft der DESt an der Abnahme von Steinen kein Interesse mehr zeigte.

Die Verträge zwischen Messerschmitt und der DESt zementierten den Bankrott der DESt: Die Messerschmitt A.G. stellte der DESt Rohmaterial, Maschinen und Werkzeuge, Ingenieure, Werkmeister und Vorarbeiter zur Verfügung, während die DESt ihre Fabrikationsstätten in Flossenbürg und Gusen einschließlich der Häftlinge allein auf die Belange der Messerschmitt A.G. ausrichteten. In St. Georgen bei Mauthausen trieb das Bauwesen der SS, die Amts-Gruppe C des SS-Gruppenführers Hans Kammler, dazu eine Fabrikationsanlage für die Produktion des Düsenflugzeugs Me 262 unter die Erde. Die DESt erlebte ihre Blütezeit: 35 Prozent aller Messerschmitt-Luftfahrzeuge wurden unter ihrer Regie produziert,[10] die abschließende Rechnungslegung aber wurde zurückgestellt – auf das Ende des Krieges.

Zwischen der Messerschmitt A.G. und der DESt war vereinbart worden, Gelder an die DESt erst dann zu zahlen, wenn ein »Überblick über die Kostengestaltung« erzielt worden sei. Dies setzte den »Einblick in sämtliche Buchungsunterlagen« der DESt voraus, eine

AMTS-GRUPPE W(IRTSCHAFT) Chef: SS

PERSÖNLICHER REFERENT
SS-Hauptsturmführer **Dr. Leo VOLK**

Stellvertreter ÄMTER
SS-Gruppenführer **Georg LÖRNER**

STAB W
Leiter: SS-Oberführer
Hans BAIER

AMT W I
Steine + Erden (Reich)
Leiter: SS-Obersturmbannf.
Karl MUMMENTHEY

AMT W II
Steine + Erden (Ost)
SS-Obersturmbannführer
Dr. Hanns BOBERMIN

AMT W III
Ernährungsbetriebe
Leiter: SS-Hauptsturm
Friedrich Rabeneck

Holding: Deutsche Wirtschaftsbetriebe GmbH, Sitz: Berlin, Geschäftsführer: SS-Obergruppenführer Oswa

---

Deutsche Schieferöl GmbH
Sitz: Erzingen/Württemberg
Geschäftsführer:
Heinz SCHWARZ

Deutsche Heilmittel GmbH
Sitz: Prag
Geschäftsf.: SS-Hauptsturmf.
Gerhard RIECKS

Essin GmbH
sollte im September 1944 gegründet werden;
dazu kam es nicht mehr

»Erfinderschutz b. Reichsführer-SS« GmbH
ist im Sommer 1944 gegründet worden. Gründung jedoch formal nicht vollzogen worden

Deutscher Reichsverein für Volkspflege u. Siedlerhilfe e.V.
Sitz: Berlin/Posen/Prag
Vors.: SS-Obergruppenführer
Oswald POHL

Erholungsheime f. naturgem. Heil- u. Lebensweise e.V.
Sitz: Kranichfeld/Weimar
GF kommiss.:SS-Gruppenführer **Georg LÖRNER**

Hunsa-Forschungs-Ges. mbH
Sitz: Hamburg, Geschäftsf.:
Hans CAMPE, Dr. Hugo KOCH

Ventimotor
Sitz: München

Deut. Sprengstoff-Vers.-GmbH
Sitz: Berlin, nicht mehr zur Gründung gekommen

Gesellschaft für technisch-wirtschaftliche Entwicklung mbH
Sitz: Reichenau/Sudetenland
Geschäftsführer: für diesen Zeitraum nicht verifizierbar

Gesellschaft für Seuchenbekämpfung mbH
Sitz: Berlin, 1942 aufgelöst

Allrod Eigenheim und Kleinsiedlung GmbH
Sitz: Berlin, Geschäftsführer
Dr. Kurt STAGNETH

Deutsche Ansiedlungsgesellschaft AG
Sitz: Berlin, Aufsichtsratsvors.:
SS-Obergruppenführer
Oswald POHL

Erste Gemeinn. Bauges. f. Kleinwohnungen GmbH
Sitz:Wien, Geschäftsf.:
SS-Hauptsturmführer
Ernst JÄCKEL

bis 1943: Gemeinnützige Wohnungs- und Heimstätten GmbH
Sitz: Dachau

Haus- und Grundbesitz GmbH
Sitz:Berlin, Geschäftsf.:
SS-Hauptsturmführer
Dr. Leo VOLK

hervorgegangen aus: Verein für naturgemäße Heil- und Lebensweise e.V.

Deut. Erholungsheime GmbH
Sitz: Kranichfeld/Weimar
Komm. Geschäftsf.: für diesen Zeitpunkt nicht verifizierbar

Deut. Wohnkultur GmbH
Sitz: Wien
Geschäftsführer: für diesen Zeitpunkt nicht verifizierbar

Gemeinn. Wohnungs- u. Heimstätten GmbH
Sitz: Berlin, GF: SS-Hauptsturmführer **Dr. Leo VOLK**

Deutsche Erd- und Steinwerke GmbH
Sitz: Oranienburg
Geschäftsführer:
SS-Obersturmbannführer
Karl MUMMENTHEY

Porzellan-Manufaktur Allach GmbH
Sitz: Dachau
Geschäftsführer:
Heinrich HECHTFISCHER, Rudolf DIPPE

Bohemia Keramische Werke AG
Sitz: Neustrohlau/Karlsbad
Aufsichtsratsvorsitzender:
SS-Obergruppenführer
Oswald POHL

Porag-Radiatoren GmbH
Sitz: Elbogen/Sudetenland
Geschäftsführer:
Direktor **DENGLER**

Victoria Porzellan AG
Sitz: Altstrohlau/Karlsbad
Geschäftsführer: für diesen Zeitpunkt nicht verifizierbar

Hochofenschlacke Linz GmbH
Sitz: Linz
Geschäftsführer
nicht verifizierbar

Ostdeutsche Baustoffwerke GmbH
Sitz: Posen, Geschäftsf.:
SS-Oberführer
Dr. Walter SALPETER

Klinker-Zement GmbH
Sitz: Posen,
Geschäftsführer:
SS-Obersturmbannführer
Dr. Hanns BOBERMIN

Golleschauer Portland Zement AG
Sitz: Posen,
Aufsichtsratsvorsitzender:
SS-Obergruppenführer
Oswald POHL

General-Treuhänder für Baustoff-Erzeugungsstätten Steiermark + Kärnten
Treuhänder wahrscheinlich
SS-Obergruppenführer
Oswald POHL

Rußland Betriebe
nicht zur endgültigen Organisation gekommen

Pragobau AG
Sitz: Prag,
Aufsichtsratsvorsitzender:
SS-Obersturmbannführer
Dr. Hanns BOBERMIN

Fleischwarenfabrik Hoeditz
Sitz: Iglau

Sudetenquell GmbH
Sitz:Berlin, Geschäftsführ
SS-Hauptsturmführer
Friedrich RABENECK

Heinrich Mattoni AG
Sitz: Gießhübel/Karlsbad
Aufsichtsratsvorsitzende
SS-Obergruppenführer
Oswald POHL

Kunerke oH
1943 verkau

Apollinaris Brunnen AG
Sitz:Bad Neuenahr
Aufsichtsratsvorsitzende
SS-Obergruppenführer
Oswald POHL

Apollinaris Betriebsgesellsch. m
GF: **Friedr. RABENE**

Rheinahr Glasfabrik Gm
Sitz: Bad Neuenahr
GF: SS-Hauptsturmführ
Friedrich RABENECK

Freudenthaler Getränke Gm
Sitz: Bad Neuenahr,
GF: SS-Hauptsturmf.
Friedrich RABENECK

Niederselters GmbH
Sitz: Limburg
GF: SS-Hauptsturmführ
Friedrich RABENECK

Deutsche Lebensmitt GmbH, Sitz: Berlin
GF: SS-Hauptsturmführ
Friedrich RABENECK

Selchwaren und Konservenfabrik AG
Sitz: Wolframs
GF: SS-Obergruppenfüh
Oswald POHL

Lesnoplod Orava Sojk spol oHG, Sitz: Dolny K
GF: **Alfred SOJKA**

Stand vom 17. Oktober 1944

bergruppenführer Oswald POHL

Stellvertreter FIRMEN
SS-Oberführer **Hans BAIER**

OSTINDUSTRIE GmbH
Sitz: Bad Neuenahr/Feldberg (Mecklenburg)
Geschäftsführer: SS-Hauptsturmführer **Dr. Max HORN**

AMT W IV
olzbearbeitungsbetriebe
eiter: SS-Hauptsturmführer
Josef OPPERBECK

AMT W V
Land-, Forst-, Fisch-Wirtschaft
Leiter: SS-Obersturmbannf.
Heinrich VOGEL

AMT W VI Textil- und Lederverwertung
Leiter: SS-Sturmbannführer **Fritz LECHLER**

Deutsche Textil- und Bekleidungswerke GmbH
Sitz: Ravensbrück u. Dachau, Geschäftsführer:
SS-Sturmbannführer **Fritz LECHLER, Felix KRUG**

)HL, SS-Gruppenführer Georg LÖRNER

AMT W VII
Buch + Bild
Leiter: SS-Sturmbannführer
Dr. Alfred MISCHKE

AMT W VIII
Sonderaufgaben
komm. Leiter:
SS-Oberführer **W. SALPETER**

utsche Ausrüstungs-Werke GmbH
tz: Berlin, Geschäftsführer:
rl BESTLE, Kurt NIEMANN

eutsche Heimgestaltungs GmbH
Sitz: Berlin,
iF: SS-Hauptsturmführer
Josef OPPERBECK
Karl BESTLE

Deutsche Meister-werkstätten GmbH
Sitz: Prag,
GF: **Kurt NIEMANN**

eutsche Edelmöbel AG
Sitz: Butschowitz/Brünn
ufsichtsratsvorsitzender:
SS-Obergruppenführer
Oswald POHL

Forst- und Sägewerk Bachmanning GmbH
Sitz: Bachmanning
GF: **Karl BESTLE,**
Kurt NIEMANN

1942 von den
DWB übernommen

Verkaufsstelle Berliner Möbelwerkstätten e. Genossenschaft mbH
Oktober 1942 liquidiert

utsches Sperrholz- und Fournierwerk GmbH
z: Prag, Geschäftsführer:
Kurt NIEMANN

Deutsche Versuchsanstalt für Ernährung und Verpflegung GmbH
Sitz: Feldberg/Mecklenburg
GF: SS-Hauptsturmführer
Dr. Max HORN
SS-Obersturmbannführer
Heinrich VOGEL

Forstverwalt.
Leiter: für diesen Zeitpunkt nicht verifizierbar

Fischwirtsch.
Leiter: für diesen Zeitpunkt nicht verifizierbar

Anton Loibl GmbH
Sitz: Berlin, Geschäftsführer:
SS-Hauptsturmführer
Herbert BERNHARD

Nordland-Verlag GmbH
Sitz: Berlin, Geschäftsführer:
SS-Sturmbannführer
Dr. Alfred MISCHKE

Völk. Kunstverlag GmbH
Sitz: Landsberg/Berlin

1942 hervorgegangen aus:

F.F. Bauer GmbH
Sitz: Berlin

Großdeutscher Bilderdienst GmbH
Sitz: Berlin

Lumbeck-Gesellschaft f. d. deutsche Buchwesen GmbH
Sitz: Berlin, Geschäftsführer:
SS-Sturmbannführer
Dr. Alfred MISCHKE,
Emil LUMBECK

Forschungsanstalt
für das deutsche Buchwesen
GmbH, Sitz: Ber

Anteile 1944
umgewandelt in:

Deutsche Torfverwertung GmbH, Sitz: Berlin,
GF: SS-Sturmbannführer
Dr. Alfred MISCHKE

SS-Druckschriften Versand
Sitz: Berlin, Geschäftsführer:
Dr. Alfred MISCHKE

Deutsche Briefkasten-Reklame GmbH
Sitz: Berlin, 1942 verkauft

SS-Vordruck-Verlag
Sitz: Berlin + Miesbach
bestand nur zehn Tage

Gesellschaft zur Förderung und Pflege Deutscher Kulturdenkmäler
Sitz: Berlin/München
Vorsitzender:
Heinrich HIMMLER
Geschäftsführer:
SS-Obergruppenführer
Oswald POHL

Externsteine-Stiftung
Sitz: Horn/Lippe
Leiter:
SS-Scharführer **MONTAG**

König-Heinrich I.-Gedächtnis-Stiftung
Sitz: Quedlingburg
Geschäftsführer:
SS-Obergruppenführer
Oswald POHL

Stiftung »Maria Schul« e.V.
Sitz: Neustadt/Mähren
Vorsitzender:
SS-Obergruppenführer
Oswald POHL

Klausel, die lediglich einem zum Vorteil gereichte: Messerschmitt. Zudem sollten die DESt, laut Vertrag, »nur den Gewinn behalten, der in der Luftfahrtindustrie üblich war«.[11] Messerschmitt also bestimmte den Zeitpunkt der Zahlung und den Überschuß, ein kaufmännisch widersinniges Abkommen. Daß Oswald Pohl eine solche Verpflichtung akzeptierte, findet seine Erklärung in der Person Heinrich Himmlers.

Den für die SS ausgesprochen ungünstigen Kontrakt hatte Professor Willy Messerschmitt dem in ökonomischen Fragen überforderten Reichsführer-SS höchstselbst abgerungen – der Wehrwirtschaftsführer Messerschmitt zog Himmler per Handschlag über den Tisch. An dieses Ehrenwort fühlte sich der SS-Chef nun gebunden, womit die niederschmetternde Geschäftsperspektive der DESt unwiderruflich festlegt war. Wirtschaftliche Kriterien ließen sich Himmler ohnedies schwer vermitteln. Und sollte sich Pohl mit Messerschmitt anlegen? Himmler hätte mit einem Wutanfall geantwortet. Aus diesem Grund war auch eine andere SS-Unternehmung gescheitert.

Der Generaldirektor der Reichswerke Hermann Göring, Paul Pleiger, hatte mit Himmler im Juli 1942 das Gemeinschaftsunternehmen Hochofenschlackenwerk Linz ins Leben gerufen, das Straßenbaumaterial, Schotter und Sand, herstellen sollte. Pleiger zog die SS ins Boot, weil sie die Arbeitskraft durch Häftlingseinsätze garantieren konnte. Die Modalitäten handelte Pohl mit Pleiger aus. Doch wie Messerschmitt wollte auch dieser Konzernherr einseitig profitieren, der SS lediglich Minimalgewinne gönnen. Darüber muß Pohl mit seinem Reichsführer gesprochen haben, denn der schickte Pleiger plötzlich einen Brief: »Seien Sie doch so nett und weisen Ihre Leute an, daß für alle Unternehmen Pleiger-SS Fifty-Fifty das heilige Grundgesetz ist.«[12] So wurde die »Hochofenschlacke Linz G.m.b.H.« gegründet. Das Stammkapital von 200 000 RM teilten sich DESt und die Tochter der Reichswerke, die »Steine und Erden G.m.b.H.«.[13] Doch die neue Gesellschaft erwies sich als glatte Fehlinvestition: die Schlacketechnik kam wegen des stetig ungünstiger verlaufenden Krieges nicht mehr zum Einsatz.

Selbst das Prunkstück der SS kam auf keinen grünen Zweig: der Gemischtwarenladen Deutsche Ausrüstungswerke G.m.b.H. (DAW). Die DAW wurden im Mai 1939, ein Jahr nach der DESt, errichtet und faßten die in den KZ bestehenden Betriebe zusammen, die als »Sondervermögen« der Dienstaufsicht von Oswald Pohls Verwaltungsamt unterstanden. Zur DAW gehörten Brotfabriken, Schlachtereien, textil-, holz- und eisenverarbeitende Betriebe – 1943 schanzten 15498 Häftlinge für die DAW, die inzwischen im Rüstungsprogramm integriert waren.[14]

Ob Munitionskiste oder instand gesetzte Geschoßhülse, ob repariertes Gewehr, Meß- oder Nachrichtengerät, ob Bombenring oder Uniform – die Umsätze schnellten in die Höhe: zwei Jahre vor dem Zusammenbruch setzten die DAW 23205032 Mark um. Aber ohne fremdes Geld waren auch die DAW nicht lebensfähig: Die SS-Spargemeinschaft kreditierte 500000 Mark, der Kassenwart des Deutschen Roten Kreuzes genehmigte eine Million. Der hieß Oswald Pohl. Dieser Zuschuß reichte allerdings nicht.

Der Generalbevollmächtigte und Geschäftsführer der DAW, der SS-Hauptsturmführer Josef Opperbeck, hatte die DAW-»Filialen« in den KZ vergeblich aus der Depression herauszuholen versucht. Die DAW aber waren nicht mehr zu retten; das Unternehmen hatte sich für Opperbeck längst zum kaufmännischen Alptraum entwickelt.

Allein die Häftlingslöhne verschlangen 1943 insgesamt 6106521,19 RM, die Verbindlichkeiten summierten sich zum 31. Dezember 1943 auf 11 497547,25 Mark, womit genau die Hälfte des Jahresumsatzes erreicht war. Da fielen 1943 die Zinsen in Höhe von 10 069,11 Mark für die Dresdner Bank gar nicht mehr ins Gewicht.[15] Jeder Staatsanwalt hätte in diesem Augenblick einschreiten, zumindest ein Verfahren wegen Konkursverschleppung einleiten müssen. Ermittlungen gegen die mächtige SS? Sie mußte Oswald Pohl nicht befürchten, zum Fürchten hingegen schien die Zukunft der SS-Betriebe. Pohl fehlten Verwaltungsfachleute. Die-

Über die hauptsächlichste und verschiedenartige Produktion des Jahres 1943 sollen nachstehende, herausgegriffene Produktionszahlen Aufschluss geben:

300.000 Stück	Munitionskisten, Kartuschkästen u. Feldkisten (hergestellt und instandgesetzt)
130.000 Stück	verschiedene Unterkunftsgeräte hergestellt (Schränke, Tische, Doppelbetten, Liegepritschen und Hocker),
70.000 Stück	Fenster und Türen angefertigt,
550.000 Stück	Bürstenhölzer hergestellt,
310.000 Stück	Holzsohlen erzeugt,
100.000 Stück	Holzlöffel hergestellt,
390.000 Paar	Holzschuhe mit Lederoberteil angefertigt,
325.000 Stück	verschiedene Heeres-Bekleidungsgegenstände angefertigt (Mäntel, Uniformstücke, Arbeitsanzüge, Wäsche),
6 Waggon	Kleidungsstücke für die Volksdeutsche Mittelstelle gereinigt und ausgebessert,
215.000 Stück	verschiedene Ausrüstungsgegenstände repariert (Tornister, Packtaschen, Patronentaschen usw.),
36.000 Stück	Gewehre und Seitengewehre instandgesetzt,
2.950.000 Stück	Geschosshülsen instandgesetzt,
18.000 Stück	verschiedenes Heeresgerät wie Protzen, Zwillingssockel, Patronentrommeln, KFZ-Bestandteile, Munitionswagen usw. instandgesetzt,
25.000 Stück	verschiedene Messgeräte und Nachrichtengeräte instandgesetzt,
5.000 Stück	Bombenringe für die Luftwaffe hergestellt,

Aus dem Geschäftsbericht der SS-eigenen Deutschen Ausrüstungs-Werke G.m.b.H (1943): »Holzschuhe mit Lederoberteil angefertigt«

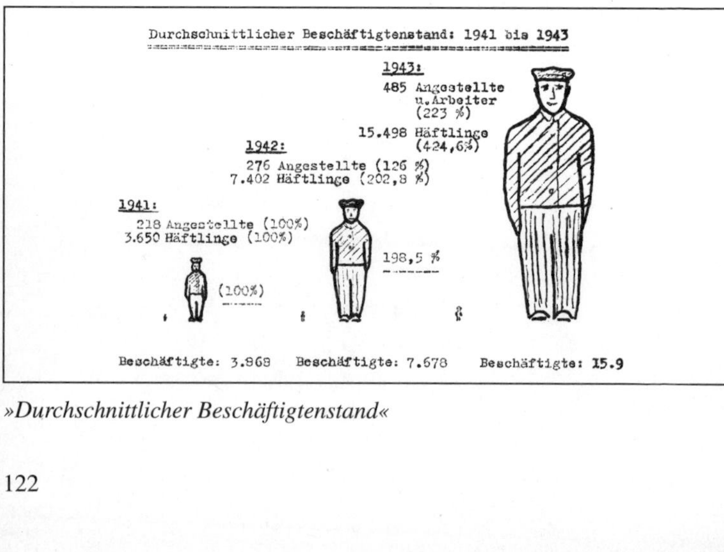

»Durchschnittlicher Beschäftigtenstand«

sen Mißstand hatte Dr. Hans Hohberg, der Chef-Wirtschaftsprüfer der SS, erkannt.*

Die SS-Firmen würden überwiegend von Männern kommandiert, so mokierte sich Hohberg, denen buchhalterische Kenntnisse fehlten, sie würden wirtschaftliche Zusammenhänge nicht erkennen, ihre kaufmännische »Sachverständigkeit« von ihren SS-Uniformen herleiten. SS-Unterscharführer erhielten »Ministerialzulagen«, obendrein seien sie der deutschen Sprache nicht mächtig, statt dessen habe die SS von der Industrie wegen Unfähigkeit gefeuertes Personal Prokura erteilt, seien kriegsversehrte Tischlermeister zu Geschäftsführern aufgestiegen, Freundinnen von SS-Offizieren in die Sekretariate protegiert worden – Schreibmaschinen-Kenntnisse waren für sie nicht erforderlich. Hohberg erregte sich: Die Mehrheit der Pohl-Gefolgschaft sei fachlich beschränkt.

Die wenigen Experten, denen Hohberg begegnete, konnte er an der Hand abzählen. Und eben die drohten der SS obendrein noch plötzlich abhanden zu kommen, denn fast hätte ihnen die Wehrmacht den Einberufungsbefehl ins Haus geschickt. Hohberg löste Alarm aus. Bevor die kleine Schar der Spezialisten der Marschbefehl jedoch erreichen konnte, ließ sie Pohl zur Waffen-SS einziehen.[16] Tatsächlich waren kompetente Wirtschaftsfachleute bei Pohl Ausnahmeerscheinungen.

So Dr. Georg Wenner, Prokurist der SS-Holding Deutsche Wirtschaftsbetriebe G.m.b.H., Fachanwalt für Steuerrecht, Sohn eines

---

* Hans Hohberg, am 21. April 1906 im elsässischen Wintzheim als Sohn eines Pfarrers geboren, hatte es zum Diplom-Kaufmann gebracht und gehörte der Berliner Wirtschaftsberatungs A.G. an, in deren Auftrag er Anfang 1940 den SS-»Reichsverein für Volkspflege und Siedlerhilfe« in Prag prüfte. Aus diesem Anlaß lernte er Pohl kennen, der ihm dann das Angebot eines Chef-Wirtschaftsprüfers der SS unterbreitete. Hohberg nahm den Job für ein monatliches Honorar von 2000 RM an. Interne Querelen hatten Hohberg im Juni 1943 indes zum Ausscheiden bewogen. Er wurde zur Luftwaffe in Werder/Havel eingezogen, am 22. Oktober 1945 von den Amerikanern verhaftet und im November 1947 in Nürnberg zu zehn Jahren Zuchthaus verurteilt, am 1. Februar 1951 begnadigt. Hohberg starb am 2. November 1968 in Stuttgart-Echterdingen.

Reichsbahners, der an der Kölner Wirtschafts- und Sozialwirtschaftlichen Fakultät studiert hatte. Seine Dissertation mit dem Titel »Die Aufgaben der Treuhandgesellschaften in der modernen Volkswirtschaft« galt in der Branche als Standardwerk.[17] Schließlich Dr. Max Horn, der Geschäftsführer des »Endlösungs«-Unternehmens Ostindustrie G.m.b.H., der in Hamburg als Generaldirektor die angeschlagene Deutsche Großhandels-Gesellschaft auf Vordermann gebracht hatte. Nach dem Ende der wirtschaftlichen Ausbeutung anläßlich der Juden-Massaker übertrug Oswald Pohl ihm die Geschäftsführung der SS-eigenen Deutschen Versuchsanstalt für Ernährung und Verpflegung G.m.b.H. im mecklenburgischen Feldberg, wo der SS-Hauptsturmführer auf einen prominenten Ortskommandanten stieß, auf den trinkenden Hans Fallada. Horn, erinnerte sich ein Revisions-Kollege, habe in Lublin, ähnlich wie Oskar Schindler, vielen Juden das Leben gerettet.[18]

Auch dem Diplom-Volkswirt und SS-Oberstumführer Dr. Hanns Bobermin wurden »große Aufgaben auferlegt«: Geschäftsführung mehrerer SS-Unternehmen und Leitung der Firmen-Gruppe »Steine und Erden«. Der vormalige Hilfsassistent im wirtschaftswissenschaftlichen Seminar der Rostocker Universität wurde Geschäftsführer des Reichsbundes deutscher Diplomvolkswirte, dann Chefredakteur des »Volkswirts«. Bobermin trat 1933 der NSDAP und SS bei, avancierte zum Geschäftsführer der Deutschen Städte-Reklame G.m.b.H. in Frankfurt a.M.[19]

Während der SS-Sturmbannführer Karl Weitzel auf dem Dachauer KZ-Gelände im Haus 37 der »Straße der SS« ein biederes Familienleben führte, kontrollierte er im »Außendienst« die Buchhaltung der wirtschaftlichen »Endlösung«. Nichts durfte dem Reich verlorengehen. Dabei unterstützte ihn der SS-Untersturmführer Dr. Karl Wilhelms. Zu den Routiniers der Volkswirtschaft gehörten: die SS-Hauptsturmführer Walter Firlich und Gerhard Riecks, der SS-Obersturmführer Dr. Gerhard Hoffmann, die Untersturmführer Otto Engel, Dr. Kurt Höpfner, Dr. Robert Scholz, Willy Schroeder, Fritz-Otto Weber, Otmar Wurm, Richard Wermusch.

GESELLSCHAFTER OSWALD POHL

Deutsche Erd- und Steinwerke GmbH
April 1939 - Mai 1940:
420.000,- RM (97,5 %)

Allod Eigenheim u. Kleinsiedlung GmbH
1938 - Kriegsende:
49.950,- RM (2,7 %)

Ahnenerbe-Stiftung
August 1938 - Kriegsende:
Einlage 3.000,- RM (37,5 %)

Anton Loibl GmbH
März 1939 - März 1940:
25.000,- RM (100 %)

Holding
DEUTSCHE WIRTSCHAFTSBETRIEBE GMBH
Juli 1940 - Kriegsende:
16.000.000,- RM (100

Ostdeutsche Baustoffwerke GmbH
Januar 1941 - Kriegsende:
20.000,- RM (100 %)

Deutsche Heimgestaltung GmbH
Juli 1941 - Oktober 1942:
10.000,- RM (50 %)

Deutsche Lebensmittel GmbH
Oktober 1941 - Januar 1942:
10.000,- RM (5 %)

Freudenthaler Getränke GmbH
Oktober 1941 - Januar 1942:
15.000,- RM (3 %)

Klinker Zement GmbH
Januar 1942 - August 1943:
75.000,- RM (50 %)

Haus- und Grundbesitz GmbH
Februar 1942 - August 1943:
10.000,- RM (3,33 %)

Völkischer Kunstverlag GmbH
März 1942 - August 1943:
20.000,- RM (10 %)

Deutsche Heilmittel GmbH
September 1942 - Februar 1943:
50.000,- RM (9 %)

Deutsche Erholungsheime GmbH
1942 - Kriegsende:
10.000,- RM (10 %)

Ostindustrie GmbH
März 1943 - Kriegsende:
75.000,- RM (75 %)

Apollinaris Betriebsgesellschaft mbH
Juni 1943 - Januar 1944:
5.000,- RM (5 %)

SS-Vordruck Verlag GmbH
1. Juli 1943 - 10. Juli 1943:
5.000,- RM (2 %)

Forschungsanstalt für das deutsche Buchwesen GmbH
August 1943 - Januar 1944:
5.000,- RM (25 %)

Lumbeck-Gesellschaft für das deutsche Buchwesen GmbH
August 1943 - Januar 1944:
5.000,- RM (2 %)

Deutsche Schieferoel GmbH
Mai 1944 - Kriegsende:
5.000,- RM (5 %)

Deutsche Torfverwertung GmbH
August 1944 - Kriegsende:
450.000,- RM (90 %)

Essin GmbH
September 1944 - Kriegsende:
15.000,- RM (5 %)

Deutsche Sperrholz- und Fournierwerke GmbH
Oktober 1944 - Kriegsende:
250.000,- RM (10 %)

Erholungsheime für naturgemäße Heil- und Lebensweise e.V.
1944 - Kriegsende:
5.000,- RM (5 %)

G.m.b.H.-Anteile, an denen Oswald Pohl als Gesellschafter beteiligt war (Summe und Prozentanteil der Einlagen)

Eine besonders bemerkenswerte Karriere durchliefen die Gebrüder Hermann und Richard Karoli.

Die Karolis waren die Söhne eines deutsch-rumänischen Pfarrers, Anfang des Jahrhunderts in Hahnbach/Siebenbürgen zur Welt gekommen. Sie wählten dieselbe Berufslaufbahn, die eines Wirtschaftsprüfers. Richard verschlug es nach Berlin, Hermann nach Wien: Dr. Hermann Karoli stieg zum Persönlichen Referenten des NS-Wirtschaftsführers Wilhelm Voß auf, der mit Paul Pleiger ein Unternehmen in der Größenordnung der I.G. Farben aus dem Boden stampfte: die Reichswerke Hermann Göring.[20] Beide Karolis standen auf der Gehaltsliste der Deutschen Revisions und Treuhand A.G., die während der Arisierungs-Welle »Wert-Gutachten« jüdischer Vermögenswerte erstellte. Hermann Karoli wickelte zudem die »Übernahme« des tschechischen Petschek-Konzerns mit ab, dessen Stahlwerke und Kohlegruben sich perfekt in die NS-Kriegswirtschaft integrieren ließen.[21]

In der Sowjet-Union hatte Hermann Karoli im 3. SS-Panzer-Grenadier-Regiment der SS-Totenkopf-Division »Theodor Eicke« Partisanen gejagt. Während einer »Banden«-Verfolgung traf ihn ein Granatsplitter. Nach seiner Genesung ließ er sich zu Pohl versetzen, auch Richard Karoli plante dort seine Zukunft ein. Während Hermann den Zusammenbruch seines Dienstherrn als SS-Obersturmbannführer bedauerte, geriet Richard als SS-Untersturmführer in amerikanische Gefangenschaft.[22] In der Bundesrepublik stand ihnen ihre SS-Vergangenheit nicht im Weg: Dr. Richard Karoli testierte die Jahresabschlüsse der Farbenfabriken Bayer, Hermann Karoli repräsentierte als Aufsichtsratsvorsitzender die Bayerischen Motorenwerke. Eberhard von Kuenheim verabschiedete ihn in den Ruhestand. Die Wirtschaftsprüfer wirkten für einen Konzernherrn, dessen Ellenbogen-Mentalität viele erbleichen ließen.

Wer sich bei Oswald Pohl »unbeliebt gemacht hatte, verschwand von heute auf morgen«, berichteten Pohl-Helfer. Auf Vorträge seiner Untergebenen reagierte er »häufig wie [während der] ›Entgegennahme einer Regierungserklärung im Reichstag‹«. Pohl verlangte sklavische Ergebenheit. »Die oft unwürdige Art und Weise, wie Pohl seine Mitarbeiter behandelte und ihre wohlgemeinten Ratschläge in den Wind schlug, mußte diese Mitarbeiter in die Gegnerschaft treiben«, gaben SS-Offiziere den Amerikanern zu Protokoll.[23]

Zwar habe Pohl den »königlichen Kaufmann« markiert, sei aber niemals gewillt gewesen, »die in der Wirtschaft allgemein verankerten Bedingungen anzuerkennen«. Eine »Gegnerschaft zu Akademikern, insbesondere Juristen ... war ganz offenkundig«, erkannten Pohl-Bedienstete nach dem Zusammenbruch, an ihm sei »ein großer Schauspieler« verlorengegangen, der es mit »seinen Mitarbeitern nicht ehrlich meinte«: »Solange er sie brauchte, war er ihnen gewogen und überhäufte einige mit Gunst«, wenn »er ihrer aber nicht mehr bedurfte –, gab er ihnen ebenso schnell den Laufpaß oder verfolgte sie mit seinem Haß«.[24]

Pohl habe über keine »positiven Eigenschaften« verfügt, zwar »arbeitete er unermüdlich von morgens bis abends«, sei »entschlußfreudig«, habe dabei indes »oft unüberlegt«, »launisch« und »stark von Stimmungen abhängig« gehandelt. »Eitel wie eine Primadonna«, habe es ihm geschmeichelt, »mit Mussolini verglichen zu werden«. Sein Arbeitszimmer sei wie das des Duce »angelegt« gewesen, bis er sich (»vor allen Dingen in sogenannten ›Chefbefehlen‹«) einer »friderizianischen Ausdrucksweise« bediente. Auch sein zweites großes Vorbild, Friedrich der Große, sei von ihm »in Worten und Gebärden« kopiert worden. Wo es Pohl an Sachkenntnis gefehlt habe, sei er »rechthaberisch«, seine Mängel »auf wirtschaftlichem Gebiet« augenfällig geworden, »große Bauten, große Fabrikanlagen«, die hätten imponiert – »überhaupt alles, was groß oder bombastisch wirkte«. Pohls besondere Freude habe den »Notariatsakten, insbesondere den Gesellschaftsgründungen [gegolten], weil diese meistens nur seine Unterschrift trugen«.[25] Entsprechend düster erschien die Zukunft des Wirtschaftsimperiums der SS.

Wären wirtschaftliche Prinzipien zugrunde gelegt worden – die meisten SS-Firmen hätten Bankrott erklären müssen. Vielleicht wäre Pohl irgendwann sogar abgelöst worden. Doch solange Heinrich Himmler das Sagen hatte, war daran nicht zu denken, denn Oswald Pohl war Himmlers wichtigster und engster Vertrauter. Aber: Was wäre geschehen, wenn den Reichsführer-SS der »Heldentod« ereilt hätte? Nur so ein Ereignis hätte für Oswald Pohl schlimme Folgen haben können. Dem drohenden Absturz schien er vorgebeugt zu haben. Durch Druck und Einschüchterungen.[26]

Daß dieses Verhalten die Motivation seiner Gefolgschaft lähmte, schien dem SS-Obergruppenführer nicht bewußt. Er allein wollte einen Überblick über seine Ämter wie Firmen behalten, niemand sollte ihn jemals ersetzen können. So breitete sich eine beklemmende Stimmung in der Berliner Zentrale Oswald Pohls in Lichterfelde-West aus. In dem Bürotrakt Unter den Eichen 126–135* grassierte eine Atmosphäre des Mißtrauens und der Verschlossenheit, eine Wetterlage, die letztendlich den gesamten SS-Konzern in Mitleidenschaft zog.

Die SS-Holding als Steuersparmodell

Nach Entstehen des Protektorats Böhmen und Mähren und des Generalgouvernements in Polen begann für die SS-Wirtschaft ein entscheidender Abschnitt. Jetzt war Oswald Pohl zielstrebig dazu übergegangen, die Position der SS zur Expansion zu nutzen. Jetzt

---

* Im Sommer 1939 übersiedelte Oswald Pohl von München nach Berlin. Allerdings waren in der überfüllten Metropole bezugsfertige Büroräume schwer zu finden. Durch Zufall lernte Pohl den SS-Oberführer Walter Schwiering kennen, Vorstandsvorsitzender der Allgemeinen Häuser- und Industriebau A.G. (AHAG). Eine AHAG-Tochter, die Haus- und Wohnbau A.G., errichtete an der Schloßstraße 60 und 62 (Steglitz) sowie an den sich anschließenden Unter den Eichen 126 bis 135 (Lichterfelde-West) einen Komplex von 500 Wohnungen, in die in die Reichshauptstadt strömende Beamtenfamilien einziehen sollten. Der »Präsident der Durchführungsstelle für die Neugestaltung der Reichshauptstadt« hob diese Verfügung auf, damit Pohls Ämter dort Anfang 1940 Quartier beziehen konnten.

sollte das SS-Kartell die alten Reichsgrenzen überschreiten, jetzt wollte er es allen zeigen, obwohl er um die finanzielle Misere wußte: Bis zum Sommer 1939 hatte Pohl bereits 23,5 Millionen Reichsmark Schulden aufgetürmt,[27] ein Volumen, das unter den gegebenen Umständen niemals mehr hätte abgetragen werden können. Es sei denn, Pohl würde sich ertragssicherer Unternehmen bemächtigen, er würde jede SS-Gesellschaft nach wirklich kaufmännischen Gesichtspunkten führen lassen. Erschwerend kam hinzu, daß ein Großteil seiner Direktoren inzwischen ein Geschäftsgebaren an den Tag legten, das aus »forschem Ehrgeiz« oder »eklatantem Dilettantismus« bestand, wie der Historiker Enno Georg herausfand.[28] Einen Ausweg aus dieser permanenten Krise schien Hans Hohberg gefunden zu haben. Er schlug Pohl die Gründung einer Holding vor, die obendrein den Vorteil eines Steuersparmodells mit sich brachte. Mehrere Spezialisten nahmen sich dieses komplizierten Stoffes an. Ausgerechnet die SS hatte dem Fiskus den Krieg erklärt.

Der SS-Untersturmführer Dr. Hans Heinrich Kühl erarbeitete, unter dem Titel »Die steuerlichen Vor- und Nachteile einer Holding-Gesellschaft«, ein Gutachten, das zuvörderst Steuerschlupflöcher nachwies: »Lassen die Ausführungen erkennen, dass sich für eine Holding-Gesellschaft mannigfaltige steuerliche Vergünstigungen, insbesondere auf dem Gebiet der Körperschafts-, der Vermögens- sowie der Gewerbesteuer ergeben, so fragt es sich weiterhin, ob diesen steuerlichen Vorteilen auch gewisse steuerliche Nachteile gegenüberstehen.« Kühns Fazit wird Oswald Pohl gefallen haben: »Zusammenfassend kann festgestellt werden, dass den steuerlichen Vorteilen, die eine Holding-Gesellschaft genießt, wenig oder gar keine Nachteile in steuerlicher Hinsicht gegenüberstehen.«[29] Der Geschäftsführer des Nordland-Verlages, SS-Obersturmbannführer Bruno Galke, aber warnte Pohl vor der Ungeheuerlichkeit einer fintenreichen Steuerverkürzung, auch dann, wenn sie legal sein würde:

Die Installierung der Holding suche »offenbar nach einem Weg, die Besteuerung der aus den einzelnen Unternehmen fließenden Gewinne zu vermeiden«. Soweit sich die SS »auf [das] Gebiet der Wirtschaft begibt«, veranschaulichte Galke, »sollte sie, wie auch die Unternehmungen der freien Wirtschaft, mit dazu beitragen, dem Staat durch Steuerzahlungen die Mittel bereitzustellen, die er zur Bewältigung der grossen Aufgaben des Führers benötigt«. Es würde einen »merkwürdigen Eindruck« hinterlassen, »wenn die Schutzstaffel sich hier ausserhalb der Pflichten, die jedem Unternehmen auferlegt sind«, stellen würde. Galke: »Ob sich der Reichsführer-SS dem Odium der Steuerflucht wird aussetzen wollen, ist mehr als zweifelhaft«, ein solches Konzept sei »unter der Würde der SS«.[30]

Galkes patriotischer Tadel wird Pohl wenig interessiert haben: Wenn er sich eines Tages nicht der wirtschaftlichen Stümperei überführen lassen wollte, mußte er sich aller Debitoren entledigen. Die Steuerflucht erschien Pohl konkret als Chance. Mit ihr hatte sein Bekannter Eberhard Heffe bereits sehr praxisnah zu tun gehabt.

Heffe, Verlagsleiter der Deutschen Arbeits-Front und mit ähnlichen Steuerproblemen wie die SS belastet,* brachte die fiskalischen Voraussetzungen präzise auf den Punkt. Die Voraussetzung einer Steuerminderung einer zu projektierenden Holding sei eine finanzielle, wirtschaftliche und organisatorische Verflechtung: »Die eingegliederte Gesellschaft muß von den Weisungen der beherrschenden Gesellschaft abhängig sein, und die Durchsetzung dieses Willens muß rechtlich erzwungen werden können.« Heffe: »Während für die Umsatzsteuer die Voraussetzungen … ausreichen, ist es nötig, für die Körperschaftssteuer zum Zwecke der Gewinnpoolung noch Gewinn-Abführungs- bzw. Verlust-Übernahme-Vereinbarungen zu treffen [›Diese Vereinbarungen müssen

* Die Verlage der Deutschen Arbeits-Front entstammten dem beschlagnahmten Vermögen der 1933 aufgelösten Gewerkschaften, so u. a. die Büchergilde Gutenberg (Berlin), die Aufbruch-Verlagsgesellschaft (Köln), die Lehrmittelzentrale (Berlin), die Hanseatische Verlagsanstalt (Hamburg) und Albert Langen/Georg Müller (München). Auch diese Unternehmen wurden in einer steuerreduzierenden Holding zusammengefaßt.

DRESDNER BANK

AKTIENKAPITAL UND RESERVEN: 171,5 MILLIONEN REICHSMARK

Vorsitzer des Aufsichtsrats: Carl Goetz; Vorstand: Alfred Busch, Carl Lüer, Emil Meyer, Karl Rasche, Hans Schippel, stellv.: Alfred Hölling, Gustav Overbeck, Hans Pilder, Hugo Zinßer

DEPOSITENKASSE 12
SCHLOSS-STRASSE 85
GEGENÜBER DEM RATHAUS

KASSENSTUNDEN 1/29-3, SONNABENDS 1/29-1
REICHSBANK-GIRO-KONTO:
DRESDNER BANK, BERLIN
POSTSCHECKKONTO: BERLIN NR. 25059
STAHLKAMMER
FERNSPRECHER: 79 78 61

BERLIN-STEGLITZ, DEN 2.September 194o

Deutsche Wirtschaftsbetriebe GmbH.

Einschreiben!

Berlin-Lichterfelde-West,
Unter den Eichen 127

Kto. 223o

Wir empfingen Ihr Schreiben vom 28.Aug.ds.Js.und haben Ihnen wunschgemäss in unseren Büchern ein Konto errichtet.

Von den uns übermittelten Handzeichnungsproben haben wir Kenntnis genommen. Danach sind
jeder für sich allein:
1.) Herr Ministerialdirektor Pohl
als Geschäftsführer
2.) Herr Dr.H.Hohberg
berechtigt,Ihre Firma uns gegenüber gemäss unseren Allgemeinen Geschäftsbedingungen, die wir Ihnen ausgehändigt haben, zu vertreten.

Zur Ausstellung der Bankvollmacht zu Gunsten des Herrn Dr.Hohberg überreichen wir Ihnen ein Vollmachtsformular mit der Bitte um gefl. Vollzug.

Wir empfehlen uns, stets gern zu Ihren Diensten,

Heil Hitler !
DRESDNER BANK
Depositenkasse 12

Anlagen

Dresdner Bank eröffnet für die SS-Holding Konto: »Wir empfehlen uns, stets gern zu Ihren Diensten …«

in unzweideutiger Form getroffen und der Steuerbehörde nachgewiesen werden können‹].« Falls Pohl noch Fragen hätte, würde er, Heffe, ihm »meinen Steuersachverständigen, der bereits praktische Erfahrungen besitzt, gern einmal zur Verfügung« stellen.[31] Oswald Pohl hatte verstanden.

Verzeichnete eine SS-Firma Einbußen, würden die auf die Holding übertragen, verdiente ein anderes SS-Unternehmen, würden deren Erlöse – über die Holding – mit den Verlusten verrechnet. Mehr noch: Rückstellungen defizitärer SS-Unternehmen, die in die Konzerngesellschaft eingebracht würden, minderten die Steuerschuld zusätzlich, drückten die Gewerbesteuer. Grund genug, am 25. Juli 1940 eine Kapitalverwaltungsgesellschaft ins Leben zu rufen. So entstand die Deutsche Wirtschaftsbetriebe G.m.b.H. (DWB), ausgerüstet mit einem Kapital von 1,7 Millionen Mark, mit dem alleinigen Gesellschafter Oswald Pohl im Hintergrund, mit Geschäftsführern für die Öffentlichkeit: dem SS-Gruppenführer Georg Lörner, dem SS-Oberführer Hans Baier und – bis zu seinem Weggang im Juni 1943 – mit Hans Hohberg an der Spitze. Den Frondienst leisteten freilich zwei Prokuristen: Pohls Adjutant, der SS-Hauptsturmführer Dr. Leo Volk, und der SS-Obersturmbannführer Dr. Georg Wenner.*

Oswald Pohl rückte somit dem Ziel einer Entschuldung näher: Die DWB wurden Haupt-Gesellschafter von 29 der insgesamt 63 SS-Unternehmen. Ein kostensparendes Modell nach dem anderen begann zu greifen: Leitende Angestellte konnten überall eingesetzt werden, Rechts- und Steuerfragen wurden in einem Ressort zusammengefaßt. Es existierte nur noch ein zentrales Rechnungswesen,

---

* Während die DWB 1942 bei einen Umsatz von 2166578,82 RM lediglich einen Gewinn in Höhe von 109194,97 RM erzielte, setzten die gesamten SS-Firmen zu diesem Zeitpunkt 79009100,– RM um, was nach der heutiger Kaufkraft 800 Millionen D-Mark entsprechen würde. Die DWB führten mehrere Kapitalerhöhungen durch: von 1,7 Millionen auf sieben Millionen am 8. Oktober 1941, dann am 12. August 1942 auf zwölf Millionen, am 4. Juni 1943 schließlich auf 16 Millionen.

vor allem minderte sich die Abhängigkeit von der Dresdner Bank, es wich der Druck der Zinslasten. Jetzt verschaffte die Holding DWB zahlungsunfähigen SS-Betrieben die nötige Liquidität:

Konnte die Deutsche Heilmittel G.m.b.H. in Prag beispielsweise eine Rechnung nicht bezahlen, verauslagte die Freudenthaler Getränke G.m.b.H. – über die Holding DWB – den Betrag, nur weil ihr Konto in diesem Augenblick im Plus geführt worden war. Weil daraufhin wenig später die Freudenthaler Getränke G.m.b.H. ihrerseits ihre Verbindlichkeiten nicht mehr erfüllen konnte, sprang – über die Holding DWB – die Ostdeutsche Baustoffwerke G.m.b.H. in Posen ein, weil in diesem Moment eben dort Geld vorhanden war. Ein Zyklus, der irgendwann ein Ende haben mußte. Auf ähnliche Weise wurde bei den Vereinen und Stiftungen der SS verfahren:

Als aufsichtsführendes Vorstandsmitglied stand Oswald Pohl der Gebärfabrik Lebensborn vor, als Vorstandsvorsitzender finanzierte er die SS-Forschungs- und Lehrgemeinde Ahnenerbe, als Geschäftsführer der Gesellschaft zur Förderung und Pflege Deutscher Kulturdenkmäler ließ er –mit Hilfe von Millionen-Krediten der Dresdner Bank – in Westfalen die Wewelsburg ausbauen, als Vorsitzender der Externsteine-Stiftung stellte er ein »Natur- und Kulturdenkmal« sicher, als Chef der König-Heinrich-I.-Stiftung erweckte er den »Geist und die Taten Heinrich I.« zum Leben. Pohl verantwortete aber zugleich den Etat für das SS-Institut für wehrwissenschaftliche Zweckforschung, einer Hochburg für Versuche am Menschen. Nirgendwo gab es in diesen Fällen Einnahmen, überall ausschließlich Ausgaben. Woher das Geld nehmen? Oswald Pohl plünderte das Hauptkonto 2300 bei der Dresdner Bank.[32] Die Holding Deutsche Wirtschaftsbetriebe G.m.b.H. blutete aus. Langsam aber sicher.

Pohl, dem Heinrich Himmler die Errichtung einer SS-eigenen Bank untersagte,[33] hatte seit Bestehen der Holding DWB kräftig von der Steuerkürzung profitiert, allein 1941/42 acht Millionen Reichsmark gespart (nach heutiger Kaufkraft rund 80 Millionen D-Mark). Und auch die vom SS-Untersturmführer Helmut Weber geleitete »Zentralverrechnungsstelle« der DWB-Bankenabteilung erzielte bei der Dresdner Bank Entlastung: Das Institut kassierte ab 1942 nur noch 2,5 Prozent Überziehungszinsen, Guthaben aber vergütete es mit vier Prozent, dazu führte die Filiale der Dresdner Bank in der Steglitzer Schloßstraße 85 die rund 100 Konten der SS-Firmen teilweise porto- und spesenfrei.[34] Beispiellose Konzessionen. Niemand sonst, weder Industrielle noch der private Bankkunde Heinrich Himmler, waren jemals in den Genuß derartiger Privilegien gekommen.

Die Struktur der Deutschen Wirtschaftsbetriebe als Firmengruppe war zugeschnitten auf Oswald Pohl. Als einer der wenigen konnte er das Geflecht durchschauen, vor allem fortgesetzt auffällige Verluste der DWB-Töchter verschleiern, woran er ein sehr starkes Interesse haben mußte, denn Bilanz-Überschüsse belebten seinen Alltag immer seltener. Und doch schwamm Oswald Pohl gelegentlich im Geld. Sogar sein Reichsführer besorgte ihm Bonität.

Wieder einmal durchquerte Himmler Anfang 1940 Polen. Anläßlich einer Zusammenkunft mit dem Gauleiter Erich Koch zeigte dieser Interesse an einem von der SS beschlagnahmten Gut, das Himmler – in seiner Eigenschaft als Reichskommissar zur Festigung deutschen Volkstums –verwaltete. Koch bot 1,5 Millionen Mark. Himmler willigte ein und Koch unterschrieb – an Ort und Stelle einen Barscheck. Nach Berlin zurückgekehrt, reichte Himmler ihn an Pohl weiter. Die Dresdner Bank schrieb den Betrag auf ein extra eröffnetes Treuhandkonto »Koch« gut.

Strenggenommen hätte das großzügige Geschenk als Reichsvermögen dem Reichsfinanzminister zugestanden. Da der aber von nichts wußte, was lediglich durch eine Unterrichtung seitens Pohls hätte geschehen können, wurde die Himmler-Spende anderweitig investiert. Oswald Pohl entdeckte den Aktienmarkt.

Über das Treuhandkonto »Koch« erwarb er für 300000 Mark Wertpapiere der Brünner Sudetenländischen Bergbau A.G. Doch bereits zum 31. Dezember 1940 hatten sich dort satte 3274433,38 Mark aufgetürmt. Die Verdoppelung des Treuhandkontos »Koch« muß noch aus anderen heute nicht mehr nachvollziehbaren Quellen aufgefüllt worden sein.[35] Immerhin: mit diesem Geldsegen ließen sich Löcher an anderer Stelle stopfen.

Wo immer sich Pohl die Gelegenheit dazu bot, wo immer er konnte – der SS-Obergruppenführer hinterzog Gelder, die dem Staat gehörten. Pohl war – auch – ein Wirtschaftskrimineller, ebenso die ihm unterstellten Wirtschaftsprüfer und Steuerberater, ebenso einflußreiche NS-Größen.

Der Reichsstatthalter im Reichsgau Sudetenland, Konrad Henlein, schenkte der SS im Sommer 1941 die Brauerei und Likörfabrik des aufgelösten Deutschen Ritterordens in Freudenthal, ein Betrieb mit einem angeschlossenen landwirtschaftlichen Gut und einer Obstplantage im Buchwert von 1,5 Millionen Mark. Daraus entstanden einige Monate später die Freudenthaler Getränke G.m.b.H., mit dem SS-Hauptsturmführer Friedrich Rabeneck als Geschäftsführer.[36] Aber wie sollte Henleins Scherflein verbucht werden? Selbstredend so, daß keine Steuern anfielen:

Das Finanzamt hätte den DWB die 1,5 Millionen als »geldwerten Vorteil« angerechnet, unter der Voraussetzung, Pohls Steuerexperten hätten es über die Steuererklärung davon in Kenntnis gesetzt. Weil Pohl das aber genau verhindert hatte und statt dessen eine »Rückstellung« in Höhe von 1,5 Millionen bilden ließ, ging das Finanzamt für Körperschaften leer aus.[37] Eine lohnende »Gewinnminimierung«. Ein weiteres vermögendes Ereignis betraf einen zweistelligen Millionenbetrag.

Der Reichsschatzmeister der NSDAP, Franz Xaver Schwarz, hatte der SS nach der Machtergreifung für das KZ in Dachau (genauer: für die dort errichteten Einfamilienhäuser der Wachmannschaften) die Grundstücke leihweise und mietfrei überlassen. Das Gelände war also Eigentum der öffentlichen Hand. Doch wer, außer Schwarz und Pohl, mochte sich daran noch erinnern? Etwa der Fiskus? Gar das Reichsinnen- oder das Reichswirtschaftsministerium?

Schwarz und Pohl fädelten ein betrügerisches Geschäft ein, das, wenn es andere betrieben hätten, von der NS-Justiz mit dem Tode bestraft worden wäre.

Schwarz unterstellte, daß die SS Besitzer der Liegenschaften gewesen sei, und trat als »Käufer« für das Reich in Erscheinung. Das »Reich« war in diesem Fall der Fiskus. Und dieser Fiskus überwies für ein Terrain, das ihm ohnehin gehörte, tatsächlich zwölf Millionen Mark an die SS. Diesen neuerlichen Geldzuwachs parkte Pohl auf zwei neuen Treuhandkonten bei der Dresdner Bank (»Dachau I« und »Dachau II«).[38] Aber die Millionen waren zum 31. Dezember 1943 – bis auf 33293,30 Mark – verschwunden, möglicherweise auf den zahlreichen Konten defizitärer SS-Firmen verdunstet.[39] Da Pohl diese Millionen-Partie offiziell als »durchlaufenden Posten« in den Büchern führen ließ, fielen auch hier keine Steuern an.

Die Ressentiments gegenüber dem Fiskus schienen allen Pohl-Abteilungen eigen zu sein. Dem SS-Untersturmführer Dr. Kurt Höpfner, einem der umtriebigsten Wirtschaftsprüfer Pohls, lag im Mai 1944 der Vorgang »Grunderwerb K.L. Stutthof« auf dem Schreibtisch. Die Domäne hatten die DWB drei Jahre zuvor vom Forstfiskus für 50000 Mark erworben, dort aber inzwischen die SS-Neubauleitung des SS-Oberabschnitts Weichsel auf dem Gelände Gebäude und Produktionsbetriebe errichtet, deren Wert auf 1,4 Millionen Mark geschätzt wurde. Diesen Betrag forderten die Weichsel-Kameraden, die mit den SS-Wirtschaftsbetrieben nichts zu tun hatten, nun von Pohl. Höpfner hielt in einen »Vermerk« fest: »Ich bin der Meinung, daß wir so weit nicht gehen sollten.« Nanu?

Die von der Holding DWB in Stutthof *nicht* finanzierten Fremdleistungen waren in den Steuer-Bilanzen der DWB längst berücksichtigt worden – als »Abschreibung«. Wenn die berechtigten Forderungen der Kameraden des SS-Oberabschnitts Weichsel nun aber ausgekehrt werden müßten, wäre, wie Höpfner trocken anmerkte, diese der Holding DWB als »Gewinn im wesentlichen weggesteuert«, möglicherweise einem aufmerksamen Finanzbeamten gar »Betrügertum« in den Sinn gekommen. Daher müsse »ein Weg gefunden werden, der uns den Gewinn auch tatsächlich sichert« und – gleichzeitig den Gläubiger zufriedenstellt. Höpfner:

Der Kaufpreis »von rd. 1,4 Mio. RM wird zugunsten der Allgemeinen SS ... vom Obergruppenführer [Pohl] in seiner Eigenschaft als Kassenverwalter der Allgemeinen SS auf ein Treuhandkonto gelegt. Die sich daraus ergebenen Möglichkeiten brauche ich nicht schriftlich fixieren«.[40] Die waren schlüssig: Das dem SS-Oberabschnitt Weichsel zustehende Geld wurde vom Kassenverwalter der Allgemeinen SS Oswald Pohl »beschlagnahmt« und damit erneut das Finanzamt angeschmiert.

Die Deutschen Wirtschaftsbetriebe eröffneten bei der Dresdner Bank abermals ein Treuhandkonto. Auf das überwiesen die DWB formhalber jene 1,4 Millionen, womit für den Fiskus ein Beleg fabriziert war. Ein nachfragendes Finanzamt wäre so beschieden worden: Die Aktiva gehörten dem Reich, die SS habe den Betrag lediglich »treuhänderisch« verwaltet. Wer konnte das Gegenteil beweisen? Trotzdem: Das Finanzamt für Körperschaften (in der Person des Berliner Oberfinanzpräsidenten Karl Kuhn) war ohnhin längst mißtrauisch geworden. Kuhn setzte einen seiner fähigsten Betriebsprüfer in Marsch: den Obersteuerinspektor Reinhold Bathe, Abteilungsleiter im Zentralfinanzamt. Respektlos wälzte Bathe ab 9. Mai 1944 mehrere Wochen die Bücher der SS-Holding DWB für die Jahre 1940 bis 1943.[41]

Das Ergebnis kann für Oswald Pohl nicht erfreulich gewesen sein. Nachforderungen – einschließlich horrender Säumniszuschläge wie Zinsen – hätten fällig gestellt werden müssen. Und das in Millionenhöhe. Doch die erhaltenen Buchungsunterlagen der DWB weisen in diesem Zusammenhang auf keine einzige diesbezügliche Überweisung hin. Hatte die alles beherrschende SS mit dem Finanzamt ein Stillhalteabkommen ausgehandelt? Zu solch einer Übereinkunft muß es gekommen sein, denn sonst wäre gegen den SS-Konzern samt seinem Vorsteher Oswald Pohl ein spektakuläres Steuerstrafverfahren in Gang gesetzt worden.

Der Betriebsprüfer Reinhold Bathe hatte der SS keinen Betriebsprüfungsbericht ausgehändigt, wozu er gesetzlich verpflichtet gewesen wäre. Aus ihm wären die chaotischen Bankanweisungen von einer SS-Firma zur anderen minuziös hervorgetreten, mit Sicherheit wären vor allem die dubiosen Treuhandkonten aufgeflogen. Aber kein Dokument wies den Weg dorthin. Kein Papier des Finanzamtes entlarvte die SS als kaufmännische Fehlkonstruktion. Ein solches Zertifikat in falschen Händen, etwa in denen des Himmler-Widersachers Martin Bormann – welche Konsequenzen hätte der unberechenbare Führer daraus wohl gezogen? Dabei existierte bereits exakt ein solches Negativ-Zeugnis. Den Beweis kaufmännischen Unverstandes hatte ausgerechnet ein Jugendfreund Pohls aus Marinetagen zu Papier bringen lassen: der SS-Oberführer Hans Baier, ein ehemaliger Finanzbeamter, der dem ausgeschiedenen Hans Hohberg im Juni 1943 als Leiter der SS-Wirtschaftsbetriebe nachgefolgt war.[42] Baiers »Finanzdisposition nach dem Stande vom 20. Jan. 1944« prognostizierte den SS-Betrieben keine goldenen Zeiten: Die SS-Unternehmen würden »ausschließlich mehr oder weniger mit kurzfristig zur Verfügung gestellten Fremdmitteln« arbeiten, in den »Vierteljahresbilanzen ist eine Trennung nach langfristigen und kurzfristigen Forderungen bezw. Verbindlichkeiten nicht vorgesehen«, und da »keinerlei Eigenkapital – geschweige denn Gewinne – zur Finanzierung des Umlaufvermögens zur Verfügung stehen«, sei »die Erkenntnis hieraus einfach und klar. Sie lautet: Die W(irtschafts)-Betriebe sind illiquide«, alles in allem handelte es sich um einen »ungesunden Zustand«.[43]

In Zahlen ausgedrückt erschloß sich dem Kenner tatsächlich ein ökonomisches Jammertal: Oswald Pohl hatte sein Firmen-Imperium bis Ende 1943 um 46 720 000 Mark erleichtert, einen Teil dieses Betrages bei der Dresdner Bank angelegt: in Reichsschatzanweisungen, in Aktien und Festgeld. Die Bankschulden der DWB türmten sich auf horrende 37 400 000 Mark,* die Guthaben bei der

* Hierin enthalten waren offizielle Darlehen der DWB an Tochter-Firmen über mindestens 4 557 000 Mark, beispielsweise hatten die DESt einen Überbrückungskredit von 2 457 000 Mark erhalten. Diesen Betrag konnte die DESt nicht zurückzahlen.

Dresdner Bank und auf dem Postscheckamt betrugen lediglich noch – einschließlich gefüllter Treuhandkonten – 9 357 000 Mark, während die Gesamtverbindlichkeiten inzwischen auf über 80 Millionen explodiert waren. Baier: Wenn die DWB »noch Zahlungen leisten können, so nur deswegen, weil die zur Verfügung gestellten Fremdgelder [«Kredite des Reiches usw.»] noch nicht vollständig in Vermögenswerte umgewandelt sind«. Da selbst aktuelle »Steuerzahlungen bis auf weiteres nur mit Hilfe fremder Gelder erfolgen« könnten, müßten die »z. T. kurzfristigen Kredite in langfristige Kredite mit einer Laufzeit von 30–50 Jahren zu erträglichem Zinssatz umgewandelt« werden. Schlimmer noch: Es sei darauf hinzuweisen, so schloß Baier seinen Hiobsrapport, »daß [laufende] Steuerverpflichtungen ... noch nicht als Verpflichtung« berücksichtigt worden seien, im übrigen »ist unterstellt, daß alle Tochtergesellschaften und Konzernunternehmen ... derart mit Finanzmitteln ausgestattet sind, daß weitere außerordentliche Geldanforderungen von ihnen nicht gestellt werden«.[44] Der kompromittierende Rechenschaftsbericht aber hatte Pohl nicht beeindruckt. Nicht im geringsten.

Der gesamte SS-Konzern hätte, so enthüllten nach dem Ende des Dritten Reiches Pohl-Bedienstete, »unter der Dienstaufsicht des Reichswirtschaftsministeriums geführt werden müssen. Pohl hat die beteiligten Reichsstellen bewußt im unklaren über den wahren Charakter ... gehalten«, überhaupt sei es »eigentümlich, daß der Wirtschaftsprüfer Dr. Richard Karoli, der ... genau ins Bild gesetzt worden war, in seiner Eigenschaft als Vorstandsvorsitzender der Revisions- und Treuhand-AG nicht die notwendigen Konsequenzen gezogen und dem Reichswirtschaftsministerium keine entsprechende Mitteilung gemacht hat«.[45]

Die Dresdner Bank hielt sich mit einer Kritik am Geschäftsgebaren gleichfalls zurück. Aus guten Gründen. In der Aufbauphase, als die Quellen staatlicher Gelder noch nicht sprudelten, also bis vor dem Ausbruch des Zweiten Weltkrieges, hatte der Dresdner Bank eine

DRESDNER BANK

Berlin, den 19.9.41

Im Auftrage von Depositenkasse 54 Kfd. 181

wegen

xxxxx Herrn
xxxxx Dr. Hans Hohberg
Sonderkonto E
Berlin W.15
15/3976 Darmstädterstr.2

haben wir Sie für [redacted] [redacted]

RM 2.000.- I.G.Farbenind.Akt. 5759o

in Worten: zweitausend

auf Ihrem Girosammel Depot s erkannt

Konto bei Depka 12 Steglitz

Firma xxxxx Deutsche Wirtschaftsbetriebe GmbH.
25/2230 Sonderkonto Dachau II
Kto.-Nr.

DRESDNER BANK
Depositenkasse 12

54

Die Anlage erbitten wir vollzogen zurück.

Einlage 485

3 zu Depk. 3029

SS kauft Aktien der I.G. Farbenindustrie für 2000 Reichsmark: »Die Anlage erbitten wir vollzogen zurück«

imaginäre »Garantieerklärung des Reichsführer-SS« als Sicherheitsleistung ausgereicht, um das Unternehmertum der SS auf Pump zu fördern. Oswald Pohl hatte die Vorstandsmitglieder Emil Heinrich Meyer und Karl Rasche in die Pflicht genommen, ihnen Kredite in Millionenhöhe entlockt.

Den größten Posten, 13 Millionen, verschlang dabei die Gesellschaft zur Förderung und Pflege Deutscher Kulturdenkmäler e.V.,* in der Heinrich Himmler zwar den Vorsitz führte, Oswald Pohl aber als Geschäftsführer den Ton angab, gefolgt von den DESt mit 6,750 Millionen und der Ostdeutschen Baustoffwerke G.m.b.H mit 4,250 Millionen, deren 30 Werkgruppen immerhin 357 Häftlings-Betriebe unterhielten und die sich zur reinen Geldvernichtungsmaschine entwickeln sollte. Zwangsläufig war die Prager Tochter der Dresdner Bank, die Böhmische Escompte Bank, der SS ebenso gefällig: Sie kreditierte 1,650 Millionen, damit die im Protektorat angesiedelten Pohl-Firmen wie die Deutsche Meisterwerkstätten G.m.b.H. (Prag) oder die Deutsche Edelmöbel A.G. (in Butschowitz/Brünn) überleben konnten.[46] Wo Pohl zu bestimmen hatte, wo sein SS-Rang Respekt einflößte, da öffnete sich großzügig das Füllhorn.

Als Generalbevollmächtigter des Deutschen Roten Kreuzes, sprich: als Kassenwart, überwies er – an sich selbst – insgesamt acht Millionen, die als Darlehen deklariert in seinen Deutschen

* Die Gesellschaft zur Förderung und Pflege Deutscher Kulturdenkmäler e.V. wurde am 13. Februar 1936 in München gegründet. Der Verein war eine »Denkmalsgesellschaft« und finanzierte Heinrich Himmlers Hobbys: Er organisierte den Ausbau der »Wewelsburg«, die Freilegung der Ausgrabungsstätte »Haithabu« in Schleswig, renovierte das »Glandorp-Haus« in der Lübecker Fischstraße 32, den »Sachsenhain« bei Verden/Aller, die Ruine »Oberschloß Kranichfeld«, das »Sippenhaus« am Langen Markt 18 in Danzig und das »Berghaus« in Bayrischzell. Als der Gesellschaft wieder einmal das Geld ausgegangen war, verkaufte Pohl kurzerhand das »Berghaus« für 700000 Mark an den stets liquiden SS-»Verein für naturgemäße Heil- und Gesundheitspflege« (Vorsitzender: Oswald Pohl), der depressiven Angehörigen der Waffen-SS in 35 Heimen mit 1500 Betten Erholung bot und deshalb hohe Staatszuschüsse erhielt.

Wirtschaftsbetrieben versenkt wurden. Um illiquiden Töchtern den Gang zum Konkursrichter zu ersparen, sollte selbst die Reichspost einspringen und die notleidenden SS-Gesellschaften mit 25 Millionen unterstützen. Doch der Reichspostminister Wilhelm Ohnesorge erwies sich als überaus hartnäckig. Die ihm von Pohl angebotene ominöse »Garantieerklärung des Reichsführer-SS« war ihm keinen Reichspfennig wert. Als Pfand verlangte er vielmehr die Abtretung der Gesellschaftsanteile der Deutschen Wirtschaftsbetriebe. Diesen Handel lehnte wiederum Pohl ab, der inzwischen einen neuen Geld-Lieferanten entdeckt hatte: Die DWB bedienten sich eines 30-Millionen-Kredits aus dem sogenannten »Reinhard-Fonds«, der die Hinterlassenschaften ermordeter Juden in Bargeld umsetzte.[47]

Solche gelungenen Deals förderten Pohls Selbstbewußtsein, das nun stetig in eine Art Cäsarenwahn ausuferte. Pohl wähnte sich fortan in der Nähe deutscher Industriebarone, zumindest hatte er es auf ihre Konzerne abgesehen. Während der Reichsführer-SS im Konzentrationslager Dachau das Gedeihen seiner Gewürz- und Heilkräutergärten begutachtete, ließ Oswald Pohl über die Dresdner Bank Aktien seiner »Konkurrenten« aufkaufen. Trotz geschlossener Börsen standen Papiere im Angebot. Sie hatten sich zuvor im Besitz von in die Vernichtungslager deportierten Juden befunden.

Im November 1940 offerierte die Dresdner Bank ein erstes Paradestück: Aktien des Luxemburger Rüstungsgiganten ARBED Stahl, zwar nur ein unbedeutendes 10er Paket, freilich für Oswald Pohl voll symbolischer Kraft. Eine Woche darauf trieb die Dresdner Bank 195 ARBED-Papiere auf, drei Tage später weitere 75 Stück, dann zehn, dann wieder 15, schließlich 60 und 45 Aktien. Mehr gab es nicht, lediglich 410 insgesamt. Das Hausinstitut der SS aber bemühte sich sehr: Es organisierte Papiere der Vereinigten Stahlwerke A.G., der Rheinstahl A.G., der Berliner Kraft & Licht A.G., der Sudetenländischen Treibstoffwerke A.G., der Steyer-Daimler-Puch A.G., der Ruhrchemie A.G. – Pohl nahm, was er

DRESDNER BANK

AKTIENKAPITAL UND RESERVEN: 171,5 MILLIONEN REICHSMARK

Vorsitzer des Aufsichtsrats: Carl Goetz; Vorstand: Alfred Busch, Carl Lüer, Emil Meyer, Karl Rasche, Hans Schippel; stellv.: Alfred Hölling, Gustav Overbeck, Hans Pilder, Hugo Zinßer

DEPOSITENKASSE 12
SCHLOSS-STRASSE 85
GEGENÜBER DEM RATHAUS

KASSENSTUNDEN 1/2 9-3, SONNABENDS 1/2 9-1
REICHSBANK-GIRO-KONTO:
DRESDNER BANK, BERLIN
POSTSCHECKKONTO: BERLIN NR. 250 59
STAHLKAMMER
FERNSPRECHER: 79 78 61

BERLIN-STEGLITZ, DEN 20.November 1940

Herrn
Dr. Hohberg
i.Fa. Deutsche Wirtschaftsbetriebe GmbH

Berlin - Lichterfelde - West
Unter den Eichen 127 .

Wir erlauben uns Ihnen als Anlage ein soeben erschienenes

" Handbuch der Berliner Börse 1940/41 "

zu überreichen .

Wir freuen uns, Ihnen hiermit dienlich sein zu können und stehen Ihnen mit weiteren Auskünften jederzeit gern zur Verfügung.

Heil Hitler !
Dresdner Bank
Depositenkasse 12

Anlage.

Dresdner Bank übersendet SS »Handbuch der Berliner Börse«: »Wir freuen uns, Ihnen hiermit dienlich sein zu können«

kriegen konnte: Für über eine Million orderte er Teilschuldverschreibungen der Arado Flugzeugwerke, 100000 Mark investierte er in die Junkers Flugzeug- und Motorenwerke, bei BMW gelang ihm der Einstieg mit 40720 Mark, bei den Vorarlberger Illwerken brachte die Dresdner Bank 152125 Mark unter, nur bei Aktien der I.G. Farben mußte das Institut passen. Es schaffte lediglich Papiere im Wert von 4982,75 Mark heran.

In zwei Jahren legte Oswald Pohl 1,2 Millionen Mark in Aktien an, das Zehnfache nach heutigem Wert.[48] Und prompt raunten sich Industriebosse zu, eines fernen Tages würde Pohl gar nicht mehr vor »feindlichen Übernahmen« zurückschrecken. Ein Investment-Konzern namens SS?

Was, wenn Klagen der Wirtschafts-Bosse zum Führer gelangten? Wie würde Adolf Hitler die konspirative Expansion der SS bewerten? Drohte der SS-Wirtschaft dank Intrigen versierter Kaufleute dann möglicherweise ein jähes Ende? Wieder war es Hans Hohberg, der – kurz vor seinem Abschied von der SS – um eine Lösung nicht verlegen war.

Das SS-Kartell ließe sich aus der Schußlinie ziehen, wenn sich – über einen Treuhandvertrag – der aggressive wirtschaftliche Anspruch der SS vernebeln ließe. Ein Fall für die Dresdner Bank. Sie sollte die SS nach außen hin vertreten.

Im Sommer 1941 übersandte Hohberg der Dresdner Bank, zu Händen Emil Heinrich Meyers, einen Vertragsentwurf. »Bei Ausübung der Treuhandschaft«, so schrieb Hohberg den Text vor (»insbesondere bei Ausübung des Stimmrechts«), werde das Institut »nach unseren Weisungen ... verfahren«, das Geldhaus die SS »von allen Schäden sowie von allen Verpflichtungen gegenüber Dritten freistellen, soweit diese Schäden oder Verpflichtungen aus der für uns treuhänderisch ausgeübten Tätigkeit entstehen« sollten.[49]

Diese Konstruktion war genehmigungspflichtig. Nur der Reichsführer-SS konnte eine Entscheidung herbeiführen. Der aber beschied abschlägig, zu einer Unterschrift ist es nie gekommen. Wider Erwarten hatte Himmler – im Gegensatz zu Pohl und Hohberg – darüber wohl länger nachgedacht. Er muß zu einem für die SS niederschmetternden Ergebnis gekommen sein: Wäre die Dresdner Bank tatsächlich als Treuhänder der SS aufgetreten, wäre ihr genaugenommen damit ein intimer Einblick in das Firmen-Konglomerat der SS gelungen, eine Situation, die sich Pohl überhaupt nicht vorstellen mochte. Wer garantierte, daß sich so informierte Vorstandsmitglieder der Dresdner Bank gegenüber einem Großkunden wie Krupp an das gegebene Verschwiegenheitsgelübde auch hielten? Dabei war die Dresdner Bank längst im Bilde. Oberflächlich.

Der Personal-Chef der Dresdner Bank, Hans Schippel, der »erheblich zur Nazifizierung« des Instituts beitrug, wie die Amerikaner feststellten,[50] hatte der SS einen Fachmann zur Seite gestellt, der der SS – »in Bezug auf alle Bank-, Finanz-, Import- und sonstigen Fragen« – zur Hand gehen sollte. Den ungewöhnlichen Leih-Arbeiter hatte Hans Hohberg 1941 angefordert, um den desolaten Buchhaltungs-Status der Holding DWB auf Vordermann zu bringen. Dieser Mann hieß Erwin Jung, und der fühlte sich in den Kreisen der SS nicht unwohl, da – wie ihm von der SS bescheinigt wurde – »nicht allein durch Leistung und Fleiß, sondern durch Haltung, Führung und Charakter das in ihn gesetzte Vertrauen gerechtfertigt« habe.[51] Hatte die Dresdner Bank einen Spitzel plaziert? War das Geldhaus etwa schlauer als Oswald Pohl?

Pohl träumte statt dessen von wirtschaftlichen Größenordnungen, die der SS bislang verschlossen geblieben waren. Im Stile eines Konzernchefs hielt er Ausschau nach gestandenen Unternehmen.

Der SS-Wirtschaftsprüfer Richard Ansorge quälte sich im Mai 1941 durch die Filial-Kette »Neuform« samt ihrer »Demeter«-Erzeugnisse. Das Reformhaus hatte sich als Genossenschaft »zu lebensreformischen Grundsätzen« bekannt. Und eben dieses wollte Pohl der SS zuführen. Ansorge benötigte vier Wochen, um »verwertbare Auskünfte« zu erhalten: An der Spitze dieser Bewegung stünde der »Reichsverband für biologisch-dynamische Wirtschaftsweise e.V.«.

Bilanzzahlen fanden sich in Ansorges Demeter-»Bericht« nicht, die schienen wohl auch nicht nötig, denn Pohl zeigte sich allein wegen der 1500 Niederlassungen interessiert. Diese Größenordnung imponierte. Die Investitionen errechnete ein SS-Volkswirt hingegen auf 30 Millionen – wenn jede Filiale mit Vorlaufkosten von nur mit 20000 Mark belastet werden würde, womit noch keine Waren erzeugt und die Gehälter des Personals noch nicht ausgezahlt waren. Daran scheiterte die Übernahme durch die SS.[52] Aber schließlich existierten noch andere Branchen.

Im Juli 1941 erteilte Pohl dem Konstrukteur der »Nebel«-Raketenwerfer, Rudolf Nebel, den Befehl, »menschliche Maschinen« in die Welt zu setzen. Dafür zahlte ihm die SS-Sudentenquell G.m.b.H. einen Vorschuß in Höhe von 36000 Mark.* Nebel versprach 20 »automatische Arbeiter«, um – trotz der Häftlingsbrigaden – dem Mangel an Arbeitskräften im Reich endgültig Einhalt zu gebieten. Auf dem Papier funktionierten Nebels Ideen prächtig, in der Praxis allerdings weniger. So geriet der Erfinder in Konflikt mit Oswald Pohl, der ihm über das Reichssicherheitshauptamt ein Arbeitsverbot aussprechen ließ.[53]

An Versuchen der SS, mit privatwirtschaftlichen Unternehmen zu kooperieren, hatte es niemals gefehlt. Mitunter ergaben sich Verbindungen durch Zufall.

Mitte der 30er Jahre lernte der Reichsführer-SS einen Internisten namens Karl Fahrenkamp kennen. Himmler war auf eine seiner wissenschaftlichen Arbeiten aufmerksam geworden, ein Gutachten mit dem Titel »Vom Aufbau und Abbau des Lebendigen«, das Herzerkrankungen beschrieb. Der faszinierte Reichsführer-SS suchte

* Die Sudetenquell G.m.b.H. wurde am 3. April 1939 gegründet und verfügte über ausgesprochen hohe Barmittel. Sie nutzte die Mineralwasser-Quellen im sudetenländischen Marienbad. Das Wasser wurde an Waffen-SS und Wehrmacht geliefert. In Mailand hatte die Sudentenquell dazu die »Aquania A.G.« gegründet, um in Spanien (aus devisenrechtlichen Gründen) Traubenzucker-Konzentrate einzukaufen, die für U-Boot-Besatzungen bestimmt waren.

Dr. med. Karl Fahrenkamp
München 23
Königinstraße 97 – Telefon 82338

München, den 5. Oktober 1941.

Sehr verehrter Herr Reichsführer!

Zu Ihrem Geburtstage möchte ich Ihnen, sehr verehrter Herr Reichsführer, eine Idee vortragen und bitte Sie, diese zu prüfen und mir Ihre Ansicht mitzuteilen.

Es ist nach klinischen Erfahrungen und nach den Beobachtungen an der Pflanze kein Zweifel, dass in den herzwirksamen Glykosiden Aufbaustoffe und Wirkstoffe, die ich Funktionine genannt habe, mitlaufen. Diese sind für den leicht geschädigten Menschen ebenso wichtig, wie für den gesunden, angestrengten Menschen.

Ich habe mir überlegt, wie man diese Wirkstoffe so verarbeiten kann, dass der Soldat, oder später die Hitlerjugend, die Pimpfe und das Kleinkind diese Stoffe unauffällig bekommt, ohne dass das nach Einnehmen oder Medizin riecht.

So hatte ich Gelegenheit genommen, mit Herrn Klaus B a h l s e n, einem der Mitinhaber der Firma Bahlsen hiervon zu sprechen und ihm meine Vorschläge zu machen.

Wenn Sie den kleinen Kasten ansehen, so finden Sie hier Hagebutten-Keks und vor allem Fruchtschnitten: Diese Fruchtschnitten werden, wie mir Herr Bahlsen sagte, so gut wie ausschliesslich für die Luftwaffe geliefert.

Neben dem Kalorienreichtum sind sie vitaminhaltig und durch ihre Zusammensetzung ein ausgezeichnetes Nahrungsmittel bei erhöhter körperlicher Anstrengung.

Karl Fahrenkamp macht Heinrich Himmler auf einen Fabrikanten aufmerksam: »So hatte ich Gelegenheit genommen, mit Herrn Klaus Bahlsen … zu sprechen und ihm meine Vorschläge zu machen«

den Doktor daraufhin in seiner Stuttgarter Wohnung auf, um ihm einen Vorschlag zu unterbreiten.

In Zukunft sollte er, Fahrenkamp, jeden schwächlichen SS-Führer leibhaftig wieder auf Vordermann bringen, ihn auf Herzbeschwerden diagnostizieren. Fahrenkamp schlug das Angebot nicht aus. Er verzog am 1. September 1938 privat nach München in die Königinstraße 97, während er im KZ Dachau mit Hilfe zweier Apotheker fortan in einem abgeschirmten Labor mit einer angeblich gesundheitlich fördernden Hautcreme, mit einem ähnlich wirkenden Mundwasser und einem Körperpuder hantierte, die eben »etwas ganz Neues« ergeben würden, wobei »wir«, laut Fahrenkamp, »aufpassen müssen, nicht an die Heilmittelindustrie zu geraten«.[54] Dann nahm er sich vorgeblicher Aufbau-Stimulantien an, deren Wirkung auch Fahrenkamp unbekannt blieben, weshalb sie – »in einem Versuch, der 6 Monate dauert« – an Dachauer Häftlingen erprobt werden sollten. Erst dann werde es sich zeigen, »ob die Männer frischer sind, weniger leicht an Infektionskrankheiten, Darmerkrankungen leiden und weniger zahnkrank werden«.[55]

Die Produkte könnten, so schlug Fahrenkamp im Herbst 1941 Himmler vor, unter dem Namen »Weller« an die Front geschafft werden. Weller hieß einer seiner Assistenten.[56] Fahrenkamp verfiel auf einen Massentest: »Ich habe mir überlegt, ... daß der Soldat, oder später die Hitlerjugend, die Pimpfe und das Kleinkind« – die Aufbaustoffe »*unauffällig* bekommt, ohne daß das nach Einnehmen oder Medizin riecht«.

Fahrenkamps Geheimnis hießen Glykosiden, die er »Funktionine« nannte und die – Keksen beigemengt – jeder »*stillschweigend mitißt*«. Ein verzückter Heinrich Himmler nahm zur Kenntnis: Er, Fahrenkamp, habe bereits »mit Herrn Klaus Bahlsen, einem der Mitinhaber der Firma Bahlsen«, gesprochen, der, vorausgesetzt »dieses Unternehmen findet Ihre Billigung«, alles »Weitere veranlassen werde«.[57] Ob das NSDAP-Mitglied Klaus Bahlsen seinen Backwaren diese bedenklichen Stoffe tatsächlich beigemengt hatte, die an der Front als Notration ausgesprochen beliebt waren, enthüllen die erhaltenen Dokumente der SS-Firma Deutsche Heilmittel G.m.b.H. nicht.*

Während Klaus Bahlsen mit der SS wohl nichts zu tun hatte, schienen den Unternehmen Dr. August Oetker und den Phrix-Werken Innovationen nur über das Schattenreich der SS realisierbar. Im April 1943 diktierte der Phrix-Vorstandsvorsitzende Richard-Eugen Dörr eine langatmige Aktennotiz. Darin enthalten der Vorschlag eines »Gemeinschaftsunternehmens SS/Oetker/Phrix« unter der Firmierung Hunsa Forschungsgesellschaft mit beschränkter Haftung. Acht Monate später stand die Hunsa im Hamburger Handelsregister.** Den Gesellschaftervertrag arbeitete der Pohl-Intimus Leo Volk aus. SS, Oetker und Phrix – jeder hielt ein Drittel der Anteile, immerhin jeweils 180000 Reichsmark.

Am Hamburger Stephansplatz bezog die Hunsa G.m.b.H. im Phrix-Haus Quartier. Und damit begann »die Förderung der Forschung auf dem gesamten Gebiete des Nahrungsmittelwesens und der Grundstoffe für die Erzeugung von Nahrungsmitteln, insbesondere auf dem Gebiete der Weiterverarbeitung von der in der Industrie sich ergebenden *Neben- und Restprodukten*«, mit der Dresdner Bank als Kreditgeber im Hintergrund.[58] Da hatten sich die richtigen Partner zusammengefunden.

Dr. August Oetker verstand sich ehedem »als einen Nationalsozialisten des Herzens«, dessen Pudding-Fabrik daraufhin unaufhaltsam zum Nationalsozialistischen Musterbetrieb mutierte, wie 1941 ein aufwendig hergestelltes Druckwerk anläßlich des 50jäh-

* Die Deutsche Heilmittel G.m.b.H. ging aus der von der SS arisierten Medica A.G. hervor. Die Heilmittel wurde erst im September 1942 gegründet. Ihre Forscher entdeckten die sogenannte »künstliche Drüse« und stellten für das Zentralsanitätslager beim Reichsarzt-SS Medikamente her. Oswald Pohl finanzierte die Menschenversuche Karl Fahrenkamps über die Heilmittel G.m.b.H.

** Als Gesellschafter der SS trat die DWB-Tochter Deutsche Versuchsanstalt für Ernährung und Verpflegung G.m.b.H. auf. Zu Geschäftsführern wurden der Oetker-Vertraute Hans Campe bestellt, die Phrix A.G. entsandte Dr. Hugo Koch, während die SS durch den SS-Oberführer Hans Lörner repräsentiert wurde.

Dipl.-Ing. Richard-Eugen Dörr
Vorsitzer des Vorstandes
Phrix-Werke Aktiengesellschaft, Hamburg

Hamburg 36, Phrix-Haus,
den 17. April 1943.

27/4.

Herrn
Brigadeführer und Generalleutnant
der Waffen-SS L ö r n e r,
SS-Wirtschafts-Verwaltungshauptamt,
Berlin-Lichterfelde-West
Unter den Eichen 126 - 135.

Sehr geehrter Herr Brigadeführer,

Die Vorbereitungen für die Gründung der
Hunsa - Forschungs - G.m.b.H.
sind soweit zum Abschluss gekommen, dass der notarielle Gründungsakt demnächst vorgenommen werden soll.

In der am 9.4.43 stattgefundenen Besprechung in Hirschberg wurde vereinbart, dass sich

die SS mit einem Anteil von	33 1/3 %
und die Firmen Oetker und Phrix mit einem Anteil von	66 2/3%

an der Hunsa-Forschungs-G.m.b.H. beteiligen.
Die Gemeinschaftsgründung SS/Oetker/Phrix ist demnach sichergestellt.

Für die praktische Abwicklung der Finanzierungsbeteiligung erweist es sich jedoch als zweckmässig, dass die Beteiligung von Oetker und Phrix durch eine bereits bestehende Gemeinschaftsgründung erfolgt, was materiell an dem Sachverhalt nichts ändert, formell für uns jedoch eine gewisse Erleichterung bringt.
Zu Ihrer Unterrichtung teile ich Ihnen nämlich mit, dass zum Zwecke des Vertriebs von verschiedenen Produkten, u.a. auch Hefe, eine Handelsgesellschaft unter der Firma Toq-Handels-G.m.b.H. besteht, an der die Gruppe Oetker und die Gruppe Phrix ausschliesslich beteiligt sind. Wenn sich deshalb diese Gesellschaft an der Finanzierung der Hunsa-Forschungs-G.m.b.H. in dem abgesprochenen Verhältnis beteiligt, so ist damit die

b.w.

Oetker und Phrix gewinnen die SS als Geschäftspartner: »Die Vorbereitungen für die Gründung der Hunsa-Forschungs G.m.b.H. sind soweit zum Abschluß gekommen«

rigen Firmenjubiläums bedeutsam erklärte, in dem »wirklich gesunde Menschen, die furchtlos, mit eisernen Nerven und klaren Augen die Gefahr sehen, ihr begegnen und sie niederringen«, um »die Zukunft Großdeutschlands für immer zu sichern« – eine vergessene Kühltruhen-Variante des heute weltweit agierenden Oetker-Imperiums. Die Kooperation Oetkers mit der SS war ganz nach dem Geschmack des Pudding-Potentaten.[59]

Die Hunsa G.m.b.H. hatte sich der Herstellung künstlicher Nahrungsmittel verschrieben. Das an allen Fronten auf dem Rückzug befindliche Dritte Reich hatte sich in weiser Voraussicht auf eine mögliche Unterbrechnung der Lebensmittel-Zufuhren eingestellt. Synthetische Schonkost sollte dem ohnehin darbenden Deutschen als Interimslösung auf den Teller kommen. Als Berater der Hunsa fungierte darum der SS-»Ernährungsinspektor«, der SS-Sturmbannführer Prof. Dr. Dr. Ernst Günther Schenk, der die neuen und durchaus originellen Sättigungsschöpfungen einer gründlichen Kontrolle unterzog. Schenk hatte die Hunsa-Präparate wohl kaum selbst gekostet, abgemagerte KZ-Häftlinge übernahmen dies. Sie mußten sich mit Wurstersatz mästen, ihren Hunger mit Broten aus Stroh oder Brühen voller Insekten stillen.[60]

Das Ende des Dritten Reiches hat eine Massenfertigung der Ekelkost verhindert.

6
Osti

In Stalingrad hatte die 6. Armee kapituliert, im Berliner Sportpalast Joseph Goebbels den totalen Krieg angekündigt, im Warschauer Getto war der Aufstand ausgebrochen. Das Dritte Reich kämpfte um sein Überleben. Doch unzählige Nutznießer des NS-Regimes mochten den sich anbahnenden Niedergang nicht wahrhaben. Ungerührt gingen sie ihren Geschäften nach.

Am 1. April 1943 teilte der Chef-Wirtschaftsprüfer der SS, Hans Hohberg, dem Filial-Direktor der Dresdner Bank in der Steglitzer Schloßstraße 85, Johannes Trischmann, mit, daß »in Kürze ein Teil des Zahlungsverkehrs der Ostindustrie G.m.b.H.« über das SS-Hauptkonto 2300 abgewickelt werden würde.[1] Den Gesellschaftervertrag nahm das Institut daraufhin zu den Akten (» ... kann alle Geschäfte betreiben, die den Gegenstand des Unternehmens zu fördern geeignet sind«). Den Handelsregisterauszug HRB 59 548 des Amtsgerichts Berlin-Charlottenburg reichte Hohberg vier Wochen später nach.[2] Erst jetzt eröffnete Johannes Trischmann von der Dresdner Bank für die Ostindustrie G.m.b.H. (Osti) das Unterkonto 11 auf dem Hauptkonto 2300 der SS-Holding Deutsche Wirtschaftsbetriebe G.m.b.H.[3] Noch ahnte Trischmann nicht, was sich hinter der Osti verbarg. Die SS hatte sich die perfideste Gesellschaft mit beschränkter Haftung erschaffen.

Die Osti war ein Billiganbieter, spezialisiert auf Sonderangebote, auf Räumungsverkäufe.* Sie betrieb Handel mit »Altmaterial«,

---

* Die Ostindustrie G.m.b.H. mit Sitz in Lublin (Postschließfach 117) wurde am 12. März 1943 gegründet, als Gesellschafter Oswald Pohl (mit einer Einlage in Höhe

ihr Geschäftszweck war die Verwertung des Hausrats der in die Vernichtungslager getriebenen Juden, zugleich beutete sie die jüdische Arbeitskraft aus – zumindest solange sie noch nutzbar war. Vorab aber setzte sie eine Schnäppchenjagd in Marsch, die schier unglaubliche Ausmaße annehmen sollte.

Dabei war die Osti durch Zufall entstanden. Der SS-Brigadeführer Odilo Globocnik hatte seine Vorgesetzten auf die Idee gebracht, einer, wie ihn der Historiker Heinz Höhne beschrieb, der »ungebildetsten und hitzigsten Gefolgsleute Himmlers«.[4] Selbst das SS-Personalhauptamt geriet ob dessen »Draufgängertum« in Rage: Globocnik würde die »gegebenen Grenzen sprengen und die ihm innerhalb [der SS] gezogenen Grenzen vergessen«.[5]

Der in Triest als Sohn eines kroatischen Beamten geborene Globocnik hatte sich bereits 1922 mit 20 Jahren der NSDAP angeschlossen, wurde 1932 Mitglied der SS und ein Jahr darauf stellvertretender Gauleiter Kärntens. Der gelernte Maurer driftete ab ins kriminelle Milieu. In Wien ermordete er 1933 einen jüdischen Juwelier, nur die Flucht nach Deutschland bewahrte ihn vor der Verfolgung durch die österreichische Justiz. Nach dem Anschluß beförderte Hitler ihn zum Wiener Gauleiter, wegen illegaler Devisengeschäfte enthob der Führer ihn aber im Januar 1939 wieder seines Amtes. Daraufhin schickte Himmler ihn als Höheren SS- und Polizeiführer nach Lublin, in die Stadt, in der die

---

von 75 000 RM) und Georg Lörner (mit 25 000 RM) eingetragen. Die Geschäftsführung übernahmen: Dr. Max Horn und (vorübergehend) Odilo Globocnik. Für die »Überwachung« der Geschäftsleitung sahen die Satzungen einen »Aufsichtsrat« vor, zu deren Mitgliedern neben Oswald Pohl noch der SS-Obergruppenführer Friedrich Wilhelm Krüger (Höherer SS- und Polizeiführer des Generalgouvernements) sowie der SS-Brigadeführer Dr. Ferdinand von Sammern und Frankenegg (Höherer SS- und Polizeiführer im Distrikt Warschau) zählten. Diese Mandate wurden geschaffen, um die SS-Generäle in den Genuß von Tantiemen zu bringen. Die Osti hatte nicht nur das Vermögen der toten Juden zu vermarkten, sondern auch die »Nutzbarmachung« der jüdischen Arbeitskraft sicherzustellen, den Aufbau eigener Betriebe in die Wege zu leiten.

Ostindustrie G.m.b.H. eines Tages ihr Hauptquartier aufschlagen sollte.[6] Doch Globocniks große Stunde rückte mit dem 20. Januar 1942 heran.

An diesem Tag hatte Reinhard Heydrich über die Richtlinien der »Endlösung der europäischen Judenfrage« konferiert. An der Besprechung Am Großen Wannsee 56–58 nahm auch der Preußische Staatsrat und Staatssekretär beim Beauftragten für den Vierjahresplan, Erich Neumann, teil. Dessen Anwesenheit war folgerichtig, denn neben der Vernichtung eines Volkes war zugleich seine Ausplünderung beschlossen worden.

In Kreisen der Bankiers galt Neumann als Graue Eminenz, einflußreicher als Carl Goetz von der Dresdner Bank, mächtiger als Hermann J. Abs von der Deutschen Bank – als Leiter der »Geschäftsgruppe Devisen« des Vierjahresplanes bestimmte er im Reich den Fluß jeder harten Währung. Ob Goetz oder Abs – benötigten sie Dollar oder Schweizer Franken, die Kontingente mußten sie mit Neumann abstimmen.

Als stellvertretender Vorsitzender des Aufsichtsrates der Deutschen Revisions- und Treuhand A.G., deren Aktienmehrheit die heutige VIAG, die *V*ereinigte *I*ndustrie-Unternehmungen *A.G.*, hielt,* konnte Neumann ihr eine Art Federführung des Raubzugs verschaffen.[7] Die Deutsche Revisions- und Treuhand A.G., die ihr Mitwirken bei der Arisierung nach 1945 unbeschadet überdauerte, war bei den Kollegen Wirtschaftsprüfern ein begehr-

---

* Die VIAG wurde am 7. März 1923 als Holdinggesellschaft gegründet. Das Kapital von sechs Millionen Mark befand sich zwar in der Hand des Reiches, aber die Politik des Unternehmens wurde von der Deutschen Bank mitbestimmt. Allein zwei der drei Vorstandsmitglieder saßen im Aufsichtsrat der Creditanstalt-Bankverein, deren Aktienmehrheit wiederum die Deutsche Bank hielt: Erich Heller und Alfred Olscher. Nach dem Kriegsende verlegte die VIAG ihren Sitz nach Bonn. Und erneut beeinflußten Aufsichtsratsmitglieder der Deutschen Bank den Kurs der VIAG, die bereits während des Dritten Reiches dem Institut angehörten: Karl Schirner und Gustav Brecht. Nach 1945 zählte auch das vormalige Vorstandsmitglied der I.G. Farben, Fritz ter Meer, zum VIAG-Aufsichtsrat. 1986/88 wurde die VIAG privatisiert.

ter Ansprechpartner, denn sie vergab die lukrativen Aufträge zur Erstellung von Wert-Gutachten im Umfeld der Arisierungen.[8]

Die Ermordung von Millionen von Juden samt der Verwertung ihrer Hinterlassenschaften mutete an wie der Konkurrenzkampf zweier Konzerne: Während die »Privatwirtschaft« Erich Neumanns nach Polen einmarschierte, schuf die SS »vor Ort« die Voraussetzungen – durch die »Aktion Reinhard«, so benannt nach dem bei einem Attentat ums Leben gekommenen Reinhard Heydrich. Im Eiltempo mußten die Vernichtungsstätten errichtet werden.[9] Bereits vor der Wannsee-Konferenz waren die Aufträge vergeben, hatte das SS-Wirtschaftsverwaltungs-Hauptamt (WVHA) die Angebote privater Baufirmen längst eingeholt.

Den Zuschlag für den Aufbau des Lubliner Lagers erhielt die renommierte und 1906 gegründete Berlinische Bau-Gesellschaft m.b.H. in der Charlottenstraße 60, dessen Direktor Carl Wewetzer der SS die kurzfristige Errichtung garantierte, schließlich konnte er auf zuverlässige Subunternehmer zurückgreifen. Auf Polstephan, Ludwig Rechkemmer, Robert Schönbrunn, Wacker & Schneider, während die auf Krematorien spezialisierte Firma Kori in Treblinka fünf ihrer bereits aktiven Verbrennungsöfen aufstockte. Rechnungen an das WVHA adressierten Erwin Auert aus Berlin-Weißensee für die Lieferung von Gaskammer-Stahltüren, die Theodor Klein Maschinen- und Apparatebau aus Ludwigshafen für installierte Öfen, die Holzarbeiten bewerkstelligten Jahn & Petzli aus Rudolfstadt.[10]

Der Grundriß für Belzec stand im November 1941, Sobibor wurde im März 1942 in Auftrag gegeben, Ende Mai Treblinka. Die Geschwindigkeit des Entstehens der Vernichtungsfabriken – eigentlich war das die große »Leistung« des WVHA.[11] Die Beute: Wecker, Füllfederhalter, Drehbleistifte, Rasierapparate, Taschenlampen, Federbetten, Kissen, Matratzen, Regenschirme, Spazierstöcke, Thermosflaschen, Kinderwagen, Kinderspielzeug, Tischwäsche, Möbel, Teppiche – all dies Erzeugnisse, die eine auf

Rüstung fixierte Industrie in Serie nicht mehr herstellte.[12] Ebenso gigantisch die »Barschaften«.

Am 5. Januar 1943 hatte Odilo Globocnik eine »Gewinn- und Überschuß-Rechnung« zu Papier bringen lassen: Den Juden seien 531013133,52 Reichsmark in bar abgenommen worden, »Devisen in Banknoten aus allen Hauptländern der Erde« im Wert von 1452904,65 RM, »Devisen in gemünztem Gold« für 843802,75 RM, schließlich 1800 Kilogramm Gold und 10000 Kilogramm Silber, »etwa 16000 gebrauchsfähige Uhren und etwa 51000 reparaturbedürftige«.[13] Im Akkord sammelten Globocniks abgestumpfte Helfer die Hinterlassenschaften getöteter Juden ein. Während sie ihre Beute auf »Einnahme-Scheinen« notierten,[14] erfaßten SS-Wirtschaftsprüfer der zuständigen »Verwaltung des jüdischen Vermögens« im WVHA die »Erträge« buchhalterisch in einem »Reinhard-Gefangenen-Journal«.[15] Die Zahlenwerke aber stimmten mit der Wirklichkeit selten überein.

In Lublin führte sich Globocnik auf wie ein Raubritter. Der Verdacht, der Chef der »Aktion Reinhard« würde sich bereichern, mit Geld, das sich Globocnik womöglich über die Osti beschafft hatte, erreichte Oswald Pohl. Die Korruption fiel Globocnik nicht schwer: Er war Osti-Mitgeschäftsführer, und als solcher ausgestattet mit einer Bank-Vollmacht. Pohls Stellvertreter August Frank erhielt Order, dem »Verdacht finanzieller Unregelmäßigkeiten« nachzugehen. Frank schickte seinen Rechnungsprüfer Joseph Vogt nach Lublin, der im WVHA die Ausgaben der 300 Standortkassen der Waffen-SS zu beaufsichtigen hatte.

Vogt mußte nicht lange suchen. Prompt entdeckte er ein geheimnisvolles »Konto R« bei der Emissionsbank in der Warschauer Börsenstraße 10–20. Vogt erkundigte sich bei Globocniks Vertreter, dem SS-Sturmbannführer Georg Wippern, nach Einzelheiten. Wippern mochte die Umstände anfangs »nicht preisgegeben«,[16] bis er sich letztendlich und kleinlaut offenbarte: Auf dem »Konto R« hätten sich die Nachlässe geplünderter Juden angesammelt. Dann händigte er Vogt noch einen Koffer voller Juwelen und alter Münzen aus, um ihn dann zu einem geheimnisvollen Lagerplatz zu führen – überfüllt mit hochwertigen Textilien aus dem Osti-Pelzverarbeitungswerk in Trawniki.[17]

Globocnik wurde eine hochoffizielle Untersuchung des Reichsrechnungshofes angekündigt. In Berlin informierte Vogt seinen Vorgesetzten Frank über die bestürzenden Ergebnisse, der seinerseits Pohl ins Bild setzte. Pohl wiederum unterrichtete den für das WVHA zuständigen Beamten des Rechnungshofes, Karl Knebel. Der erstellte daraufhin einen »Prüfbericht«. Nach Vorlage dieser hochnotpeinlichen Expertise konnte selbst Himmler seinen »Globus« nicht mehr halten. Er versetzte ihn Ende 1943 als Höheren SS- und Polizeiführer ans Adriatische Küstenland.[18] In diesem Augenblick steuerte die Ostindustrie G.m.b.H. auf ihren kaufmännischen Höhepunkt zu, obwohl sie soeben ihres »Rückgrats« beraubt wurde.

Die Arbeitslager der Osti im Generalgouvernement unterstanden nicht Oswald Pohl, sondern den SS- und Polizeiführern – eine Art Konzession des Reichsführer-SS an seine Mordbrenner.[19] Doch am 3. November 1943, nur acht Monate nach der Osti-Gründung, entschied Himmler, die bis dahin verschonten Juden in die Vernichtungslager zu deportieren.[20] Es handelte sich um jene, die für die Osti den Produktionsablauf garantierten und unentbehrlich für die Front waren. Sie schneiderten Uniformen für die Wehrmacht, stellten Stiefel für die Waffen-SS her, setzten Geschoßhülsen instand.[21]

Pohl war außer sich. Der Osti lagen feste Aufträge im Wert von über zehn Millionen Zloty vor (fünf Millionen RM), allein das Radomer Werk erreichte 1943 einen Umsatz von 2,250 Millionen RM, obwohl die Osti pro Tag und Häftling 1,60 Zloty (80 Pfennig) an die SS- und Polizeiführer abführen mußte, die diese Beträge wiederum auf das WVHA-Konto bei der Dresdner Bank überweisen mußten, damit sie von dort die Reichskasse erreichten.[22]

In 18 Osti-Betrieben schufteten sich Juden zu Tode. In einer Bürstenfabrik, in Glas-, Torf- und Textilwerken, in einer Eisengießerei, in Steinbrüchen.[23] Und diese Arbeiten sollten nun aus ideologischen Gründen eingestellt werden, ausgerechnet in einem Augenblick, da sich das deutsche Kriegsglück umkehrte? Max Horn, Wirtschaftsprüfer, SS-Hauptsturmführer und Osti-Geschäftsführer, dämpfte Pohls schlechte Laune: Die »vorläufige Bilanz [der Osti] schließt trotz des plötzlichen Entzugs des größten Teiles ihrer Arbeitskräfte am 3. 11. 43 und der dadurch entstandenen Verluste ... mit einem Gewinn von 190508 Zloty« (95254,31 RM) ab.[24]

Die Osti sei, so stellten in Nürnberg US-Richter im November 1947 während des Pohl-Prozesses fest, die »Clearing-Stelle« der »Aktion Reinhard« gewesen.[25] Vor allem die Bürokratie bei der Liquidierung der SS-Firma erregte ihre Aufmerksamkeit: Am 1. März 1944 sollte die Osti aus dem Handelsregister gestrichen werden, ein Jahr nach ihrer Gründung.[26] Die Auflösung war von Pohl befohlen worden. Doch Max Horn intervenierte, denn unerwartet begann die Osti zu prosperieren. Das hatte seinen Grund: Die Osti gebot nach wie vor über vollgestopfte »Warenpartien«.

Das Zentralsanitätslager beim Reichsarzt-SS überwies im Dezember 1944 auf das Osti-Konto bei der Dresdner Bank für Decken und Bettlaken 68514,80 RM, zuvor das SS-Hauptsanitätslager für ähnliche Artikel 7823,25 RM. Die Heeresstandortkasse in Königsberg zahlte für aus jüdischen Stoffen geschneiderte Uniformen 63865,50 RM, die ostpreußische Heeresbekleidungskasse 31615,42 RM für aufgefrischte, von Juden-Sternen befreite Mäntel und Jacken, ein anderes Mal schließlich 132564,81 RM.[27] Auf dem Osti-Konto bei der Dresdner Bank stauten sich, Tag um Tag, Hunderttausende. Wer derartige Umsätze tätigte, konnte schlechterdings nicht pleite sein. Der mußte statt dessen ordentliche Gehälter zahlen.

Bis die Rote Armee die Osti-Residenz in Lublin überrannte, erhielt der Familienvater Josef Peters übertarifliche 818,25 RM netto vergütet, der Junggeselle Bernhard Weber 345 RM.[28] Deren Erfahrung mit »Judensachen« waren gelegentlich gefragt. Sie sortierten

Juden entrissene Uhren, um die brauchbarsten Exemplare 1943 als Weihnachtspräsente des Reichsführer-SS auf den Weg zu bringen. 15000 Modelle gingen an Umsiedlerinnen, 3000 KZ-Wächter erhielten welche zweiter Wahl, nur die 16 KZ-Kommandanten und auserwählte Generäle der Wehrmacht wie Waffen-SS empfingen Präzisions-Chronometer, goldene dazu.[29] 500 instandgesetzte Tischwecker erreichten (»für die Ausstattung der Wachstuben«) die Konzentrationslager, 2500 den Gauleiter Joseph Goebbels. In dessen Auftrag wurde die »Verteilung über die NS-Volkswohlfahrt an bombengeschädigte Berliner« organisiert.[30] Hin und wieder belebte Oswald Pohl den Alltag der Osti.

Im Februar 1944 reiste er mit seinem Adjutanten Leo Volk nach Litzmannstadt.* Auf dem 7,5 qkm großen Areal lebten noch 80062 Juden, zwei Drittel von ihnen vegetierten in 99 Betrieben. Diese Arbeitsstätten wollte Pohl nun abrupt der Osti zuschlagen, von einer Osti-Schließung plötzlich nichts mehr wissen. Doch jetzt behagte dem Osti-Geschäftsführer Max Horn wiederum Pohls Idee nicht: »Bei aller persönlichen Einsatzbereitschaft und bei allem Können der mit der Betriebsführung Beauftragten bedeutet die Übernahme des Ghettobetriebes ein erhebliches finanzielles Wagnis.« Horn, der Wirtschaftsprüfer, begründete seine Skepsis aus kommerzieller Sicht:

Die Werke seien auf das gesamte Ghetto verteilt, »die Entfernung der beiden am weitesten auseinanderliegenden Betriebe beträgt 3 1/2 km Luftlinie. Eine lediglich äussere Besichtigung der 99 Betriebe erfordert allein schon einen Marschweg von 25 km«. Ökonomisch unhaltbar sei, daß »eine Zusammenfassung der Umsätze … für die angeblich produktiv eingesetzten Arbeitskräfte Umsatzleistungen von RM 2,– bis RM 2,50 je Arbeitskraft und -Tag« ergäben, während »die Gesamtzahl der im Ghetto Untergebrachten …

* Am 8. September 1939 hatte die Wehrmacht Lodz besetzt, eine Stadt mit 700000 Einwohnern, darunter 233000 Juden. Einen Monat später wurde Lodz in Litzmannstadt eingedeutscht und ein halbes Jahr darauf Ghetto.

eine Umsatzleistung von kaum RM 1,50 je Arbeitskraft und -Tag aufzuweisen hat«.[31] Wegen der näher rückenden Front wurde das Projekt ohnehin abgeblasen. Aber zumindest Pohls Persönlicher Referent Leo Volk kam auf seine Kosten. Er deckte sich mit wertvollen Mänteln ein. Den Einkauf stellte ihm die Osti korrekt in Rechnung. Im März 1944 beglich er die erste Rate (69,17 RM), den Rest überwies er im Juni (2000 RM).[32] Da Volk sein Konto bei der Dresdner Bank führte, beanspruchte sie »Gebührnisse«. Das Institut vereinnahmte Kleinstbeträge. Aber es läpperte sich. Auch dank der Osti.

Verrechnungsschecks erzielten einigermaßen nennenswerte Margen. Die Stadtverwaltung in Litzmannstadt schickte einen über 176068,30 RM, die Dresdner Bank vereinnahmte 194,06 RM, eine Woche später kassierte das Institut für eine Buchung über 114746,68 RM immerhin 114,74 RM. Im November 1944, die Osti-Verwaltung war vor der Roten Armee aus Lublin inzwischen in den Renommier-Betrieb der SS, zu Apollinaris nach Bad Neuenahr, geflohen,* schickte Görings Luftwaffe noch mal schnell 45216,52 RM an die Osti. Die Dresdner Bank kam mit 62,01 RM auf ihre Kosten.[33]

Die Osti-Umsätze wurden dem Geheimkonto 1488 bei der Reichsbank zugunsten des Reichsfinanzministeriums gutgeschrieben, beispielsweise 73532,90 RM mit dem Vermerk »Betreff: Dem

* Die Apollinaris Brunnen A.G. war im britischen Besitz. Nach Ausbruch des Zweiten Weltkrieges wurde das Unternehmen als »Feindvermögen« beschlagnahmt. Da Himmler dem Alkoholkonsum den Krieg erklärt hatte (»Wenn man im Osten vor seinen fremdvölkischen Sklaven besoffen herumläuft, macht das einen ganz ausgezeichneten, überzeugenden Eindruck von der Herrenrasse«), hielt er mit der Produktion SS-eigenen Mineralwassers dagegen (Sudetenquell G.m.b.H., Freudenthaler Getränke G.m.b.H., Heinrich Mattoni A.G.). Oswald Pohl schloß mit dem »Reichskommissar für die Behandlung feindlichen Vermögens« am 23. Februar 1943 einen Pachtvertrag. Die nunmehr zur SS gehörende Apollinaris firmierte in Apollinaris Betriebsgesellschaft m.b.H. um, Oswald Pohl und Georg Lörner wurden Gesellschafter, der SS-Hauptsturmführer Friedrich Rabeneck Geschäftsführer.

Reich gehörender Erlös aus Altmaterial« am 22. Februar 1944. Wo aber sind jene 369 042,26 RM abgeblieben, die der SS-Hauptsturmführer Anton Waller in Den Haag über die Bank für Westeuropäische Wirtschaft der Osti hatte anweisen lassen? Abzüglich zweier Reichsmark für »Verwaltungstätigkeit« buchte die Dresdner Bank diesen Betrag am 8. März 1944.[34] Dieses Geld hat das Reichsfinanzministerium freilich nie erreicht. Seltsame Zahlungsvorgänge gab es noch an anderer Stelle.

Am Hohenzollerndamm 27 in Berlin-Wilmersdorf residierte der Verband der Deutschen Bettfedern-Industrie. Diese Branche hatte wenig zu tun, ihr Rohstoffmarkt schien wie leergefegt. Doch plötzlich verzeichneten die Fabrikanten einen Boom – überraschend kurbelte die »Endlösung« das brachliegende Geschäft wieder an. Deutsche Bombenopfer sollten sich endlich wieder kuscheln können, denn die Osti offerierte einen ausgesprochen raren Artikel. Der Osti-Geschäftsführer Max Horn unterbreitete dem Verband – per schlichter Postkarte – ein Bettfedern-Angebot, das ohne Abstriche sofort akzeptiert wurde, wohlwissend, daß es sich nur um das Gut getöteter Juden handeln mußte.

Um die Gelegenheitskäufe zu tarnen, installierte die Bettfedern-Industrie eine »Einkaufsvermittlungsstelle«, während die Deutsche Bank für sie ein Konto eröffnete. Doch hin und wieder stellte sich heraus, daß die versprochene Qualität des »Altmaterials« nicht immer hielt, was sie versprach. Die Pfennigfuchser der »Einkaufsvermittlungsstelle« kürzten eine Osti-Rechnung über 70 600,35 RM erst um irrtümlich zuviel bezahlte 76,30 RM, dann zog sie – wegen »minderwertiger Federn« – 560 RM ab. Die Osti protestierte nicht, schließlich zahlte die »Einkaufsvermittlungsstelle« überwiegend korrekt und pünktlich. Die Rechnungs-No. 32 in Höhe von 177 143,60 RM wurde – ohne Abzüge – prompt von der Deutschen auf die Dresdner Bank überwiesen.[35]

Am Ende hatte die Osti ihre Hoch-Zeit während ihrer Liquidierung erlebt. Warum, so wollte Oswald Pohl von Max Horn wissen, zahl-

TREUVERKEHR

B E R I C H T

der

Treuverkehr
Deutsche Treuhand Aktiengesellschaft
Wirtschaftsprüfungsgesellschaft
Zweigniederlassung Wien

über die

Gründungsprüfung

gemäß § 25 Absatz 2 und § 26 Absatz 1 Aktiengesetz

der

CREDITANSTALT AKTIENGESELLSCHAFT, KRAKAU.

Deutsche Treuhand A.G. im Einsatz: Krakauer Filiale der Creditanstalt-Bankverein wird Aktiengesellschaft

Deutsche Eisenhandlung Friedrich Pomp, Krakau,	195.541,—
Deutsche Emailwarenfabrik Oscar Schindler, Krakau,	457.516,—
Deutsche Uniformierungsstätte, Krakau,	175.650,—

Kunde der Creditanstalt-Bankverein in Krakau (Mitte): Oskar Schindler

Die Creditanstalt-Bankverein, Wien, erteilte uns den Auftrag, die Gründungsbilanz zum 1. Januar 1944 der

CREDITANSTALT AKTIENGESELLSCHAFT, KRAKAU,

die durch die Einbringung des Geschäftes ihrer Filialen in Krakau und Lemberg ins Leben gerufen wird, zu prüfen. Mit Beschluß vom 18. Mai 1944 hat uns das Deutsche Gericht in Krakau zum Gründungsprüfer gemäß § 25 Absatz 3 des Aktiengesetzes bestellt.

Das Deutsche Gericht in Krakau bestätigt: ehemalige Niederlassung der Creditanstalt-Bankverein ist Aktiengesellschaft

te die Osti-Stammkundschaft immer nur so spät (»Wir befinden uns im totalen Krieg und haben keine Zeit zum Mahnen! Zahlen Sie deshalb bitte pünktlich!«)? Der Osti-Kaufmann nannte die Gründe:

Schuld trage »der langsame Geldeingang seitens der [kaufenden] Dienststellen«, die sich »bei ihren vorgesetzten Dienststellen in Berlin erst [alles] genehmigen lassen [müßten], dann wird Abschlagszahlung erteilt, dann wird für die Abschlagszahlung Devisengenehmigung eingeholt, dann wird Endabrechnung erstellt, um endlich dann für die Abrechnungssumme ebenfalls Devisengenehmigung einzuholen«.[36] So ganz korrekt war Horns Erklärung nicht, denn die zentrale Einlagerung der Sortimente zog sich über Wochen hin. Darunter litt die Auslieferung, womit sich automatisch die Rechnungslegung hinauszögerte und – die Gutschriften der Dresdner Bank. Für das Jahr 1943 schrieb die Dresdner Bank ihrem SS-Kunden Ostindustrie, unter Abzug der Kontoführungsgebühren, Habenzinsen in Höhe von 8348,10 RM gut.[37] Investitionen im Generalgouvernement bedeuteten mitunter aber auch Risikokapital. Ausgerechnet die I.G. Farben mußten gigantisches Lehrgeld zahlen. In Auschwitz.

Die Wehrmacht hatte Polen noch nicht niedergeworfen, da beanspruchte der Trust bereits die nutzbringendsten chemischen Werke als Trophäen. Das Vorstandsmitglied der I.G. Farben, Georg von Schnitzler, war dabei freilich auf eine Verständigung mit der SS angewiesen. Der Fachanwalt für Steuerrecht, Hans Mahnke, brachte im April 1940 die Verhandlungen für beide Seiten zum befriedigenden Abschluß.[38] Und immer wenn die I.G. Farben expandierten, dann war auch deren Hausinstitut nicht mehr weit: die Deutsche Bank. Zwei ihrer ehrbaren Bankiers wurde das Generalgouvernement zum Begriff: dem Vorstandsmitglied Hermann J. Abs und dem Direktor Eugen Kretschmar. Abs agierte für die ihm unterstehende Creditanstalt-Bankverein, Kretschmar regte sich verantwortlich für die Filialen der Deutschen Bank im Osten.

I.G. Auschwitz

Im Januar 1940 entsandte der Inspekteur der Konzentrationslager, SS-Oberführer Richard Glücks, eine Kommission nach Auschwitz, um eben dort über die Errichtung eines »Kriegsgefangenenlagers« zu entscheiden.[39] Weil auf dem Gelände neben Kasernengebäuden auch ein Eisenbahnknotenpunkt vorhanden war, wurde das Vorhaben eben dort in Angriff genommen.[40] Auschwitz, eine kleine Stadt, gelegen zwischen Krakau und Kattowitz, sollte zum barbarischsten Symbol des NS-Regimes heranwachsen. Der amerikanische I.G. Farben-Chefermittler Joseph Borkin kommentierte die Grausamkeit des »Arbeitsbeschaffungsprogramms«: »Für die I.G. Farben verkamen die Häftlinge zu Rohmaterial, zu einem menschlichen Erz, dem man systematisch das Mineral des Lebens entzog.«[41] Mit der I.G. Farben an vorderster Front.

In Auschwitz-Monowitz sollte die weltgrößte Anlage zur Herstellung synthetischen Öls und Gummis aus dem Boden gestampft werden,* die berühmt-berüchtigten Buna-Werke Zeugnis vom deutschen Erfindergeist ablegen. Die Hydrieranlage zur Umwandlung von Kohle in Benzin sah in Auschwitz eine monatliche Produktion von 778000 Tonnen vor. Diese Kontingente hatten den »Vorstoß nach Osten« abzusichern, den schnellen Durchmarsch von Wehrmacht wie Waffen-SS in der Sowjet-Union zu garantieren.[42] Joseph Borkin wies auf vermeintlich kühle Rechner hin: Die I.G. Farben hätten eine Subventionierung durch das Dritte Reich wählen können, also kein eigenes Wagniskapital riskieren müssen. Doch in einem solchen Fall hätte der I.G. Farben-Vorstand die bereits hochgerechnete Gewinnmarge niedriger ansetzen müssen. Darauf wollten sich die selbstbewußten I.G.-Manager nicht einlassen.

Hermann Schmitz, der Vorstandsvorsitzende der I.G. Farben und

* Das Verfahren, aus Kohle und Teer Benzin zu gewinnen, hatte die I.G. Farben 1927 über eine Steinkohle-Hydrieranlage in ihrem Leuna-Werk in Schkopau in die Produktionsreife geführt.

NS-Wehrwirtschaftsführer, hatte längst einen Sieg über die Sowjet-Union eingeplant. Nach diesem Triumph würde die I.G. bislang nicht für möglich gehaltene Perspektiven erhalten. Der gesamte I.G.-Vorstand schien ob der gewaltigen Aussichten fasziniert, was Borkin zu einer zynischen Randbemerkung veranlaßte: Die Fabrik in Auschwitz habe die I.G. Farben als »ein Geschenk des Himmels« interpretiert.[43]

Die I.G. Farben stellten sich auf einen Markt ein, der sich über die Sowjet-Union bis nach Asien erstrecken würde, wenn Wehrmacht und Waffen-SS ihre Blitzkriegsstrategie fortsetzen würden. Darum favorisierten sie eine Auschwitzer Eigenregie, das Risiko einer Fehlinvestition kam dem Vorstand nicht in den Sinn. Ein Thema, das die Entscheider der I.G. 1940/41 dauerhaft beschäftigte. Und während der nachfolgenden Aufsichtsratssitzungen wird sich auch ein Hermann J. Abs eingebracht haben, der – als ehrgeiziger Newcomer – inzwischen seinen Kollegen Eduard Mosler im I.G.-Aufsichtsrat abgelöst hatte.

Es ist nicht bekannt geworden, ob Abs sowohl bei der Deutschen Bank als auch bei der I.G. Farben gegen die Kapitalanlage Auschwitz protestiert hat. Joseph Borkin fand vielmehr heraus, daß die I.G. Farben Auschwitz den Vorrang einräumte, es als Prestigeunternehmen begriff, die »Arbeitskräftebeschaffung [darüber hinaus] notfalls sogar auf Kosten anderer Projekte durchgeführt« hätte.[44]

Die Federführung der Finanzierung hatte sich darum die Deutsche Bank vorbehalten. Sie duldete neben sich keinen Konkurrenten, weshalb von ihrer exponierten Stellung ausnahmsweise vor allem weniger liquide Subunternehmen profitierten: Selten wurden kapitalschwächeren Firmen so problemlos Darlehen gewährt – vorausgesetzt, sie wirkten in Auschwitz.

Bevor Niederlassungsleiter Kredite auszahlen konnten, mußten sie sich dazu die Genehmigung einholen. Im Fall Auschwitz war ein Direktor in der Berliner Zentrale, Eugen Kretschmar, der Ansprechpartner, der – zuständig für die Hauptfilialen Halle, Magdeburg, Erfurt, Dresden, Leipzig, Breslau und Kattowitz – jeden Betrag über 150000 Mark gegenzeichnen mußte.[45] Als etwa eine Aufstockung des Dispositionsrahmens der Baufirma W. Riedel & Sohn aus dem oberschlesischen Bielitz zur Diskussion stand, konnten die Provinzbankiers in Kattowitz, Richard Gdynia und Curt Kuhnt, ihrem Kunden die Anhebung auf 400000 zusichern, denn das Auftragsvolumen hatte die Deutsche Bank beeindruckt: der ins Haus stehende Umsatz in Höhe von 1,2 Millionen Mark. Die Weisungen erteilten die I.G. Farben und die Waffen-SS. Riedel aber war der Baumeister noch eines anderen Schwerpunktes: des Auschwitzer Krematoriums IV. Ein Riedel-»Arbeitsnachweis« legte Zeugnis ab: »Fußboden betonieren in Gaskammer.«[46] Goldgrube Auschwitz? Nicht nur der Mittelstand bewarb sich um Schürfrechte.

Die 1896 in Essen gegründete Hochtief A.G. für Hoch- und Tiefbauten hatte der SS für die Konstruktion eines Krematoriums in Auschwitz (ohne Verbrennungsanlage) einen Kostenvoranschlag über 133756,65 Mark zugestellt.[47] Ob Hochtief den Auftrag erhielt, ist nicht verbürgt. Die Gebrüder Ludwig und Ernst-Wolfgang Topf hingegen garantierten in Auschwitz die Funktionsfähigkeit der Verbrennungsöfen und Gaskammer-Anlagen, während die Firma J. A. Topf & Söhne in Erfurt – wegen des für sie beträchtlichen Auftragsvolumens – auf die Generosität ihrer Hausbank angewiesen war, auf die der Deutschen Bank. Das Geldhaus erhöhte die Kreditlinie bei Topf & Söhne auf 450000 Mark. Die dafür notwendigen Sicherheitsleistungen lagen auf Festgeldkonten: 60767 bulgarische Lewa, 1322083 jugoslawische Dinare, 3812650 rumänische Lei. Die Filialleiter der Deutschen Bank in Erfurt, Friedrich Russel und Hans Thierbach, ließen sich dieses eigentlich risikolose Obligo von Eugen Kretschmar dennoch absegnen.[48]

Der Kapitalaufwand für Auschwitz hielt sich für die mächtige Deutsche Bank gleichwohl in Grenzen. Zumeist vergab sie für die Errichtung des KZ »Kleinkredite«, die indes ohne kräftigen Verwaltungsaufwand nicht zu bewältigen waren: Die Tiefbauer Ziehl & Knäbich aus Reichenbach standen 1943 mit 167000 Mark in der Kreide, ihre Guthaben waren der Rede nicht wert: 2000 Mark lagen auf dem Postscheckamt, 1000 Mark bei der Deutschen Bank. Die Kreditwürdigkeit sank auf Null. Um jedoch an liquide Mittel heranzukommen, wurde eine »Arbeitsgemeinschaft Osteinsatz« konstruiert, quasi eine »Firma« in der Firma installiert. Da diese »Arbeitsgemeinschaft« in ihrer »Eröffnungsbilanz« keine Verbindlichkeiten auswies, war der Formalie Genüge getan. Erst jetzt duldete die Deutsche Bank in Kattowitz die Überziehung des Kontos, denn Ziehl und Kräbich traten dem Institut ihre Außenstände als Sicherheit ab – die der »Baustelle Auschwitz«,[49] ein Areal mit gigantischer Ausdehnung.

Der Komplex Auschwitz bestand aus vier Teilen: Auschwitz I war das eigentliche Konzentrationslager mit einem »Durchlauf« von mindestens 1,6 Millionen Juden, die in Auschwitz II vergast wurden, um in den Krematorien in Birkenau eingeäschert zu werden. In Auschwitz III galt es, die Arbeitssklaven der I.G. Farben am Leben zu erhalten, während in Auschwitz IV (Monowitz) der I.G.-Trust das »Hausrecht« ausübte, abgesehen davon, daß sie die Arbeitskräfte ihres Hydrierwerkes von der SS antreiben wie bewachen ließ. Doch wirtschaftlich stellte sich das größte Einzelprojekt der I.G. Farben als alles überragendes Desaster heraus. Das Kartell hatte sich die größte Fehlinvestition ihrer Geschichte erlaubt und mit dem Segen der Deutschen Bank 900 Millionen Reichsmark in den Sand gesetzt, die nach heutigem Wert neun Milliarden DM entsprechen würden.[50] Dabei hatte sich die I.G. den Beginn der Planungsphase Auschwitz so schön gerechnet.

Heinrich Himmler stellte, während einer Inspektion des I.G.-Komplexes Auschwitz, seinem Begleiter, dem Vorstandsmitglied Fritz ter Meer, Tausende von Häftlingen in Aussicht. Für die Gefangenen müßte die I.G. lediglich zwischen drei Mark (für Hilfsarbeiter) und vier Mark (für Facharbeiter) an die KZ-Kommandantur Auschwitz entrichten.[51] Aber im Ergebnis, so bilanzierte Joseph Borkin, seien die I.G. Farben gerade wegen der Häftlinge ins finanzielle Verderben gestolpert.

Ob bei Hitze, Regen oder Schnee – die Kolonnen mußten jeden

Tag sechs Kilometer marschieren, um vom Hauptlager kommend die Baustelle der I.G. Farben überhaupt erreichen zu können. Da war die Arbeitskraft schnell verbraucht. Borkin: »Der Mangel an Bewachern führte zu Sicherheitsproblemen, so daß die Häftlinge nur bei Tageslicht außer bei Nebel zur Arbeit geführt werden konnten. Krankheit, Unterernährung ..., sadistische SS-Wächter und Kapos erhöhten die Zahl der Ausfälle.« Für unzählige geschwächte I.G.-Häftlinge war Monowitz nur Zwischenstation auf dem Weg in den Tod.[52] Das hinderte die feinen I.G.-Herren freilich nicht, zur SS freundschaftliche Beziehungen herzustellen. 1941 feierten sie gemeinsam mit Himmlers Offizieren das Weihnachtsfest, das im übrigen in einem Alkoholgelage endete, bis der I.G.-Direktor Walter Dürrfeld mit dem Kommandanten Rudolf Höß zur Jagd ausritt, während sich die Ehefrauen derweil beim Kaffeekränzchen festplauderten.[53]

Das KZ der I.G. Farben schleuste, laut Borkin, 300 000 Häftlinge durch, mindestens 25 000 von ihnen verloren allein auf dem I.G.-Gelände ihr Leben. Und als die Hydrieranlagen-Innovation endlich betriebsfertig war, verbrauchte sie mehr Strom als die gesamte Reichshauptstadt. Borkin: »Unter dem Strich stellte sich I.G. Auschwitz als totaler Mißerfolg heraus. Trotz der Investition von 900 Millionen Reichsmark und der Lebensopfer von Tausenden wurde nur eine geringe Menge Öl ... produziert.«[54] Diese Negativ-Bilanz hätte eigentlich der seit Jahren von der I.G. Farben beauftragte Wirtschaftsprüfer der Deutschen Revisions- und Treuhand A.G., Richard Karoli, testieren müssen. Doch zu diesem Zeitpunkt war er, im Rang eines SS-Untersturmführers, damit beschäftigt, ein anderes Imperium auf Vordermann zu bringen: das der SS-Wirtschaftsbetriebe des Oswald Pohl.[55]

Ihren Eroberungskrieg hatten die I.G. Farben verloren. Und es schien, die Deutsche Bank plagten ähnliche Ahnungen. Nachdem sich die Pleite der I.G.-Auschwitz im Herbst 1943 abzeichnete, die Rote Armee dazu stetig näherrückte, setzte sich die Deutsche Bank sichtbar ab vom NS-Regime. Denn längst hatten alliierte Propagandasender über den Äther verbreitet, nach dem Ende des Krieges Rache am Schwarzen Orden zu nehmen. Es ging ums Überleben der Bank.

Die Beziehungen der Deutschen Bank zur SS ließen sich einseitig nicht einfach aufkündigen. Wenn sich aber die Geschäfte mit der SS »verlagern« ließen, auf ein Institut, das der Deutschen Bank nach dem Zusammenbruch sowieso wieder entrissen werden würde – vielleicht konnte der Schaden für die Deutsche Bank in einem Nachkriegs-Deutschland begrenzt und Milde der Alliierten durch eine ostentative »Distanzierung« erreicht werden.

Hermann J. Abs war Chef der Auslandsabteilung, verantwortlich für die Beteiligungen der Deutschen Bank außerhalb der Reichsgrenzen, zugleich hatte er sich die Creditanstalt-Bankverein (CA) in Wien nachgeordnet, in Berlin den Direktor Hermann Kaiser zum Aufseher der CA bestellt. Die CA unterhielt im Generalgouvernement zwei Filialen, in Krakau und Lemberg. Diese Niederlassungen erzielten 1940 bis 1943 einen Gewinn von 4,2 Millionen Zloty (2,1 Millionen Reichsmark),[56] für die Verhältnisse in Polen unverhältnismäßig hoch. Das hing zusammen mit der Kundenstruktur der CA, die überwiegend von einem einzigen Auftraggeber abhing: von der Amts-Gruppe C Oswald Pohls.

Die Amts-Gruppe C hatte sich zum größten Bauträger des Dritten Reiches emporgearbeitet und wurde von Pohls Freund, dem SS-Gruppenführer Hans Kammler, befehligt.* Die gigantische SS-Behörde gliederte sich in sechs Ämter, dazu kamen acht Bauinspektionen, eine davon, »Reich Schlesien« mit Sitz in Auschwitz

* Die Amts-Gruppe C wurde im Dezember 1941 ins Leben gerufen und verantwortete alle Bauvorhaben der Waffen-SS, Allgemeinen SS, Polizei, der Adolf-Hitler-Schulen, Nationalpolitischen Erziehungsanstalten, Rüstungswerke über und unter Tage, bis ihre Zuständigkeit um die Beseitigung von Bombenschäden erweitert wurde. Die SS-Bauinspektions-Bereiche residierten in Berlin (»Reich Nord«), Dachau (»Reich Süd«), Wiesbaden (»Reich West«), Posen (»Reich Ost«), Prag (»Böhmen und Mähren«), Auschwitz/Kattowitz (»Reich Schlesien«), Schabac (»Südost«) und Minsk (»Russland-Mitte«).

(und Kattowitz), war für das Generalgouvernement zuständig, somit auch für die Errichtung aller Vernichtungs- wie Arbeitslager. Der »Bauherr« in Polen auf seiten der SS hatte einen Namen: Karl Bischoff, Kammlers Vertreter im Generalgouvernement.[57]

Bischoff prüfte die Angebote deutscher Firmen. Und wenn er Aufträge vergab, wußten die Unternehmer, daß ihre Rechnungen beglichen würden – nur nicht wann. Tatsächlich geschah dies oft erst nach Monaten oder gar erst nach einem Jahr. In solchen Augenblicken halfen die deutschen Banken mit Zwischenkrediten aus. Eben jene CA, die sich geradezu mustergültig auf Geschäfte mit der SS eingestellt hatte, muß der schlaue Hermann J. Abs jetzt genutzt haben: Er entließ die CA-Geschäftsstellen in Krakau und Lemberg in die »Selbständigkeit«, mit der Folge, daß die SS-Spuren des Instituts für alliierte Ermittler schwerer nachvollziehbar waren. Das Verfahren war nicht nur simpel, es war ausgesprochen plump, aber nicht weniger wirkungsvoll:

Die Wiener Treuverkehr Deutsche Treuhand A.G. erhielt im Frühjahr 1944 den Auftrag, durch Einbringung des Vermögens der zwei CA-Filialen eine unabhängige »Creditanstalt A.G. Krakau« ins »Leben zu rufen«. Der formale Akt wurde am 18. Mai 1944 durch das Deutsche Gericht in Krakau bestätigt, auf der zwei Tage zuvor stattgefundenen Hauptversammlung Aufsichtsrat wie Vorstand installiert.[58]

Den Aufsichtsrat der Creditanstalt Krakau A.G. besetzten: Walter Tron von der Deutschen Bank in Leipzig, Georg Baghorn von der Niederlassung der Deutschen Bank in Meiningen und Otto Berve vom Schlesischen Beirat der Deutschen Bank. Zum Vorstandsvorsitzenden aber kürte die Deutsche Bank jenen Mann, der die CA bereits von Berlin aus beaufsichtigt hatte: den Auschwitz-erfahrenen Hermann Kaiser,* der sich am Sitz der nunmehrigen Krakauer

---

* Hermann Kaiser blieb der Deutschen Bank auch nach 1945 erhalten: Er wurde Aufsichtsratsmitglied und Leiter der Filialbüros der Rheinisch-Westfälischen Bank in Düsseldorf, ein Teil der von den Alliierten zerschlagenen Deutschen

Creditanstalt am Adolf-Hitler-Platz 31 freilich selten sehen ließ. Wichtige Details wurden schließlich in der Reichshauptstadt entschieden.

In der Gründungsbilanz wurde – »im Hinblick auf die besondere wirtschaftliche Lage im Generalgouvernement« – erst einmal eine »Pausch[al]wertberichtigung« von 190000 Zloty gebildet, und das »Verzeichnis der Schuldner« aktualisiert, auf dem auch ein Gläubiger festgehalten war, der bei der Creditanstalt A.G. immerhin mit 547516 Zloty (273758 RM) in der Kreide stand: Oskar Schindler.[59]

Weder Moskau noch Washington erkannten diesen Umbau als Verschleierung, zugleich war den alliierten Ermittlern eine weitere Verpflichtung der Deutschen Bank entgangen: die Zusammenarbeit der CA mit der SS auf einem Gebiet, das sich zwar für die SS rechnete, dem heutigen Global Player freilich unterhalb jeder Peanuts-Grenze erscheinen mußte:

KZ-Häftlingen war es gestattet, von ihren Angehörigen »Barschaften« in Empfang zu nehmen, sogenanntes »Besorgungsgeld«. Damit konnten die Geschundenen Zigaretten oder Lebensmittel kaufen. Die in Zloty umgerechneten Reichsmark verbuchte die SS allerdings zunehmend als ertragreichen Überschuß – immer dann, wenn sich ihre Nutznießer nicht mehr am Leben befanden. Diese mechanische Geld-Vermehrung wickelte die SS, über die Krakauer Devisenstelle, mit der CA ab. Das Institut verwaltete die »Unterstützungszahlungen an in Konzentrationslagern ... befindliche Personen« als Monopolist.[60] In regelmäßigen Abständen schickten die KZ-Verwaltungen der CA daher (»zwecks Abstimmung«) makabre Formblätter der »sich nicht mehr im hies. Lager befindlichen« Häftlinge zu. Sie waren inzwischen in den Selbstmord getrieben worden, erschossen, erschlagen oder Menschenversuchen zum Opfer gefallen.

Bank. Für dieses Institut nahm er zudem Aufsichtsratsmandate der Altessener Bergwerks-AG (Essen), der Exportkreditbank AG und der Berliner Diskonto-Bank wahr.

Neben den Namen und Geburtsdaten gab die SS die Höhe der nicht ausbezahlten Notgroschen an. Überdies setzte die SS die CA darüber in Kenntnis, daß die »herrenlosen« Zloty/Reichsmark der »Deutsche Verrechnungskasse« zustünden, eine von der Reichsbank ausschließlich für diesen Zweck installierten Amt. Nun konnte auch die CA ihre Akte schließen und sie endlich ihre wohlverdienten »Gebührnisse« der bislang von Historikern übersehenen »Verrechnungskasse« in Rechnung stellen.[61]

Es herrschte Ordnung im Dritten Reich.

7
Die gefälschten Pfundnoten

Die ersten feindlichen Maschinen überflogen das Dritte Reich im Spätherbst 1939, ausschließlich zu Aufklärungszwecken. Rechtzeitig vor dem Weihnachtsfest starteten englische Piloten mit einer allerdings sehr effizienten Fracht an Bord: Keine Bomben, sondern gefälschte Lebensmittel- und Kleiderkarten regneten vom Himmel. Die an Reglementierung noch nicht gewöhnten Deutschen sammelten den Kaufkraftzuwachs dankbar auf und kamen vereinzelt zu einem üppigen Festmahl.[1] Für Reinhard Heydrich Grund genug, sich zu revanchieren. Im September 1940, so notierte der SS-Hauptsturmführer Wilhelm Höttl in seinen Aufzeichnungen, habe er vom Gestapo-Chef den Auftrag erhalten, eine »Erforschung der ungarischen Francfälscheraffäre mit allen Einzelheiten und Hintergründen zu erarbeiten«. Damals, 1923, hatten ungarische Adlige vergeblich versucht, durch Blüten die französische Währung zu schwächen. Doch der Schwindel war aufgeflogen.

Höttl reiste nach Budapest und erstellte nach seiner Rückkehr eine Ausarbeitung, zweiunddreißig engbeschriebene Seiten. Eine Reaktion auf seine Recherchen erreichte Höttl aber erst im Dezember. Er sollte sich beim SS-Brigadeführer Heinz Jost melden, dem Chef des SD. Jost empfing ihn in der Delbrückstraße 4–6, wo das Referat VI F, die Fälscherwerkstatt des Reichssicherheitshauptamtes, residierte. Dort erwartete ihn auch der SS-Hauptsturmführer Alfred Naujocks, Heydrichs Faktotum, der Höttl seinerseits in eine der geheimsten Operationen einweihte: die Fälschung des britischen Pfundes unter dem Codewort »Unternehmen Andreas«.

Diese Aktion barg beträchtliche Risiken und Hürden, etwa die Fertigung eines qualitätsgleichen Papiers, die Herstellung der Druckplatten, das Knacken des rätselhaften Numerierungssystems.[2]

Anfangs wurde angenommen, daß die Bank of England exotische Pflanzen oder Hölzer für das Papiergeld verwendete, bis die Analyse ergab, daß es aus sogenannten Hadern (Leinen) bestand, mit Resten von maschinell-zerfaserten Leinengeweben. Aus diesem handgeschöpften Brei entstand das eigentliche Pfund-Papier. Das Leinen bezogen die Briten aus der Türkei. Die daraufhin erzielten Proben wichen jedoch von der wahren Papierqualität ab, bis ein Fachmann den Schlüssel fand: gebrauchtes Lumpenleinen garantierte die »Echtheit«, nicht etwa saubergewaschenes. Höttl triumphierte: »Der [gelungene] Papierbrei ... stand in Bottichen von zwei bis drei Meter Durchmesser.«[3] Wer hatte der SS dieses Resultat ermöglicht? Welche Firma war von der SS ins Vertrauen gezogen worden? Ein Bankier leistete erste Hilfe.

In der Französischen Straße 15, mitten im Berliner Bankenviertel und in Nachbarschaft zur Dresdner wie Deutschen Bank, residierte das Bankhaus Haslinger G. Söhne. Haslinger war ein Zweckinstitut,* das ohne Schalterverkehr auskam, und als wichtigstes Inventar einen klobigen Panzerschrank beherbergte. Das Bankhaus beschäftigte lediglich eine Sekretärin, ernährte seinen Inhaber aber fürstlich. Hans Dammeier hatte es zunächst zum Vorstandsmitglied der Berliner Wertpapierenbörse gebracht, um sich danach politischer Geldgeschäfte anzunehmen, während sein Bruder Fritz Anrufe sensibler Kunden festhielt und das Tagebuch des Mini-Instituts führte.[4]

Dammeier hatte ein dichtes Beziehungsgeflecht aufgebaut, vor

---

* »Zweckinstitut«: Um etwa geheimzuhaltende Devisengeschäfte tätigen zu können, wurden während des NS-Regimes allein zu diesem Zweck »Bankhäuser« gegründet. Um illegale Geld-Operationen verwirklichen zu könnten, hatte auch die DDR in den 50er Jahren Zweckinstitute gründet. Das bekannteste Beispiel einer zweckgebundenen Buchhaltung ist die des DDR-Devisenbeschaffers Alexander Schalck-Golodkowski.

allem seine Schweizer Verbindungen machten ihn für NS-Dienststellen interessant. Dem SS-Wirtschafts-Verwaltungshauptamt unter Oswald Pohl diente er als Berater. Es ist dokumentiert, daß Dammeier der SS den Papierlieferanten besorgte – eine alteingesessene Firma.

Friedrich der Große hatte 1781 die Eröffnung einer Papierfabrik in Spechthausen/Eberswalde bei Berlin betrieben, ein von je her mittelständischer Betrieb, bis er 1923 in eine Aktiengesellschaft umgewandelt wurde. Das Unternehmen erwirtschaftete unter dem tradtionsreichen Namen »Papierfabrik Spechthausen« aber nur magere Erlöse. Die Mehrheitseigner, das Ehepaar Käthe und Friedrich-Wilhelm Hankwitz, wollten einen Teil ihrer wertlosen Aktien verkaufen. Da fügte es der Zufall, daß Dammeier den Vorsitz im Aufsichtsrat der Papierfabrik führte und sofort ein lukratives Angebot unterbreitete. Die Familie Hankwitz könne ihre Aktien behalten und trotzdem kräftig dazuverdienen, unter der Voraussetzung, sie willige in die Produktion von Pfund-Papier ein.[5]

Wilhelm Höttl, der Spechthausen mehrmals inspizierte, beobachtete große Fortschritte, endlich war überdies auch die Herstellung des Wasserzeichens gelungen.[6] Und ein anderes Problem schien ebenfalls gelöst: das der Druckplatten. Höttl: »Allein die Schrift mit ihren reich verschnörkelten Buchstaben war nur in einem besonderen Haardruck nachzumachen; die Hauptschwierigkeit bestand in der korrekten Gravur des ovalen Bildes an der linken oberen Ecke der Noten«, »ein Abdruck der Gravur und das Originalbild wurden in zehnfacher Vergrößerung nebeneinander auf eine weiße Fläche projiziert und in allen Einzelheiten verglichen«. Dabei stellte sich heraus, daß im Druckbild der britischen Pfund-Noten »Geheimzeichen« angeordnet waren, die aber »ohne Schwierigkeiten kopiert« werden konnten.[7] Alle technischen Hürden waren genommen. Das in der Druckfarbe enthaltene Leinöl ließ sich durch Chemikalien ersetzen, das Numerierungssystem ermittelte ein Vorstandsmitglied der Dresdner Bank.

Professor Dr. Dr. E. H. MEYER

BERLIN W 8
Behrenstraße 35-39 17.Jan 1941
Fernsprecher 164511

Herrn

Dr. H o h b e r g
SS Hauptamt Verwaltung und Wirtschaft
Berlin-Lichterfelde-West ,

Unter den Eichen 126/129

Lieber Herr Dr. Hohberg !

Heute habe ich Sie vergeblich zu erreichen versucht. Ich wollte Sie lediglich darüber in Kenntnis setzen, dass das Numerierungssystem nun geläufig ist. Sicherlich können Sie sich vorstellen, dass wir uns hier sehr bemüht haben.

Ich werde mich in den nächsten Tagen mit Ihnen in Verbindung setzen.

Ich begrüsse Sie freundlich

Heil Hitler !

Emil Heinrich Meyer knackt Numerierungssystem: »Sicherlich können Sie sich vorstellen, daß wir uns hier sehr bemüht haben«

»Es durften nur Banknoten hergestellt werden«, so Höttl, »die es sozusagen wirklich gab; genauer: die Serienbezeichnungen, Nummern, Ausgabedaten, Unterschriften der Bevollmächtigten auf dem Falschgeld mußten mit den gleichen Details echter und wirklich in Umlauf gesetzter Banknoten übereinstimmen. Phantasieangaben hätten die Fälschungen für den Fachmann sofort decouvriert.«[8] Die ermittelten Ausgabedaten erstreckten sich auf einen langen Zeitraum: mehr als 20 Jahre.

Zu jedem Ausgabedatum gehörte eine bestimmte Nummernserie. Dieser Umstand bereitete Kopfzerbrechen, doch schließlich konnten rund 350 verschiedene Serien nachgedruckt werden.[9] Ein beachtlicher Erfolg. Wer aber hatte das numerische System geknackt? Nur eine kleine Gruppe war dazu überhaupt in der Lage. Heydrich hatte Oswald Pohl gebeten, die Numerierungs-Konzession durch seine Kontakte in Bankierskreisen auszuschreiben. Den Auftrag gab Pohl an seinen Wirtschaftsprüfer Hans Hohberg weiter.

Hohberg mußte nicht lange überlegen, wen er ins Vertrauen ziehen konnte. Es gab nur einen: Professor Emil Heinrich Meyer, das Vorstandsmitglied der Dresdner Bank. Wann Meyer von Hohberg um Mithilfe gebeten worden war, läßt sich keinem Dokument entnehmen. Nur daß Meyer Vollzug erstattet hatte, steht fest. Am 17. Januar 1941 schrieb er dem »lieben Herrn Dr. Hohberg«, daß er ihn »vergeblich zu erreichen versucht« hätte: »Ich wollte Sie lediglich darüber in Kenntnis setzen, dass das Numerierungssystem nun geläufig ist.« Einfach können die Erkundigungen nicht gewesen sein, denn Meyer konstatierte: »Sicherlich können Sie sich vorstellen, daß wir uns hier sehr bemüht haben.«[10] Aber: Meyer allein hätte die Numerierung nicht brechen können. Er war auf kollegiale Zuarbeit angewiesen. Hatte ihm etwa ein Angehöriger der Bank of England geholfen?

Walter Schellenberg, Nachfolger von Admiral Wilhelm Canaris als Chef des Auslands-Geheimdienstes, bot in seinen Memoiren eine abweichende Version an: »Mehrere Mathematiker rechneten mit

Hilfe schwieriger Formeln das System der englischen Registriernummern aus, so daß mit der laufenden Fabrikation die Nummernverteilung immer um hundert bis zweihundert der Bank von England vorauseilte und so eine wirkliche Synchronisation erreicht werden konnte.«[11] Das ist nicht plausibel. Wenn Koryphäen der Subtrahierung tatsächlich die Urheber gewesen wären, hätte dies zuvor eine geradezu gigantische Logistik vorausgesetzt. Pfund-Noten in den unterschiedlichsten Werten hätten beschafft werden müssen, unglaubliche Mengen, angefangen bei den Ausgabedaten der Jahrhundertwende, bis hin zu den »frischen« Sätzen des Druckzeitraums 1940, Grundlagen zur Errechnung jedes Numerierungscodes. In welcher Frist wäre das gelungen? In wenigen Wochen oder in einem oder erst in zwei Jahren? Im September 1940 wurde die Fälschung des britischen Pfunds entschieden. Und nach noch nicht einmal vier Monaten, im Januar 1941, war das Numerierungssystem dank der Mithilfe Emil Heinrich Meyers entdeckt.

Der kurz vor dem Zusammenbruch zum SS-Gruppenführer beförderte Schellenberg war in amerikanische Gefangenschaft geraten. Dort hatte er ausgepackt. Da er in Nürnberg von der Anklage des Völkermordes verschont blieb, lediglich zu sechs Jahren Gefängnis verurteilt und eineinhalb Jahre später aus der Haft entlassen wurde, darf ein Gegenseitigkeitsgeschäft vermutet werden – über Ereignisse nicht zu reden, die die Alliierten belasten würden, sie zumindest so zu verfremden, daß die Sieger von peinlichen Nachfragen verschont blieben.

Pfund-Produkte seien, gab Höttl preis, »der Prüfung durch hervorragende ausländische Fachleute« ausgesetzt worden. Eine »Persönlichkeit reiste in die Schweiz und übergab [einer] Bank ein Bündel von falschen Pfundnoten sowie ein ebenfalls gefälschtes Schreiben der Falschgeldabteilung der Deutschen Reichsbank, worin ausgeführt war, daß besagte Pfundnoten möglicherweise Fälschungen sein könnten; doch sei es unmöglich gewesen, darüber in Berlin eine endgültige Feststellung zu treffen.« Das Ergebnis lag im März 1941 vor: »Die Noten waren nach Anwendung sämtlicher moderner Unrtersuchungsmethoden als einwandfrei echt erkannt worden.« Damit mochte sich die SS freilich nicht zufrieden geben, denn die wirkliche Echtheit ließ sich ausnahmslos nur von der Bank of England selbst beurkunden.

Befehlsgemäß meldete die von der SS instruierte »Persönlichkeit« gegenüber dem eidgenössischen Institut weitere Bedenken an, woraufhin die Direktion Seriennummern, Ausgabedaten wie Unterschriften nach London kabelte. Die Antwort war sensationell. Die Noten »mit den angegebenen Nummern [befanden] sich tatsächlich im Verkehr«.[12] Das falsche Pfund also war »echt«.

Die Vorarbeiten des Pfund-Unternehmens waren abgeschlossen, die Fortsetzung fand indes ohne seinen Erfinder Naujocks statt, der wegen Differenzen von Heydrich an die Ostfront versetzt wurde. Nach Heydrichs Tod fand er sich in Belgien wieder, wo er 1945 zu den Amerikanern überlief und das »Unternehmen Andreas« preisgab, das ab Sommer 1942 einen neuen Tarnanstrich erhalten hatte: »Unternehmen Bernhard«. Der neue Leiter, SS-Hauptsturmführer Bernhard Krüger, hatte die Patenschaft übernommen.[13]

Die Pfund-Produktion, die bisher provisorisch in der Delbrückstraße stattfand, wurde wegen der örtlichen Nähe zu Berlin (rund 35 Kilometer) in das Konzentrationslager Sachsenhausen verlegt. Nun unterstand das »Unternehmen Bernhard« Oswald Pohl, dem Himmler seit Februar 1942 sowohl die Arbeits- wie Vernichtungslager unterstellt hatte. Pohls Wirtschafts-Verwaltungshauptamt (WVHA) sollte die Massenfertigung der falschen Pfund-Noten übernehmen.

Sämtliche KZ-Kommandanten erhielten von der Amts-Gruppe D des WVHA einen Eilbefehl: Es seien »umgehend die im dortigen Lager befindlichen jüdischen Häftlinge zu melden, die aus dem graphischen Gewerbe« stammten, »Papierfachleute oder sonstige geschickte Handarbeiter«.[14] Bereits zwei Wochen später kündigte Buchenwald 27 in Frage kommende Gefangene an. Im September 1942, so erinnerte sich der überlebende Falsch-Drucker Adolf Burger, bestand das Kommando aus 160 Mann, die in den hermetisch

Pfund-Falsifikat der SS: »Seit 75 Jahren sind wir als Spezialinstitut in Südamerka tätig«

abgeriegelten Blöcken 18 und 19 in Sachsenhausen mit der Arbeit begannen.[15] Das Inventar stellte der »eingedeutschte« Ullstein-Verlag zur Verfügung: Druckmaschinen der Typen »Elka I«, »Elka II« »Poly«, die Tiegel »Victoria«, »Monopol I«, »Monopol II«, »Monopol III«.[16] In weniger als vier Monaten verfügte Bernhard Krüger über einen Apparat, der jeden Vergleich mit der Bank of England standhalten konnte.

Im Oktober/November 1943 waren perfekt nachgemachte Pfund-Noten gestapelt, im Wert von fünf, von zehn, von zwanzig, von fünfzig, von hundert, von fünfhundert und – von tausend Pfund. Höttel: »Aus Sicherheitsgründen wurden die beiden höchsten Nennwerte nicht verwendet; die Hundertpfundnoten bloß ausnahmsweise.«[17] Insgesamt waren zwölf Millionen gefälschte Pfund-Papiere in Umlauf gesetzt worden, durch »Geschäftsleute, hohe Offiziere und Diplomaten«, wie Adolf Burger erklärte.[18] Doch eine Berufsgruppe hatte er übersehen: die der Bankiers. Einen äußerst fleißigen Pfund-Verteiler enttarnte der Historiker Karl Heinz Roth: Hermann Victor Hübbe* von der Deutsch-Südamerikanischen Bank, einer Tochter der Dresdner Bank.[19]

»Seit fünfundsiebzig Jahren«, so verkündete 1981 die Deutsch-Südamerikanischen Bank, sei sie »als Spezialinstitut im Lateinamerikageschäft tätig«, habe die »Zeitspanne seit 1906 Jahre eindrucksvollen wirtschaftlichen Aufschwung« gebracht, ihre »erfolgreiche Entwicklung in bewegten Zeiten ... Kunden und

---

* Hübbe, am 11. Juni 1901 in Mexiko-City geboren, war der Sohn des Bankdirektors Anton Hübbe, der 1911 nach Hamburg zurückkehrte, als die Dresdner Bank ihn dort zum Leiter des Filialnetzes der Dresdner Bank bestellte. Der Vater protegierte seinen Sohn 1930 in die Deutsch-Südamerikanische Bank. Hermann Victor Hübbe trat am 1. Mai 1933 der NSDAP bei (Mitgliedsnummer 3030.144), gehörte von 1933 bis 1937 als Präses der Hamburger Handelskammer an, wurde anschließend in Berlin Vorstandsmitglied wie Betriebsführer der Deutsch-Südamerikanischen Bank, Mitglied des Handelspolitischen Ausschusses der Reichswirtschaftskammer und saß im Präsidium der Deutschen Gruppe der Internationalen Handelskammer. Bereits Ende1945 wurde Hübbe dank zahlreicher Persilscheine der Hamburger Kaufmannschaft entnazifiziert.

Freunden« zu verdanken gehabt, die »sie mit Initiativen … über ein Dreivierteljahrhundert getragen haben«, bis sie »als Mitglied der Dresdner-Bank-Gruppe in ihrem Arbeitsgebiet Lateinamerika einen nachhaltigen Beitrag geleistet« habe.[20] Mit Hermann Victor Hübbe als Falschgeld-Verteiler an der Spitze.

Als mit der Kapitulation die Pfund-Fälschungen endgültig aufflogen, blieb Hübbe ungeschoren, seinen Dienst bei der Deutsch-Südamerikanischen Bank an der exklusiven Binnenalster mußte er nicht quittieren. Statt dessen holte ihn die Albingia Versicherung in ihren Aufsichtsrat, der Ibero-Amerika-Verein trug ihm die Position des Vize-Präsidenten an.

Dreihundert Millionen in falschen Pfundnoten hatte die Bank of England verifiziert, weshalb sie 1946/47 alte Scheine durch neue hatte ersetzen müssen. Nachkriegs-Finanzierungen sind vielerorts mit Falschgeld realisiert worden, denn jene, die über die Pfund-Noten der SS verfügten, verbrannten »ihre Devisen« nach der Kapitulation mit absoluter Sicherheit nicht. Simon Wiesenthal entdeckte horrende Mengen, die die SS-Prominenz auf dem Weg in die »Alpenfestung« im Altausseer Gebiet verbuddelt hatten, dem Altersruhesitz von Wilhelm Höttl. Ernst Kaltenbrunner, der letzte Chef des RSHA, ließ dazu rund 50 Kisten voller Gold von Berlin nach Bayern transportieren, darunter die unbezahlbare Briefmarken-Sammlung des von der Dresdner Bank enteigneten Louis Rothschild. Kaltenbrunners Adjutant Arthur Scheidler, der sich bei Salzburg niederließ, verfügte auf seinem West-Berliner Dresdner Bank-Konto 4311 plötzlich über zwei Millionen Reichsmark.[21] Warum sollte dieser Betrag nicht aus einer Pfund-Wäsche gestammt haben?

Die Emsigkeit, mit der falsche Pfunde abgesetzt wurden, hatte wenig »mit der Anpassung der Geschäftsstruktur an die Verhältnisse« zu tun, wie die Dresdner Bank 1972 anläßlich ihres hundertjährigen Geburtstages ihre Rolle während des Dritten Reiches deutete, sondern Raffgier trieb die Pfund-Verteiler an, in deren Reihen auffällig viele Mitarbeiter der Dresdner Bank aufmarschiert waren.[22] Aber ausgerechnet Oswald Pohl traute dem Geldhaus der SS nicht über den Weg. Die Privatkonten des SS-Obergruppenführers verwaltete nicht die Dresdner Bank, sondern die Deutsche Bank. In Berlin am Nürnberger Platz.

III
Nachspiele

8
Ein kurzer Prozeß

Er sei, so resümierte die »Süddeutsche Zeitung«, nicht nur der »Übervater des Geldgewerbes« gewesen, nein, zu seinen Lebzeiten habe sich Hermann J. Abs mit der Aura eines »Unfehlbarkeitsanspruches des Papstes« umgeben.[1] Doch nicht jeder mochte diese Meinung teilen, vor allem nicht der Klassenfeind. Die DDR erklärte Abs zum »Kriegsverbrecher«,[2] ihr Autor Eberhard Czichon versuchte gar, den »Einfluß von Abs auf das nationalsozialistische Herrschaftssystem« nachzuweisen.[3] Abs' Ruf drohte Schaden zu nehmen. Grund genug für die Deutsche Bank, den vom »Spiegel« als »Papst des deutschen Presserechts« gelobten Dr. Martin Löffler mit seiner Ehrenrettung zu beauftragen.[4] Peanuts hatten den Ausschlag gegeben.

Im Frühjahr 1970 kündigte die Studentin Godela Linde ihr Konto bei der Marburger Filiale der Deutschen Bank. Das tat sie nicht etwa aus Unzufriedenheit mit ihrem Kontoführer. Ihren Wechsel zur Konkurrenz begründete sie mit der Lektüre des Czichon-Buches »Der Bankier und die Macht«, das – symbolträchtig zum hundertsten Geburtstag der Deutschen Bank – Ende Februar 1970 erschienen war. Zwar versuchte das Institut, seine Kundin zu halten (»Es handelt sich bei Herrn Czichon um einen Autor aus der DDR, dessen Buch in allen wesentlichen Punkten sachlich unwahr und beleidigend ist«), aber da war nichts mehr zu machen.[5] Zu sehr schienen Godela Linde die »Machenschaften« von Abs während des Dritten Reiches schockiert zu haben. Der Schritt der Studentin löste einen Eklat aus, denn nun fürchtete Eberhard Czichon, seinerseits mit dem Schreiben der Deutschen Bank an die Studentin konfrontiert, um seine eigene Reputation.

Czichon ließ der Niederlassung der Deutschen Bank in Marburg ein Unterlassungsbegehren zustellen und verlangte dazu eine materielle Bußfertigkeit: 5000 Mark Schmerzensgeld, zahlbar an – den Vietcong. Eine Provokation, an der das mächtige Haus nicht mehr vorbei konnte, zumal dem Vorstand eine weitere Blamage drohte: Die erste Czichon-Auflage war vergriffen, die zweite bereits im Druck. Um die Auslieferung zu verhindern, entschied sich die Deutsche Bank zum Gegenangriff.[6]

Bei der 17. Zivilkammer des Stuttgarter Landgerichts erwirkten Deutsche Bank und Hermann J. Abs im November 1970 eine einstweilige Verfügung. Dagegen legten Czichon wie dessen (von der SED finanzierter) Kölner Verlag Pahl-Rugenstein Widerspruch ein. Während sich die Beklagten von einem überzeugten Marxisten, dem DDR-Professor Dr. Friedrich Karl Kaul,* vertreten ließen, wählten Deutsche Bank und Abs die renommierten Juristen Dr. Josef Augstein und Martin Löffler.**

Ehedem saß Martin Löffler im Kleinen Sitzungssaal in der Zentrale des Wirtschafts-Verwaltungshauptamtes (WVHA) und wurde von Oswald Pohl höchstselbst empfangen. Hätte Kaul diese ver-

---

* Kaul, 1906 in Posen geboren, war Assistent an der Juristischen Fakultät der Berliner Universität, wurde als NS-Gegner in die KZ Lichtenburg und Dachau gesperrt, bis er 1937 nach Kolumbien emigrieren konnte. Nach dem Zusammenbruch kehrte er nach Ost-Berlin zurück und erhielt seine Zulassung als Rechtsanwalt sowohl in Ost- als auch in West-Berlin. Später vertrat er vor westdeutschen Gerichten die juristischen Interessen der DDR. Berühmt wurde Kaul als Verteidiger der KPD im Verbots-Prozeß vor dem Bundesgerichtshof. Kaul, der nebenbei Romane und Sachbücher schrieb, starb am 16. April 1981.

** Löffler, 1905 in Stuttgart geboren, promovierte 1928 in Tübingen zum Thema »USA, Versailler Vertrag und Völkerbund«. Er gehörte Stresemanns Deutscher Volkspartei an und wurde 1944 Heeresrichter. Seit 1948 befaßte er sich mit dem Presserecht, sein zweibändiger Kommentar (»Löffler«) gilt noch heute als Standardwerk. Für den »Spiegel« verfaßte er ein Gutachten (»Der Verfassungsauftrag der Presse – Modellfall des SPIEGEL«), das durch die »Spiegel«-Affäre ungeahnte Aktualität erhielt. Löffler starb am 4. Februar 1987.

blüffende Einzelheit gekannt, es wäre wohl zu einem Skandal gekommen. Löffler war Advokat und während des Dritten Reiches zum Unternehmer geworden. Sein Weggefährte Dr. Kurt May hatte ihn dorthin geführt und ihm freundschaftlich ein jüdisches Aktienpaket überlassen.

Der Stuttgarter Möbelfabrikant May hatte Anfang 1941 Oswald Pohl kennengelernt. May erläuterte seinem neuen Bekannten einen »Heimgestaltungsplan«, wohlwissend, daß sich der einflußreiche SS-Führer für die Idee einer Möbel-Produktion erwärmen würde. Pohl versetzte May daraufhin spontan in den Rang eines SS-Untersturmführers und protegierte ihn zum Leiter der SS-eigenen Holzverarbeitungsbetriebe.[7] Von dieser Beförderung profitierte zwangsläufig auch Martin Löffler.

May schien für die Möbel-Pläne der SS von großem Wert, denn nach der Eingliederung Böhmen und Mährens hatte er in Butschowitz bei Brünn die jüdische D. Drucker's Dampfsägewerke und Holzwaren-Fabriken A.G. arisiert, im Auftrag einer »reichsdeutschen Gruppe«, wie ein »Vermerk« festhielt, zu der Martin Löffler zählte, der über May fünf Prozent des Aktienkapitals erwerben konnte.[8] Drucker's verfügte über das notwendige Know-how, um die SS auf Expansionskurs zu führen: in reichsdeutsche Wohnstuben sollte Mobiliar aus den Werkstätten der Schutzstaffel einziehen.

Damit »auch äusserlich mit den Erinnerungen an die vergangene jüdische Zeit gebrochen« werden konnte, beschlossen die arischen Neubesitzer die Umfirmierung Drucker's in Deutsche Edelmöbel A.G.[9] Der Taufakt wurde im November 1941 besiegelt, ausdrücklich mit der Stimme des stellvertretenden Aufsichtsratsvorsitzenden Martin Löffler, der an diesem Tag im übrigen »die enge Zusammenarbeit des Unternehmens mit der SS« statuierte, vorausgesetzt, die SS würde das Aktienpaket kaufen wollen.[10] Das Geschäft kam vier Monate später zustande. Es wurde in den Räumen des WVHA in Berlin-Lichterfelde unterschrieben. Zuvor hatte Oswald Pohl die Herren willkommen geheißen, Martin Löffler sich

Dr. Martin Löffler
RECHTSANWALT
am Land- und Oberlandesgericht
und
FACHANWALT
für Steuerrecht

Mitgl. des NSRB.

STUTTGART-S, den 26. Mai 1942
Charlottenstraße Nr. 23
Fernsprecher 24590
Postscheckkonto 17788

Dr.L/B

An die

Deutsche Wirtschaftsbetriebe
GmbH. zu Händen Herrn
Dr. H o h b e r g

Berlin-Lichterfelde-West

Unter den Eichen 135

Posteingang: 28 MAI 1942
St. W. St.
St. W. R.
St. W. V.
St. W. P.
Ablage

Sehr geehrter Herr Dr. Hohberg!

Betrifft: Aktien D. Drucker A. G.

Am vergangenen Sonnabend, 23.5.42 hatte ich Gelegenheit, in persönlicher Aussprache mit Herrn Dr. May den Übergang meines Aktienbesitzes auf die Deutsche Wirtschaftsbetriebe GmbH. und die damit zusammenhängenden Fragen zu besprechen. Ich habe mich mit Herrn Dr. May in allen Punkten verständigt und habe heute der Dresdner-Bank, in deren Depot die Aktien liegen, den Auftrag gegeben, meine

nom. Kc. 300000 Druckers Dampfsägewerk
& Holzwarenfabriken Brünn Aktien

zu übersenden an meinen Berliner Bankier, Herrn Georg B l a n k e , Berlin-C 2, Königstr. 40, Dresdner-Bank Depositenkasse 45 Berlin - C 2, Königstr. 42.

Ich bitte Sie, den Gegenwert von RM 30.000.- Herrn Georg Blanke auf das oben angegebene Konto gutzubringen. Herr Blanke ist von mir angewiesen, Zug um Zug gegen Empfang der RM 30.000.- Ihnen die oben genannten Aktien auszuhändigen.

Die gewünschte Erklärung bezüglich der garantierten Dividende schliesse ich in Anlage 1 an.

Martin Löffler verkauft der SS Aktien: »Ich bitte Sie, den Gegenwert … auf das oben angegebene Konto gutzubringen«

gegenüber dem SS-Gruppenführer einem Kotau schwerlich entziehen können.[11]

Löfflers Hausbank, die Deutsche Bank, übernahm die Federführung der Aktienübertragung an die SS, während die Dresdner Bank als Käufer namens der SS-Holding Deutsche Wirtschaftsbetriebe G.m.b.H. auftrat. Der 37jährige Martin Löffler, nebenher Syndikus des Reichsverbandes Deutscher Glasaugenhersteller, veräußerte seine Drucker's/Edelmöbel-Papiere für 30000 Mark, ein horrender Betrag, der dank der zuvor preiswert getätigten Arisierungsinvestition wohl einen kräftigen Gewinn abwarf.[12]

Löfflers juristische Karriere als Strafverteidiger aber begann erst nach dem Zusammenbruch des Dritten Reiches: in Nürnberg, während des Kriegsverbrecher-Prozesses. Da wurde er einer eingeweihten Öffentlichkeit als stellvertretender Verteidiger der SA bekannt. Es galt zu verhindern, daß das Heer der Raufbolde zur verbrecherischen Organisation erklärt wurde. Löffler tat das mit einem beispiellosen Plädoyer:

»Die *wenigen* Verstöße gegen die Menschlichkeit, die der SA von der Anklagebehörde vorgehalten werden«, so argumentierte Löffler im März 1946, die hätten sich ausschließlich »*einzelne* ihrer Mitglieder ... zuschulden kommen lassen«. Daß sich nach der Machtergreifung »*einzelne* Übergriffe ereigneten ..., ist gewiß bedauerlich«, freilich würden sich »solche Exzesse *einzelner* ... nie vermeiden« lassen, überhaupt stellten »die Mitwirkung der SA als Wachmannschaft in Konzentrationslagern ... nur ganz *vereinzelte* Ausnahmen dar«.[13] Die SA, befand Löffler, habe sich aus hilfsbedürftigen Mitläufern zusammengesetzt, die lediglich in Abhängigkeit finsterer Mächte geraten sei: Zwar habe sie Gewerkschaftshäuser besetzt, KPD- und SPD-Funktionäre krankenhausreif oder zu Tode geprügelt, doch dies »geschah auf Befehl des Reichsleiters [Robert] Ley, der sich ... der SA *bediente*«. Und die brutalen Ausschreitungen während der Reichskristallnacht? Löffler hatte auch dafür eine Entschuldigung: »Hier ging der Plan und der Befehl nicht von der SA aus; sie wurde von der Obersten Parteileitung *einfach* mit der Ausführung *beauftragt*«, um sodann diese Erklärung abzugeben: Ja, die SA sei »im damaligen politischen Kampf in Schlägereien mit politischen Gegnern verwickelt«, indes sei »in vielen Fällen ihre Tätigkeit eine *defensiv*e« gewesen [sämtliche Kursivierungen durch den Autor].[14] Die SA keine Gangstertruppe, sondern ein unbestechlicher Kreis von Anhängern des Turnvaters Jahn?

»Der nüchterne politische Instinkt, der den Bürgern Englands und Amerikas zu eigen ist«, so kasteite Löffler auch sich selbst, »fehlt den Deutschen völlig. Wir sind ein politisch *unreifes Volk*, leichtgläubig und deshalb politischen Verführungen besonders zugänglich.« Diesen Umstand möge das Gericht berücksichtigen und dazu die Tatsache würdigen, daß in den Reihen der SA überwiegend unbescholtene Deutsche marschiert seien. Löffler: »Es war allgemein bekannt und ist im Organisationsbuch der Partei ... ausdrücklich niedergelegt, daß in die SA nur aufgenommen wird, wer *charakterlich einwandfrei* sei. Es heißt ... wörtlich: ›*Einwandfreier Leumund, keine Vorstrafen.*‹«[15] Die politische Großwetterlage beeinflußte die west-alliierte Urteilsfindung. Der aufkeimende Kalte Krieg benötigte bewährte Bodentruppen als Bollwerk gegen den Kommunismus, ein Umstand, den Löffler zu belegen meinte: Er, Löffler, habe »mit einem SA-Mann gesprochen, ... der inzwischen zum Gemeinderat gewählt und bestätigt worden« sei. Dieser sei unter das neue Entnazifizierungsgesetz gefallen, das »alle SA-Mitglieder in niedrigerem Rang als den eines Sturmführers weder als aktive Nazis noch als Verbrecher« einstufen würde, weshalb dessen Zukunft und die der anderen »vom Urteil dieses Gerichts« abhingen.[16] Das Militärtribunal hatte 1946 ohnehin davon abgesehen, die SA zur verbrecherischen Organisation zu erklären. 26 Jahre später entbürdete Martin Löffler seinen prominentesten Mandanten.[17]

Eberhard Czichon hatte seine Biographie über Hermann J. Abs schlampig zusammengestellt, durchsetzt mit fehlerhaften und irreführenden Details. Dabei ging es nicht nur um NS-Vorwürfe, sondern einer der inkriminierenden Anlässe betraf ein Ereignis, das erst einige Jahre zurücklag: Mitte der 60er Jahre war Krupp in Zahlungsschwierigkeiten geraten, der einstigen NS-Waffenschmiede waren in dieser bedrohlichen Phase angeblich obendrein Bankkredite gekündigt worden. Dieser Geld-Boykott, so behauptete Czichon unter Berufung auf den »Spiegel«, sei von Abs ferngesteuert worden, womit ihm der »Handstreich ... gegen Krupp perfekt« gelungen sei.[18] Dieser Behauptung aus dem »Spiegel« sei allerdings, wie Löffler während des Prozesses in einem Schriftsatz belehrte, »gegenüber dem SPIEGEL widersprochen worden«.[19] Weil das Krupp/Abs-Kapitel bei Czichon eine herausragende Rolle spielte, schaltete Friedrich Karl Kaul den »Spiegel«-Autor des Krupp-Berichtes zu: den Ressortleiter Wirtschaft, Kurt Blauhorn.

Am 1. März 1971 schüttelte Kaul dem Journalisten in dessen Haus in Hamburg-Berne wieder einmal die Hand. Sie waren seit Jahren trotz der Anrede »Sie« einander eng vertraut. Kaul erkundigte sich, welcher Informant ihn über Krupps Liquiditätsengpässe unterrichtet habe. Blauhorn gab seinen Zuträger preis: Dr. Walter Hesselbach, Vorstandsvorsitzender der Bank für Gemeinwirtschaft und Aufsichtsratmitglied Krupps in Essen. Schließlich versprach der leitende »Spiegel«-Redakteur, diese »Zusammenhänge« über das Archiv vertiefen zu wollen, möglicherweise könnten die Dokumentaristen seines Nachrichtenmagazins Czichons Beweiskette ergänzen. Aber, so hielt Kaul nach dem Gespräch in einem »Bericht« fest, er mache sich keine »zu großen Hoffnungen, da das ›Spiegel‹-Archiv von Zeit zu Zeit gesäubert werden muß, weil man sonst neue Häuser mieten müßte, wenn man alles aufheben würde«.[20]

Der »Spiegel« konnte Ost-Berlin keine rechtsrelevante Entdekkung melden. Und auch das DDR-Ministerium für Staatssicherheit (MfS), das das Anti-Abs-Buch über Eberhard Czichon erst angeschoben hatte, erwies sich letztendlich als überfordert. Der Entschluß, Hermann J. Abs' Rolle im Dritten Reich in die Öffentlichkeit zu zerren, war eigentlich aus Zufall und aus ideologischem Frust heraus entstanden:

Hauptabteilung IX

Berlin, den 14. September 1971
3 Expl. /Kru 2. Ausf.

Information
über den Abschluß der Ermittlungen in der Sache Abs und die vorgesehene Verwendung des erarbeiteten Materials

Entsprechend den im März 1971 getroffenen Festlegungen wurden zur Vervollständigung der im Januar 1971 an die Abteilung 70 des ZK der SED und an den Generalstaatsanwalt der DDR übergebenen Beweismaterialien weitere Ermittlungen in der Sowjetunion und in der DDR durchgeführt. Das Ziel dieser Maßnahmen bestand vor allem darin, detaillierte Beweise für begangene Verbrechen an sowjetische kriegsgefangene Offiziere zu erarbeiten, die in den Jahren 1943 bis 1945 völkerrechtswidrig in dem von Abs als Aufsichtsratsvorsitzenden kontrollierten und maßgeblich beeinflußten Pittler-Rüstungskonzern in Leipzig zur Arbeit in der Rüstungsproduktion gezwungen wurden. Ausgangspunkt war die Tatsache, daß vom Vorstand des Konzerns im Juni 1944 im Ergebnis des von Abs ausgeübten Drucks zur Gewährleistung eines gleichbleibenden Profits 26 sowjetische kriegsgefangene Offiziere als angeblich arbeitsunwillig "abgestoßen" und daraufhin in das Konzentrationslager Buchenwald eingeliefert wurden.

Im Ergebnis der von der Untersuchungsabteilung des Komitees für Staatssicherheit der UdSSR durchgeführten langwierigen Ermittlungen zu diesen 26 Sowjetbürgern wurde festgestellt, daß 10 Personen nach Kriegsende in die Sowjetunion zurückkehrten, 2 davon inzwischen verstorben sind und lediglich bei 4 Personen Angaben darüber vorliegen, daß sie während des Krieges vermißt wurden. Der Verbleib dieser Personen und das Schicksal der restlichen 12 Sowjetbürger ist unbekannt.

MfS-Ermittlungen »in der Sache Abs«: Übergreifende Zusammenarbeit mit den sowjetischen »Freunden« vom KGB

Der neue 1. Sekretär der tschechischen KP, Alexander Dubček, hatte 1968 im ersten Halbjahr seiner Regentschaft ein staunenswertes Reformprogramm durchgesetzt. Die CSSR rehabilitierte politische Häftlinge, die Medien berichteten ohne Zensur. Weil der Funke Dubček auf den gesamten Ostblock überzuspringen drohte, erkannten die kommunistischen Führer eine von Prag übergreifende »Konterrevolution«, wähnte vor allem der in Panik geratene DDR-Minister für Staatssicherheit, Erich Mielke, hinter Dubček würden kriegstreibende Defraudanten aus dem Westen stehen.

Mielke betrachtete Hermann J. Abs als Finanzier Dubčeks, wie er noch Jahre später seinem Vertrauten, dem Generaloberst Rudi Mittig, anvertraute. Die braune Vergangenheit dieses Bankiers, so beschied Mielke, müsse durchleuchtet und in der Bundesrepublik publiziert werden.[21] Doch der MfS-Chef hatte nicht darüber nachgedacht, daß ein solches Projekt Zeit und vor allem Akribie voraussetzte. Womit sich unaufhaltsam, im April 1968, eine deutsch-deutsche Farce in Bewegung setzte.

Mielke erteilte einem seiner Stellvertreter, dem Generalmajor Fritz Schröder, den Befehl, sich »über die Aktenbestände der ›Deutschen Bank‹ und der ›Dresdner Bank‹ ... eine Übersicht« zu verschaffen.[22] Der gelernte Fleischermeister gab die Order seinerseits an seine Untergebenen weiter. Innerhalb von 48 Stunden wurden die fündig:

In den »Kellerräumen« des Deutschen Wirtschaftsinstituts, so meldete der Major Horst Janßen, »befindet sich ca. 25 – 30 t Aktenmaterial«: »Schriftverkehr der *ehemaligen* Dresdner Bank, der Deutschen Bank, ... teilweise bis in das Jahr 1944«.[23] Weitere Recherchen förderten sodann »ca. 18000 Akten der Dresdner Bank, ca. 12000 Akten der Deutschen Bank« zutage. Bislang seien diese »Aktenbestände ... nicht ausgewertet und ohne Registrierungsvermerk abgelegt«, bemerkenswert sei allerdings, daß »41 Akten den persönlichen Schriftverkehr des Bankiers ABS« betrafen, zudem seien »430 Personalakten der ehemaligen Vorstandsmitglieder ... sowie 142 Akten des Sekretariats der Deutschen Bank« aufgefunden worden,[24] hochsensible Papiere, die sich das MfS im Dezember 1968 prompt einverleibte.[25] In diesem Augenblick hatte sich das Problem Dubcek zwar längst erledigt, hatten Panzer des Warschauer Paktes vier Monate zuvor den Dubcek-Spuk jäh beendet, aber die Anti-Abs-Aktion blieb beschlossen. Deshalb kam Czichon an die Dokumente der Deutschen Bank heran und das MfS im »Operationsgebiet« zum einzigen Prozeß seiner Geschichte.

Innerhalb des MfS galt Eberhard Czichon eigentlich als kenntnisreicher Genosse, der es verstand, den westlichen Lebensstil zu analysieren. Wer als Führungsoffizier die Pflege von DDR-Historikern zu verantworten hatte, durfte sich als privilegiert betrachten. Doch in dieser Zunft bildete sich ein Zweiklassen-System heraus: Wer die antifaschistische Geschichtsbeschreibung für DDR-Verlage betrieb, wurde als rangniedrig angesehen, wer freilich NS-Zeugnisse für die Hauptverwaltung Aufklärung (HVA) im Westen in Umlauf setzte, der hob sich von allen anderen ab. Eberhard Czichon stand mit dem Major Hans Knaust von der HVA-Desinformationsabteilung X in Verbindnung, dessen Chef Markus Wolf den soeben vom Vorstandsvorsitzenden in den Aufsichtsrat gewechselten Hermann J. Abs bereits seit längerem »abschießen« wollte. Mielkes spontaner Abs-Einfall gefiel Wolf derart gut, daß er sich persönlich einschaltete. Doch Czichons Abs-Biographie entwikkelte sich für das MfS zu einer Devisen fressenden Pleite.[26]

Eine nützliche Erfahrung

»Die Deutsche Bank und Abs haben ... gegen den Herausgeberverlag und den Genossen Czichon Klage wegen Verleumdung eingereicht«, teilte Hans Knaust im September 1970 dem MfS-Ressort »Aufklärung von Nazi- und Kriegsverbrechen« trocken mit. Dort schob Oberstleutnant Lothar Stolze Dienst, für »Recherchen und Überprüfungen zu Personen und Sachverhalten auf die NS-Zeit bezogen« zuständig und Routinier für die »Nachweisführung zu

[NS-]Personen«.[27] Stolze mußte nun die Schriftsätze der Abs-Anwälte auswerten und kooperierte mit Horst Zank, der es zum Oberst und Lehrstuhlinhaber an der MfS-Hochschule (»Geschichte der deutschen Arbeiterbewegung und des MfS«) gebracht hatte. Ihnen oblag es, Czichons »Beweislücken« zu schließen.

Doch erst einmal wurde heftig Kritik geübt: Die »oberflächliche Arbeitsweise und Leichtfertigkeit von Czichon bei der Abfassung [seines Manuskriptes] führten in einigen wesentlichen Punkten zu offensichtlichen falschen und unbewiesenen Behauptungen«, stellte das MfS bestürzt fest, ärgerlich sei daran vor allem, daß »die Grundaussagen [Czichons] und damit die marxistisch-leninistische Erkenntnis über die bedeutende Rolle des deutschen Finanz- und Monopolkapitals bei der Vorbereitung und Durchführung des faschistischen Raubkrieges« in Frage gestellt worden seien.[28] Czichons Abs-Drehbuch entpuppte sich mehr und mehr als Spekulations-Skript. Nun rückte das MfS nachhaltig zur Spurensuche aus.

In einem »Fragespiel für die Durchsicht der Materialien zum Vorgang Deutsche Bank/ABS« konzentrierten sich die Geheimdienstler auf die SS: Da müßten »Hinweise auf Verbindungen der Deutschen Bank und von ABS zum RSHA [Reichssicherheitshauptamt], insbesondere WVHA, SD, und OKW, Amt Ausland/Abwehr« verfolgt werden, unter »Beachtung folgender Personen: MUMMENTHEY, Karl, HOHBERG, Hans, Dr. SALPETER«,* im übrigen »Kreditgebung von Unternehmen, die ausländische Fremdarbeiter, Kriegsgefangene oder KZ-Häftlinge beschäftigten und die Rolle von ABS als Vorstandsmitglied« betreffen würden.[29] Das MfS wollte nichts mehr dem Zufall überlassen, sondern erst

* Der SS-Obersturmbannführer Karl Mummenthey leitete unter Oswald Pohl mit Häftlingen arbeitende SS-Firmen, die im Amt W(irtschaft) zusammengefaßt waren, beispielsweise die Deutschen Erd- und Steinwerke G.m.b.H., während der SS-Oberführer Dr. Walter Salpeter das »Rechtsamt« der WVHA-Amts-Gruppe A (Truppenverwaltung) und in der Amts-Gruppe W das Ressort »Sonderaufgaben« kommandierte.

jetzt schöpfte es alle Möglichkeiten aus. Auch den Fundus des Bundesarchivs in Koblenz. Dort stand ein – bis heute unentdeckter – Kundschafter der HVA Gewehr bei Fuß, der bereits für die Kampagne gegen »den ehemaligen westdeutschen Bundespräsidenten [Heinrich] Lübke« Material beschafft hatte. Nun schleuste der Spion fleißig Abs-Dokumente nach Ost-Berlin.[30] Aber auch diese Papiere reichten nicht aus, um Abs zu belasten. Und nun?

»Der Parteiführung geht es in erster Linie darum«, so stellte der MfS-Mann Horst Zank fest, »den westdeutschen Pahl-Rugenstein-Verlag vor jeglicher Schädigung zu bewahren«, denn der pflegte »nach außen hin einen liberalen Chrarakter« und werde (obwohl »wir den fest an der Strippe haben«) daher »nicht als kommunistischer Verlag abgestempelt«,* schließlich habe der Aufbau »außerordentliche Mühen gekostet«.

Wenn nun der Verlag Pahl-Rugenstein, warnte Zank, »im Ergebnis der von ABS erhobenen Schadenersatzforderungen« Konkurs beantragen müßte, würden »die reaktionären Kreise der westdeutschen Großbourgeoisie« triumphieren. Auch der DDR-Chefpropagandist Albert Norden habe »wiederholt darauf hingewiesen, daß bei allen geplanten Maßnahmen stets die erheblichen Prozeßkosten zu beachten sind, die bei einer Fortführung des Zivilverfahrens anfallen«.

Zank schlug eine Alternative vor: Es müßte geprüft werden, »ob und in welcher Form das vom MfS erarbeitete Beweismaterial gegenüber ABS und der Deutschen Bank als Erpressungsmaterial benutzt werden kann, um ABS zu veranlassen, ein weiteres Vorgehen gegen den Verlag zu unterlassen«.[31] »Bei einem derartigen Vorgehen«, überlegte Zank, »müßte absolut sicher gewährleistet sein,

---

* Der Kölner Verlag Pahl-Rugenstein gehörte zum konspirativen Firmen-Imperium der SED. Im Jahr des Mauerfalls wurde die ebenfalls zur SED gehörende Plambeck & Co. Druck und Verlag GmbH in Neuss mit einem Kapital von 500 000 Mark Hauptgesellschafter Pahl-Rugensteins. Plambeck diente der DKP als Geldwaschanlage und druckte u.a. die Wochenzeitung der DKP, »Unsere Zeit«.

SOZIALISTISCHE EINHEITSPARTEI DEUTSCHLANDS

Zentralkomitee

HAUS DES ZENTRALKOMITEES AM MARX-ENGELS-PLATZ · 102 BERLIN · RUF 2028-0

MITGLIED DES POLITBÜROS

Albert Norden

17.März 1971

Lieber Genosse Mielke!

Vielen Dank für das von Dir beschaffte Material in der Sache Abs. Leider findet ja der Prozeß nicht vor unserem Gericht statt, sondern in der BRD, wo man mit handfestem und bis ins letzte beweiskräftigen Material kommen muß.

Beiliegend übermittle ich Dir zu Deiner Information zwei bei der Westabteilung des ZK jetzt eingegangene Gutachten des Genossen Prof.Dr.Lekschas und des Genossen Dr. Eichholtz in Sachen Abs. Es handelt sich dabei um Stellungnahmen zu dem der Westabteilung vorgelegten Ermittlungsbericht vom 4.1.1971 und der beigefügten umfassenden Dokumenten-Sammlung.

Die Gutachten gelangen zu der Schlußfolgerung, daß das bisher vorgelegte Material nicht ausreicht, um ein Strafverfahren in Westdeutschland einzuleiten. Genosse Prof.Lekschas sieht sogar die Gefahr, daß der "direkte Weg über eine Anzeige" - wenn lediglich das jetzt zur Verfügung stehende Material verwendet werden kann - "zu einer schnellen und vollständigen Rehabilitierung von Abs und damit zu einer Verschlechterung der Situation im Zivilverfahren führen könnte". Zugleich werden Vorschläge für den notwendigen Ausbau der Beweis-Basis gemacht.

Die Einholung solcher Gutachten war zwischen den verantwortlichen Genossen Deines Ministeriums und der Generalstaatsanwaltschaft sowie dem Genossen Pötschke, stellvertretender Leiter der Westabteilung, bei einer ersten Beratung über den Inhalt des Ermittlungsberichts vereinbart worden. In dieser Beratung war, wie mir der Genosse Pötschke mitteilte, auf Vorschlag der Genossen des MfS außerdem festgelegt worden, mit irgend-

Ag 220 42-67

Albert Norden meldet Erich Mielke: »Leider findet ja der Prozeß nicht vor unserem Gericht statt, sondern in der BRD, wo man mit handfestem und bis ins letzte beweiskräftigen Material kommen muß«

daß der angestrebte Erfolg auch tatsächlich eintritt.«[32] Eine riskante Operation.

Das Politbüro-Mitglied Albert Norden hatte Erich Mielke die Aussichtslosigkeit eines positiven Prozeßausganges erklärt und ihm dabei unverhohlen den Unterschied im deutsch-deutschen Rechtssystem erläutert: »Leider findet ja der Prozeß nicht vor *unserem* Gericht statt, sondern in der BRD, wo man mit handfestem und bis ins letzte beweiskräftigem Material kommen muß.«[33] Die Erpressungs-Variante ein letzter Ausweg? Wie konnte sie umgesetzt werden?

Den Abs-Anwälten würde »in einem Gespräch unter vier Augen« signalisiert, »daß zuständige Stellen in der DDR ... in der Zeit des Faschismus begangene Verbrechen zu erheblich belastenden Feststellungen gelangt seien«. Für den Fall, daß Abs und die Deutsche Bank »zu einem Vergleich bereit« seien, würden diese Recherchen »nicht in die Öffentlichkeit kommen«. Falls die Gegenseite auf dieses Angebot nicht eingehen sollte, »könnten die wesentlichen Teile des Materials nach entsprechender Legalisierung ... und sorgfältiger Vorbereitung in das Operationsgebiet lanciert und dort zur Durchführung einer großangelegten publizistischen Aktion gegen ABS genutzt werden«.[34] Doch dazu sollte es nicht mehr kommen.

MfS und HVA hatten über ein Jahr lang versucht, ihren Autor Eberhard Czichon vor einer juristischen Niederlage zu bewahren. Trotz des gigantischen Aufwandes einer letztendlich 50köpfigen »Ermittlungseinheit« ließ sich kein brauner Schurke Hermann J. Abs herbeireden. Nicht einmal dem von Mielke um Beistand gebetenen Bruderdienst KGB in Moskau gelang es, das Gerichtsverfahren mit irgendwelchen belastenden Abs-Attesten umzukehren.[35] Hermann J. Abs war nicht zu fassen, ein über Jahrzehnte gefürchteter Geheimdienst schlicht an einem Bankier gescheitert.

Selbst wenn es ein Dokument gegeben hätte, das eine Verbindung zwischen Hermann J. Abs und Oswald Pohl belegt hätte –

auch dieses hätte Eberhard Czichon nichts mehr genutzt, denn das Schlußurteil des Stuttgarter Landgerichts listete am 27. Juni 1972 mehr als 250 Unrichtigkeiten auf. Martin Löffler hatte obsiegt und Hermann J. Abs durfte das Czichon-Werk fortan eine »politische Tendenzschrift« nennen.

Diesen Erfolg kostete die Deutsche Bank aus. Der Primus informierte daraufhin die Chefetagen bundesdeutscher Geldhäuser. Im Oktober 1972 ließ Franz Heinrich Ulrich, während des Dritten Reiches Abs-Assistent und SS-Scharführer wie nunmehr als Abs-Nachfolger Vorstandssprecher der Deutschen Bank, »einem ausgewählten Empfängerkreis« unaufgefordert ein schwergewichtiges Päckchen zusenden.

In einem für die Verhältnisse der Deutschen Bank ungewöhnlich schäbigen hellblauen Pappdeckel, einschließlich einer »Vorbemerkung«, waren Teil- wie Schlußurteil dürftig zusammengeleimt, samt einiger »Dokumente zu dem 1945/46 im Auftrage der US-Militärregierung gefertigten Report on the Investigation of the Deutsche Bank (OMGUS-REPORT), die die Feststellungen des [Stuttgarter] Gerichts unterstreichen, dass der OMGUS-Report *keinen Beweiswert* hat«. Frivoler konnte dieser Vorgang nicht sein: Nach Czichon wurde der enthüllende Report der Amerikaner gleich mit entsorgt.

Der Verfahrensausgang, so schloß der Begleittext der Deutschen Bank, habe »gezeigt, dass es richtig war, die mit dem Ziel der politischen Verteufelung verbreiteten Diffamierungen nicht einfach hinzunehmen, sondern durch das Gericht untersagen zu lassen«. Der Verlauf dieses Prozesses werde »deshalb für alle diejenigen, die [zukünftig] im Mittelpunkt solcher Angriffe [aus der DDR] stehen, eine nützliche Erfahrung sein«.[36]

So etwas lasen jene Bankiers gern, denen Hitlers Großdeutschland die berufliche Gipfelfahrt erst ermöglicht hatte. Denn nur sie mußten schließlich eines Tages damit rechnen, Abs als Propaganda-Opfer nachzufolgen.

Wer aber war Hermann J. Abs nun wirklich? Warum begann sein

steiler Aufstieg nicht nach dem Ende des NS-Regimes? Warum ausgerechnet auf dem Höhepunkt der Machtentfaltung des Dritten Reiches?

Hermann J. Abs hat Spuren hinterlassen.

9

Abs – eine Karriere

Eberhard Czichon war voller Hoffnung. Viel hing für ihn von einem Treffen mit Karl-Eduard von Schnitzler ab. Jetzt würde er endlich erfahren, in welchem Verwandtschaftsgrad die Gattin des Hermann J. Abs zum Himmler-Freund Kurt Freiherr von Schröder stehen würde, dem Prinzipal des gegenüber der SS willfährigen Kölner Bankhauses J.H. Stein. Czichon wollte den Geldaristokraten der Machenschaften mit dem Schwarzen Orden überführen, weil dessen Ehefrau mit dem Freiherrn versippt war.

Im Dezember 1968 erklärte Karl-Eduard von Schnitzler, Erfinder des »Schwarzen Kanals« und Chefkommentator des DDR-Rundfunks und -Fernsehens, daß Inez Abs, geborene von Schnitzler, zwar zur weitverzweigten Großfamilie der von Steins und der von Schnitzlers gehörte,* aber nur sehr entfernt.[1] Eine für Czichon bedauerliche Auskunft.

»Gelassenheit ist Tugend«, soll Hermann J. Abs einstmals gesagt haben, weshalb er jedes »Problem mit Beharrlichkeit und Festigkeit« gelöst habe. Diese Lebensphilosophie, schrieben die »Stuttgarter Nachrichten« anerkennend, habe Hermann J. Abs befähigt, »das Instrument Deutsche Bank virtuos zu spielen«, stets darauf bedacht, »zu ordnen, was der Ordnung bedarf«.[2] Abs habe,

---

* Am 22. April 1922 heiratete Kurt Freiherr von Schröder Edith von Schnitzler, die Tochter des Geheimen Kommerzienrates wie Schwedischen Generalkonsuls, Dr. Richard von Schnitzler. Inez war die Tochter Arthur von Schnitzlers und Nichte des berühmten Kölner Kunstmäzens Victor von Schnitzler.

wie auch der Wirtschafts-Biograph Paul Swiridoff applaudierte, »das Maß des Risikos, nämlich die Fähigkeit, die Grenze früh genug zu erkennen, die man nicht überschreiten darf«, einkalkuliert, aber trotzdem – »bei der Ordnung der vorhandenen Kräfte (mitgewirkt) und so zu ihrer Entfaltung« beigetragen.[3] Hatte Swiridoff etwa den außergewöhnlichen Karrieresprung von Abs während des Dritten Reiches im Auge? Er hatte nicht.

Hermann J. Abs, so konkretisierte 1995 der amerikanische Geschichts-Professor und Abs-Kenner Harold James, sei »ohne Zweifel das dynamischste und kreativste Vorstandsmitglied der Deutschen Bank während des [Zweiten Welt-]Krieges« gewesen. Vernichtend die Kritik von James am damaligen Berufsstand, vor allem an dem der Deutschen Bank:

Die Banken hätten »sich darauf beschränkt, Geld zu verdienen«, sie seien »parasitär« und hätten sich »in die behagliche Sicherheit der ökonomischen Rationalität« zurückgezogen, einzig, um das »Gleichgewicht zwischen Soll und Haben« zu garantieren. Es sei bemerkenswert, so fuhr James fort, daß sich Abs wie seine Kollegen nur wegen der Staatsverschuldung der NS-Diktatur erregten, die »singuläre Unmenschlichkeit« des NS-Staates hingegen goutierten. James: »Die Bankenwelt war ... vom NS-Regime und seiner Art, sich den Deutschen zu präsentieren, eingefangen worden.« Und: »Im Ergebnis trugen auch die Bankiers zum moralischen Niedergang Deutschlands bei.«[4] Selbst die Abs-treue »FAZ« kritisierte, wenngleich verhalten, abschließend die »extreme moralische Kurzsichtigkeit der Bankiers jener Jahre«.[5]

Staatsoberhäupter jedweder Couleur hätten an der Dienstbarkeit der Person eines Hermann J. Abs niemals gezweifelt. Sie war in der Ära Kaiser Wilhelms II. geprägt worden, sie hatte sich ein erstes Mal in der Weimarer Republik Geltung verschafft, bis sie während der nationalsozialistischen Tyrannei Einfluß wie Leumund einforderte und schließlich nach der Gründung der Bundesrepublik Deutschland ihre Autorität unwiderruflich sicherstellte.

Und wie kein anderer hatte es Abs verstanden, seine Tätigkeit so diskret wie möglich auszuüben. Doch nicht jeder Beleg für Verbindungen zum NS-Regime blieb unauffindbar. Hermann J. Abs war, im Gegensatz zu vielen anderen seines Niveaus, lediglich ein intelligenteres Produkt seiner Zeit, das siebente Kind des vermögenden Assessors Josef Abs und seiner Ehefrau Catharina, geborene Lückrath, aufgewachsen in einem strenggläubig-katholischen Umfeld.

»Meine Eltern«, so ließ sich Abs im Herbst 1965 vom »Spiegel« entlocken, hätten sich »beide ganz dem christlichen Gedanken hingegeben«.[6] Frömmigkeit schweißte die Familie in der Tat zusammen, Theologiestudien hatten Altvordere des Abs-Clans vereinzelt zu religiösen Eiferern gemacht. Hermann J. Abs, am 15. Oktober 1901 in Bonn zur Welt gekommen, dessen Zwillingsbruder Gottfried die Geburt nicht überlebte, fand in der Kirche Kraft und Zuversicht. Abs gehörte der »Kriegsjugendgeneration« an, die der Historiker Ulrich Herbert so beschrieb: »Ernst, wortkarge Verschlossenheit und Zurückhaltung, ja manchmal schroffe Kälte«, vor allem aber »Sachlichkeit«, hervorstechend die Ablehnung des »Zurschautragens von Gefühlen«. Diese »Kriegsjugendgeneration« sei durch den Ersten Weltkieg geprägt worden: »Ein ausgesprochener Sinn für rationelle Methoden und für das Ökonomieprinzip überhaupt.«[7] Charakterzüge, die besonders bei Hermann J. Abs hervorstachen.

Auch Peter Suhrkamp beschäftigte sich in seinem Essay »Söhne ohne Väter und Lehrer« (1932) mit der »Kriegsjugendgeneration«: »Das Bezeichnendste an ihnen ist ihr Mangel an Humanität, ihre Achtlosigkeit gegen das Menschliche. [Ihre] Väter waren im Krieg. Die Kinder dieser Eltern gerieten, da sie sich selber überlassen oder auch davongelaufen waren, nach dem Krieg in alle Krisenhysterien und Krisenlaster, ohne dabei großen Schaden zu nehmen. ... Die Dreißigjährigen sind sicher die begabteste Generation unter den Jungen«. Begründung: »Mit einer überraschenden Selbstdisziplin stabilisieren sie ... in allen Lagern und Positionen für sich eine fixe Lebensform und fixe Lebensgewohnheiten. Sie sind die schärfsten Gegner des Liberalismus.«[8] Kriterien, die Hermann J. Abs erfüllte.

Nach der Reifeprüfung ließ sich Abs an der Juristischen Fakultät der Universität Bonn immatrikulieren, freilich brach er das Studium nach zwei Semestern ab. Die Gründe dafür, bemerkte Biograph Czichon, »sind unbekannt«. Dabei waren sie so naheliegend: Abs drängte es in die Praxis, im Gegensatz zu seinen älteren Brüdern glaubte er, ohne akademischen Grad auskommen zu können. Der Alltag der Universität schien ihm verlorene Zeit, schließlich waren Verwandte Mitinhaber zahlreicher Bankhäuser. Mutter Abs schaltete sich über ihren Bruder, den Textilunternehmer Gernon Lückerath, zu. Der Onkel protegierte den 19jährigen Abs 1920 als Lehrling zum Kölner Bankhaus Delbrück von der Heydt & Co.*

Nach nur zwei Jahren hatte Abs seine kaufmännische Grundausbildung absolviert. In diesen Monaten war der Neuling dem Delbrück-Teilhaber Franz Koenigs aufgefallen. Der, zugleich Mitgesellschafter des Investment-Unternehmens Rhodius-Koenigs Handel Maatschappij in Amsterdam, beorderte den jungen Mann nach Holland, damit er dort seine Grundkenntnisse im Devisenhandel vervollständigte.[9] Abs reiste in die U.S.A., nach Belgien, Frankreich, Spanien, nach England. Er avancierte zum Experten in Fragen des internationalen Kapitalexports. Solch frühe Sach-

* Das Bankhaus Delbrück von der Heydt & Co. war durch eine Fusion mit Heydt, Kersten & Söhne (Wuppertal-Elberfeld) entstanden. Das (1854 aus den seit mehr als 100 Jahren tätigen Berliner Bankhäusern Delbrück Leo & Co. und Gebrüder Schickler hervorgegangene) Institut Delbrück Schickler & Co. war die sog. Mutterbank. Delbrück hatte auch Anteile am Bankhaus Friedr. Schmidt & Co. (Augsburg) und an der Metallbank (Frankfurt a.M.) erworben, die während der Schwarzgeld-Transaktionen der hessischen CDU traurige Berühmtheit erlangte. Adelbert Delbrück gehörte zudem zu den Gründern der Deutschen Bank.

verständigkeit war in den Jahren der Wirtschafts- und Bankenkrise rar, einer der Gründe, weshalb der junge Hermann J. Abs katapultartig weiterkommen sollte.

Als Abs aus Amsterdam nach Köln zurückkehrte (zuvor hatte er mit Inez von Schnitzler die Ehe geschlossen) entsandte ihn Koenigs 1929 zu Delbrück Schickler & Co. nach Berlin, wo er sogleich Teil-Prokura erhielt. So etwas kannten gestandene Bankiers bislang noch nicht: Ein »Halbwüchsiger«, gerade einmal 28 Jahre alt, begann, sich mit traumwandlerischer Leichtigkeit in ihrem abgeschotteten Kreis zu bewegen und zu etablieren.

In der Französischen Straße 32 bezog er sein Büro, in unmittelbarer Nachbarschaft zur Deutschen wie Dresdner Bank, zur Reichs-Kredit-Gesellschaft, zur Berliner Handels-Gesellschaft wie zum später für ihn wichtig werdenden Reichswirtschaftsministerium. In Charlottenburg, der Mecklenburgerallee 13, kaufte er eine Villa und wurde Vater: 1929 kam Thomas-Vincent zur Welt, ein Jahr darauf Marion-Claud.[10] Dann erregte er Aufsehen, so daß die konservativen Bankiers den Benjamin Abs als einen der Ihren zu akzeptieren begannen.

Delbrück Schickler & Co. waren stark beim Karstadt-Konzern engagiert. Die überhastete Expansion wie die wegen der Weltwirtschaftskrise dramatisch sinkende Kaufkraft führten das Warenhaus 1933 in die Zahlungsunfähigkeit, die zudem mit Hitlers Machtergreifung zusammenfiel. Die antijüdischen Boykottaufrufe färbten Karstadts Bilanzen zusätzlich tiefrot. Die Entschuldung gelang zwar über Kredite, aber ohne eine Idee von Abs wären die Darlehen höher und das Engagement riskanter ausgefallen: Inhabern von Dollar-Schuldverschreibungen wurde ein Umtauschangebot in Reichsmark-Bonds unterbreitet, wodurch sich die Verbindlichkeiten Karstadts gewaltig reduzieren ließen.

Abs konnte sich zu recht als erfolgreicher Sanierer feiern lassen. Doch bei dieser Gelegenheit fiel ein erstes Mal seine geschmeidige Eigenart auf: seine geradezu notorisch gepflegte Distanz zur Politik. Abs delegierte und hatte es von Anfang an vermieden, Schriftstücke zu paraphieren, die ihn am Ende in die Nähe des NS-Regimes hätten rücken können. Die Unterschriften leistete der Stab des Hermann J. Abs. Er persönlich blieb »sauber«.

Diese Haltung wurde anläßlich des Karstadt-Umbaus überdeutlich: Einige Aufsichtsrats- wie Vorstandsmitglieder Karstadts hatten sich für die Entlassung aller jüdischen Mitarbeiter ausgesprochen, um sich vor dem antijüdischen »Volkszorn« zu schützen. Doch mehr als ein Drittel der leitenden Angestellten waren Juden. In der Chefetage kam es zu lautstarken Diskussionen, bei denen sich Abs – als »Gast« der Gläubiger-Banken – angeblich auffällig zurückhielt. Der Historiker Lothar Gall begründete Abs' vorgebliche Distanz: Für Delbrück Schickler & Co. hätte er das Stimmrecht gar nicht ausüben, sondern sich der Delbrück-Mitgesellschafter Alfred Neumann lediglich einmischen können, sich also wegen der Kündigungen jüdischer Mitarbeiter gar nicht zu Wort melden dürfen.[11] Ein notorisch schweigsamer Abs? Ein praxisfernes Argument.

Widersprüche begleiteten Hermann J. Abs bis zu seinem Tod im Februar 1994. Das NS-System duldete keine Widersacher. Wer das Regime ablehnte, der wurde – gerade in der Phase der Konsolidierung – seines Postens enthoben, gar ins KZ gesperrt, egal wie unentbehrlich jemand für wen auch immer gewesen sein mochte. Abs aber stand am Beginn eines atemberaubenden Aufstiegs. Und den sollte er aus moralischen Erwägungen aufs Spiel setzten?

Die Reichskanzlei befand sich nur wenige Straßenzüge vom seinem Arbeitgeber Delbrück entfernt, und eigentlich ging Abs' Frömmigkeit mit dem Führerkult auf Konfrontationskurs, freilich hätte er sodann nach Amsterdam ausweichen müssen. Hermann J. Abs wußte genau, welche Bußfertigkeit ihm das Dritte Reich abverlangte, zumal Delbrück Schickler & Co. in Adolf Hitler über einen begehrenswerten Privatkunden verfügten. Der Führer hatte das Institut aus geschichtsträchtigen Gründen zu seiner Hausbank erkoren.

Die Gebrüder Schickler finanzierten Friedrich dem Großen erst seine Kriege, bis der Preußenkönig seinen Bankiers schließlich seine gesamten Vermögen anvertraute.[12] Als Hitler dies zu Ohren kam, nutzte er, der sich selbst in der Nachfolge Friedrichs II. sah, das Haus zur symbolträchtigen Kontoeröffnung, auf dem nun sein Gehalt als Reichskanzler überwiesen wurde, das, wie Abs 1945 die Amerikaner unterrichtete, angeblich »zugunsten von Arbeitsunfällen verwendet wurde«.[13]

Delbrück Schickler & Co. waren durch den Kunden Adolf Hitler geadelt. Auch Alfred Rosenberg, »Beauftragter des Führers für die Überwachung der gesamten geistigen und weltanschaulichen Schulung und Erziehung der NSDAP«, sowie der spätere SS-Oberst-Gruppenführer Kurt Daluege, Chef der Ordnungspolizei und nach Heydrichs Tod stellvertretender Reichsprotektor Böhmen und Mährens, wählten Delbrück Schickler & Co. zu ihrem Vertrauensinstitut. Die illegale Geldvermehrung Rosenbergs und Dalueges* konnte Abs nicht verborgen geblieben sein. Daß Einzelbeträge in sechsstelliger Höhe legal nicht erworben waren, darüber muß sich Hermann J. Abs im klaren gewesen sein. Doch die Herkunft der Korruptions-Beträge, die da seit 1934 über Delbrück Schickler & Co. in die Portemonnaies Rosenbergs und Dalueges flossen, verschwieg Abs Zeit seines Lebens auch gegen-

---

* Rosenberg wurde im Oktober 1940 Leiter des »Einsatzstabes Reichsleiter Rosenberg«. Dieses »Amt« war geschaffen worden, um aus den besetzten Gebieten Kunstschätze zu rauben und sie ins Reich zu überführen. Rosenberg, der mit dem ostpreußischen Gauleiter Erich Koch befreundet war, hatte zusammen mit ihm 1935 die Kassen des Winterhilfswerks geplündert. Dann gründete Koch seine »Erich-Koch-Stiftung«, die sich »herrenlos« gewordenes jüdisches Vermögen aneignete. Von diesen Diebstählen partizipierte Rosenberg ebenfalls. Daluege, der von der SA zur SS gewechselt und Chef der Preußischen (Land-)Polizei in Berlin war, aus der schließlich die Ordnungspolizei hervorging, hatte sich an Geldern in KZ internierter NS-Gegner bereichert. Nach Einsetzen der ersten Juden-Verfolgungen »konfiszierte« Daluege jüdische Bank-Guthaben.

über den Amerikanern.[14] Die Gründe dafür hat er mit ins Grab genommen.

»Seine Erfolge, seine Fähigkeiten und vielleicht auch die Faszination, die von seinem Selbstbewußtsein ausging«, so folgerte Lothar Gall, »machten Abs für andere Banken interessant.«[15] In der Tat war er, inzwischen Mitgesellschafter von Delbrück Schickler & Co., ein selten begabtes Talent, zumal er fließend Englisch, Französisch, Spanisch und Holländisch sprach.[16] Abs' eigentliches Kapital bestand in seinen Verbindungen ins Ausland. Ohne Frage wurde er damit für die Geldpolitik des Dritten Reiches von Bedeutung. Abs wußte sehr wohl, daß ihn diese Qualifikationen eines Tages befördern würden. Doch als der Zeitpunkt dann tatsächlich nahte, wird er darüber selbst am meisten überrascht gewesen sein. Das Ableben des 57jährigen Gustaf Schlieper ebnete ihm den Weg zur Deutschen Bank.

Der »Figaro« im deutschen Bankwesen

Schlieper habe »souverän die Klaviatur des internationalen Geschäfts« beherrscht, wie sich die Deutsche Bank noch 1957 an ihr Vorstandsmitglied erinnerte. Während der Bankenkrise der dreißiger Jahre war ihm wahrlich ein einmaliges Kunststück gelungen: Er verhinderte, daß ausländischen Institute ihre Deutschland kurzfristig eingeräumten Kredite schlagartig zurückzogen. Mehr noch: Er überredete seine Verhandlungspartner zur Unterzeichnung eines (ersten) Stillhaltevertrages über sechs Milliarden Mark. Am 24. August 1937 erlitt Schlieper einen Herzinfarkt.[17]

Schlieper, Sproß einer rheinischen Industriefamilie, war Hermann J. Abs in der Position eines Vorstandsvorsitzenden der Amsterdamer Handels-Maatschappij H. Albert de Bary & Co. begegnet, einem direkten Konkurrenten von Delbrücks Rhodius-Koenigs Handel Maatschappij. Dort fiel ihm der junge Abs angenehm auf.

DEUTSCHE BANK

Geschäftsbericht

für

1941

Auf dem Felde der Ehre fielen unsere Arbeitskameraden:

Feldwebel Albrecht, Karl, Wesermünde
Unteroffizier Anders, Walter, Berlin
Gefreiter Asmussen, August, Berlin
Obergefreiter Audorf, Gustav, Berlin
ϟϟ-Rottenführer Bär, Eberhard, Heidelberg
Soldat Bauer, Rudolf, Heilbronn
Gefreiter Baumgärtner, Hans, Mannheim
Soldat Behnken, Günther, Bremen
Obergefreiter Berstorff, Dietrich, Berlin
Feldwebel Berther, Anton, Augsburg
Leutnant Bertuleit, Willy, Direktor, Memel
Unteroffizier Bochennek, Franz-Otto, Berlin
Soldat Boerl, Willi, Braunschweig
Obergefreiter Braun, Julius, Mannheim
Leutnant Braunfisch, Johannes, Berlin
Gefreiter Breitling, Karl, Eßlingen
Leutnant Brück, Kurt, Bochum
Feldwebel Fischer, Hartmut, Braunschweig
Gefreiter Fischer, Hermann, Meiningen
Unteroffizier Fischer, Konrad, Elberfeld
Leutnant Förster, Hans, Erfurt
Leutnant Friedel, Franz, Tübingen
Gefreiter Geist, Heinrich, Feuerbach
Obergefreiter Gewehr, Karl, Ludwigshafen
Gefreiter Göring, Walter, Karlsruhe
Gefreiter Görsdorf, Willi, Berlin
Gefreiter Graefer, Heinz, Wald
Feldwebel Greis, Rolf, Solingen
Gefreiter Groh, Eugen, Heilbronn
Soldat Gropengießer, Arno, Berlin
Maschinenmaat Guhrack-Emden, Otto, Sorau
ϟϟ-Rottenführer Häfele, Rolf, Tübingen
Feldwebel Hafner, Friedrich, Bad Godesberg
Leutnant Haider, Josef, Berlin

Geschäftsbericht 1941: »Auf dem Felde der Ehre fielen unsere Arbeitskameraden …«

Und sicher wird Schlieper seine positive Meinung über diesen jungen Mann in Berlin nicht unterdrückt haben. Der Name Hermann J. Abs war also bereits vor seiner Übersiedlung in die Reichshauptstadt im Gespräch. Das mag den Sprecher der Deutschen Bank, Eduard Mosler, nach dem Tod seines Freundes Schlieper bewogen haben, Abs dessen Nachfolge anzutragen. Er sollte die Auslandsabteilung des Verstorbenen übernehmen.

Aus der Sicht der Deutschen Bank, so hielt Harold James fest, sei letztendlich Abs' Erfahrung im Auslandsgeschäft ausschlaggebend gewesen.[18] Abs soll, laut Gall, lange über das Angebot nachgedacht haben, denn er hätte seine Teilhaberschaft bei Delbrück Schickler & Co. zurückgeben müssen, eine Kündigung bei Delbrück hätte ihm überdies »einen deutlichen Einkommensverlust« eingetragen.[19] Doch die kümmerlichere Dotierung spielte keine Rolle. Geld hatte Abs genug. Ihm ging es ausschließlich um das Prestige, denn die Deutsche Bank bot ihm, was ihm Delbrück niemals hätte in dieser Dimension unterbreiten können: die Alleinherrschaft über den Auslandsumsatz eines der weltweit größten Institute. Aber bevor er den Posten beim Nachbarn annahm, hielt er den Vorstand ostentativ hin.

Drei Wochen vergingen, dann stimmte Abs zu. Eine für Mosler erbauliche Nachricht, die er prompt stolz im Hause verbreitete, dabei war er nur das Opfer von Abs' Wartestrategie geworden. Mosler mag mit einer Zusage gar nicht mehr gerechnet haben. Als sie ihn aber schließlich doch erreichte, kam sie ihm emotional wie ein Befreiungsschlag vor. Jetzt redete »man« über Hermann J. Abs. Bevor er sein Büro bezogen hatte, eilte ihm bereits ein geschickt inszenierter Ruf voraus.

Und obgleich er seinen Vorstandsvertrag noch nicht gegengezeichnet hatte, setzte Abs eine einschneidende Änderung durch: Seit der Fusion der Deutschen Bank mit der Disconto-Gesellschaft firmierte die Deutsche Bank seit 1929 als »Deutsche Bank und Disconto-Gesellschaft«, ein Bandwurmtitel, der bereits ein Viertel des Platzes eines jeden Briefkopfes beanspruchte. Abs schlug Mosler vor, die Bank wieder in »Deutsche Bank« umzubenennen.[20] Das stetig erstarkende NS-Deutschland könnte dabei Pate gestanden haben.

Hermann J. Abs war zwar eitel. Sein Äußeres ließ jedes Frauenherz höherschlagen. Komplimente von eben dieser Seite machten ihn aber nicht arrogant oder aufgeblasen. Im Gegenteil. Er erwiderte sie mit einem artigen Handkuß und seinem einzigartigen Charme. Für ihn sprach vor allem, daß er zuhören konnte. Probleme, die ihn belasteten, behielt er dagegen eisern für sich. Er versteckte sein Seelenleben, was ihm zum Vorteil geriet: er wurde weniger angreifbar. In derselben Weise behandelte er seine Kollegen, seine geschäftlichen Gesprächspartner. Jeder wollte mit dem gebildet-feinfühligen Gentleman verkehren. Eine Methode, die er, weil er sie perfekt beherrschte, als Waffe einsetzte. Allerdings wuchs damit die Zahl der Neider und somit die seiner Gegner.

Im Herbst 1937 leitete Abs seinen Abschied bei Delbrück Schickler & Co. ein, während er im selben Augenblick bei der Deutschen Bank schon die ersten Vorgänge sichtete. Im Januar übernahm er, im Stile eines Triumphators, offiziell die Auslandsabteilung der Deutschen Bank. Einen Monat später gab er im Hotel Esplanade sein rauschendes Einstandsfest und entwickelte sich, wie Harold James den bis heute jüngsten Aufsteiger in der Geschichte des Geldadels beschrieb, zum »›Figaro‹ im deutschen Bankwesen«: »*Jedem* zu Diensten, *zu allen* Stunden.«[21]

Ein »Freundschaftsvertrag«

Hermann J. Abs war im rechten Augenblick zur Deutschen Bank gewechselt, denn Hitler hatte im März 1938 erst Österreich »heim ins Reich« geholt, dann – gut sieben Monate später – das Sudetenland. Nun schritt auch Abs zur »Landnahme«. Er wollte sich die jetzt »heimatlose« Österreichische Creditanstalt-Wiener Bankver-

Abschrift

Die Eingliederung Österreichs in den Verband des Deutschen Reiches am 14. März 1938 hat Veranlassung gegeben, sich derjenigen Kapitel aus der Geschichte des deutschen Bankwesens zu erinnern, welche von seinen Beziehungen zur österreichisch-ungarischen Monarchie und zum Platz Wien handeln. Hatten die aufstrebenden deutschen Kreditbanken ursprünglich in ihrer Auslandsbetätigung schwer gegen die Konkurrenz der alten Gläubiger- und Kolonial-Staaten zu kämpfen, so gelang es ihnen doch bald in besonderem Masse, in diesem Wettbewerb ihre grössere Kenntnis der geographisch benachbarten, geschäftlich vertrauten mittel- und osteuropäischen Welt durchzusetzen. Die Geschichte der Deutschen Bank und ihrer Rechtsvorgänger -darunter in erster Linie der Disconto-Gesellschaft, aber auch der Württembergischen Vereinsbank, Stuttgart,- liefert hierfür die eindrucksvollsten Beispiele. Schon seit Mitte des neunzehnten Jahrhunderts hatte die Disconto-Gesellschaft deutsche Kapitalien dem österreichischen Staate und dessen Eisenbahnen zugeführt. Hieraus ergaben sich ebenso frühzeitig enge Beziehungen zu den Wiener Bank- und Börsenkreisen. Bereits kurze Zeit nach der im Jahre 1869 erfolgten Gründung des Wiener Bankvereins, an dessen Sanierung im Jahre 1873 sich die Deutsche Bank beteiligte, findet sich die Deutsche Bank im Verwaltungsrat dieses Instituts durch ihr Vorstandsmitglied Georg v. Siemens und ihren Aufsichtsratsvorsitzenden Adelbert Delbrück vertreten. Bereits im Jahre 1876 erfolgte durch die Deutsche Bank erstmalig die Übernahme einer österreichischen Staatsanleihe

-2-

Die Deutsche Bank nimmt zur Eingliederung Österreichs Stellung: »Die Geschichte der Deutschen Bank … liefert hierfür die eindrucksvollsten Beispiele …«

ein (CA)* unterwerfen, in deren Verwaltungsrat er kurz zuvor berufen worden war.[22]

Die CA interessierte Abs nicht wegen ihrer Inlandsgeschäfte – die engen Verbindungen nach Südost-Europa diktierten sein Handeln, die fetten Industriebeteiligungen der CA hatten ihn aktiviert. Hermann J. Abs war ein kühler Rechner: Durch den Anschluß Österreichs würde die Rüstungswirtschaft einen weiteren Schub erhalten. Wenn die Deutsche Bank die Anteile der CA an der gigantischen Waffenschmiede Steyr-Daimler-Puch A.G. oder die der Pulverfabrik Skoda-Wetzler A.G. an sich reißen könnte,[23] würde der Einfluß des Instituts auf die »Wehrhaftmachung« um ein Vielfaches wachsen. Die Vorbereitungen für den Handstreich auf die CA hatte Abs bereits vor dem Einmarsch in Österreich veranlaßt. Ein ungeheuerlicher und bis heute wenig erforschter Vorgang.

Die Deutsche Bank habe, so belegte Emil Puhl, Vizepräsident der Reichsbank, gegenüber den ihn vernehmenden Amerikanern, »in der Zeit *vor dem Anschluß Österreichs* ... ihren Wunsch zum Ausdruck [gebracht], die Kontrolle über [die] CA zu erlangen«.[24] Genau das bestätigte das CA-Aufsichtsratsmitglied August Rohdewald: »Die Deutsche Bank ließ jederzeit erkennen, daß ihr Endziel die Erlangung der Mehrheitskontrolle über [die] Creditanstalt-Bankverein war.«[25] Fast zwei Wochen vor dem (am 12. März 1938 vollzogenen) Anschluß war das Band der »intimen Freundschaft«, wie Abs sich ausdrückte, beschlossen worden und in einen »Freundschaftsvertrag« zwischen Deutscher Bank und CA gemündet. Schlichter Inhalt: die CA *ersuchte* die Deutsche Bank, sie auf-

* Die CA, 1855 als Österreichische Creditanstalt für Handel und Gewerbe gegründet, fusionierte am 25. Mai 1934 mit dem Wiener Bankverein. Während der Bankenkrise gewährte die Deutsche Bank der CA 1931 zusammen mit belgischen Instituten einen Stützungskredit in Höhe von vier Millionen US-Dollar, an dem sich ebenfalls Louis Rothschild beteiligte. Die CA kontrollierte zudem die Bank für Kärnten A.G. (Klagenfurt), die Bank für Österreich und Salzburg A.G. (Linz), die Bank für Tirol und Voralberg A.G. (Innsbruck). Die CA kooperierte eng mit Instituten auf dem Balkan und Griechenland.

zukaufen.[26] Über diesen einfältigen »Pakt« wollte Abs Druck auf die Reichsbehörden ausüben, die die Fusion genehmigen mußten. Doch die Absichtserklärung stieß auf Widerstand.

Weil die CA Eigentum des österreichischen Staates war, ging sie in den Besitz der reichseigenen Holding VIAG (Vereinigte Industrie-Unternehmen A.G.) über.[27] Im VIAG-Aufsichtsrat und -Vorstand gaben abgehalfterte Beamte den Ton an: Ministerialräte a.D. und -direktoren a.D., Unterstaatssekretäre a.D., Kommunen-Bauräte – sie alle stellten sich dieselbe, die nicht unberechtigte Frage: Warum die ihr zugefallene Beute an die Deutsche Bank abtreten? Diese Meinung vertrat auch Hitlers Österreich-Beauftragter Wilhelm Keppler (Deutsche Bank »will rauben, Abs ist mit 20 Mann in Wien angekommen, um die CA zu übernehmen«),[28] zudem intrigierte der österreichische Hitler-Vertraute und spätere Generalkommissar von Charkow, Hans Fischböck, vehement gegen Abs.[29] Sie alle liefen Sturm gegen den durchsichtigen und damit faulen »Freundschaftsvertrag« zwischen CA und Deutscher Bank.

Der von ihm initiierte »Freundschaftsvertrag« war das Papier nicht wert, auf dem er stand, was Abs hätte wissen müssen. Peinlich für ihn: Während sich in Wien der ewig unterlegene Mitbewerber Dresdner Bank längst der Mercurbank bemächtigt hatte, drohte Abs, wie Lothar Gall dünkte, »eine persönliche Niederlage gegenüber dem Konkurrenzunternehmen«.[30] Ein erstes blaues Auge für den koketten Abs.

Um sein Ziel doch noch zu erreichen, nutzte Abs jetzt seine Beziehungen zum Reichswirtschaftsministerium. Und das kam ihm, zumal sein Gegner Wilhelm Keppler inzwischen aus der Ostmark abberufen worden war, in Raten entgegen. Nur: Welche Konzessionen hatte die NS-Politik Hermann J. Abs für diese Gefälligkeit abgefordert?

Ende 1938 trat die VIAG 25 Prozent ihrer CA-Beteiligung an die Deutsche Bank ab. Aber erst im Mai 1942 konnte sich Abs endgültig die CA-Mehrheit beschaffen, zuvor hatte er die ihm unentbehrlich erscheinenden Industrie-Aktienpakete der CA an die Reichswerke

Hermann Göring abtreten müssen, schließlich – ausgerechnet seinen eingeschworensten Opponenten Hans Fischböck als CA-Vorstandvorsitzenden zu akzeptieren.[31] Nach 1945 erinnerte sich die CA an die aufregenden Übernahmezeiten. Die CA quittierte die damalige Blamage des Hermann J. Abs als ein Fiasko, das »allein durch die Macht der Tatsachen erzwungen worden« sei.[32] Kein Kompliment für Abs.

Abs hatte sich den »Einkauf« der CA mit Sicherheit einfacher vorgestellt. Doch er schien sichtlich überfordert, denn neben der CA mußte er im selben Augenblick zwei weitere Transaktionen durchführen: die »freundliche« Arisierung des jüdischen Traditionshauses Mendelssohn im Namen der Deutschen Bank bewältigen und das Eigentum seiner Familie ausgerechnet vor einer bevorstehenden Arisierung schützen. Das erste Jahr seiner Tätigkeit für die Deutsche Bank kostete Kraft, zerrte an den Nerven.

Familienbande

Vater Josef Abs hielt (mit seinen Söhnen Hermann J. und Clemens) 16,2 Prozent der Aktien an der Brikettfabrik der Hubertus Braunkohlen A.G. bei Erft, zugleich gehörte er dem Vorstand an, diente ihm als Chefsyndikus.[33] Dann aber geriet er in Kalamitäten: 1925 griff sein Vorstandskollege Eduard Brendgen in die Kasse, schädigte das Unternehmen durch Barentnahmen wie dubiose Wechselgeschäfte innerhalb von nur drei Wochen um rund eine Million Mark. Die Hubertus A.G. nahm Josef Abs, aus welchen Gründen auch immer, daraufhin in die Haftung. »Ich mußte mich verpflichten«, so erklärte er, »der Gesellschaft einen Betrag von Reichsmark 260000,– zu zahlen.«[34] Viel Geld damals und zuviel für Abs.

Um die Hubertus A.G. zu retten, wurde ein Jahr später eine Kapitalerhöhung auf 4,3 Millionen Mark beschlossen. Gegen den Willen des nicht liquiden Josef Abs, der nun, wollte er sein investiertes Geld nicht verlieren, Kredite aufnehmen mußte, um sich an der

Aufstockung beteiligen zu können. Doch die andauernde Wirtschaftskrise brachten ihn in Wahrheit in eine Notlage: Der alte Herr verfügte plötzlich über Verbindlichkeiten in Höhe von 1,5 Millionen Reichsmark.[35] Die Zinszahlungen hielten den Einnahmen des Abs-Clans nicht mehr stand. Da meldete die jüdische Industriellen-Familie Petschek Interesse an. Josef Abs mußte ihr sein Aktienpaket verkaufen, um sich sanieren zu können, ein Schlüsselerlebnis, das er innerlich nur schwer verarbeiten konnte. Dann geriet Petschek ins Fadenkreuz der »Entjudung«.

Die Petscheks verfügten in der Tschechoslowakei und Deutschland über ein riesiges Kohle-Imperium, das sie von Aussig aus dirigierten. Ihre Standorte in Deutschland weckten seit langem das Interesse deutscher Konkurrenten, beispielsweise das Friedrich Flicks. Im Frühjahr 1938 gab Hermann Göring den Befehl, den deutschen Teil des Petschek-Konzerns zu arisieren, eine, wie Lothar Gall es nannte, »diffizile Aufgabe«, denn zwar waren die Petscheks Juden, doch zugleich Ausländer. Gall: »Eine Arisierung im üblichen Sinne hätte selbst bei einer Unterbewertung des Konzerns sehr viel Geld gekostet und eventuell sogar Devisenzahlungen erfordert.«[36] Die billigere Alternative hieß: die Petscheks der Steuerhinterziehung zu überführen.

Der Oberfinanzpräsident in Hannover warf den Petscheks vor, das deutsch-tschechische Doppelsteuerabkommen mißbraucht zu haben und errechnete eine Kapitalflucht in Höhe von 70 Millionen Mark.[37] Solange die Petscheks außerhalb des deutschen Einflußbereichs in Aussig residierten, konnten sie dem Verfahren gelassen entgegensehen. Doch als die Wehrmacht im Oktober 1938 ins Sudetenland einmarschierte, blieb ihnen nur die Flucht in die Schweiz.[38] Ein günstiger Augenblick für Josef Abs, »seine« Hubertus-Aktien zurückzuerhalten. Der Junior bei der Deutschen Bank hatte darum einen passenden Einfall:

Die Hubertus A.G. sollte in einen Gewerbebetrieb und in eine Kapitalgesellschaft zerlegt, die Kohlefelder als Betriebsmittel von der neu zu gründenden Gesellschaft aufgekauft werden. Da Josef

Abs allerdings über kein Geld verfügte, sollte die neue Hubertus als »jüdisch« eingestuft werden. In diesem Fall wäre die Firma für nur zehn Prozent ihres tatsächlichen Wertes zu haben gewesen. Dieses Konzept bedurfte der behördlichen Zustimmung. Der Plan wurde zurückgewiesen; Amtsträgern galt er offensichtlich als zu habgierig. Für den Rückkauf mußte Josef Abs erneut Geld beschaffen. Sein Sohn hatte ihm die Finanzierung ermöglicht.[39]

Privat und Geschäft – nicht nur einmal hatte Hermann J. Abs die Kombinationen zum eigenen Vorteil genutzt. In einem Fall stockte er sein Vermögen nach heutigem Wert mit rund drei Millionen D-Mark auf. Die Gelegenheit bot sich ihm bei der Kreuger-Anleihe.

Der schwedische Zündholz-Fabrikant Ivar Kreuger gewährte Deutschland 1929 einen Kredit von 125 Millionen Dollar, unter der Bedingung, daß das Reich ihm für 32 Jahre das Monopol auf Streichhölzer einräumte. In Neu-Isenburg überwachte daraufhin die Zündholzaktien-Verwaltungsgesellschaft m.b.H. die Einhaltung der Lizenzen.* Die Rückfinanzierung sollte über die Ausgabe von Aktien erfolgen und über die anteilig zu erwartenden Gewinne des Staates aus der Monopolstellung. Doch die Weltwirtschaftskrise trocknete die Überschüsse aus. Daraufhin nahm sich Kreuger 1932 das Leben. Das Imperium brach zusammen. Ein seinerzeit spektakuläres Ereignis, denn zugleich flog Kreugers Finanzierungs-System auf. Er hatte seinerseits auf Pump gelebt, sich Geld für seine Kredite wiederum bei US-Banken geliehen, dort als Sicherheiten Staatsobligationen hinterlegt. Eben die stellten sich nach seinem Tod plötzlich überwiegend als Fälschungen heraus.[40]

Die Konkursquote für die Aktien des Kreuger-Konzerns betrug lediglich 0,5 Prozent, die sich einzutreiben nicht mehr lohnte, weil die Überweisungsspesen inzwischen höher lagen. Und auch die

---

* Kreuger hatte in Schweden einen Zündholz-Konzern aufgebaut. Um auch in anderen Staaten das Monopol zu erreichen, gewährte er während der Weltwirtschaftskrise 30 Ländern Darlehen, so daß er ab 1930 fast 90 Prozent der Streichholz-Welterzeugung beherrschte.

V.P. /5. Berlin, den 5 September 1940.

Geheime Reichssache.
-.-.-.-.-.-.-.-.-.-.-.-

Ref.: Kadgien.

Vermerk:

Betr.: Effektengeschäft mit der Firma Otto Wolff. Besprechung mit Herrn Blessing am 4.9.40 vormittags.

Staatssekretär Neumann setzte Herrn Blessing von der Absicht des Reichsmarschalls, einen namhaften Devisenbetrag für den Abbau der deutschen Auslandsverschuldung aufzuwenden, in Kenntnis. Herr Blessing hielt diesen Plan für äußerst glücklich. Auch er ist der Meinung, daß man die deutschen Auslandsschulden nur noch solange billig zurückkaufen kann, bis der Krieg klar entschieden ist.

Ob zu den derzeitigen niedrigen Kursen noch erhebliche Posten zu bekommen sind, bezweifelte Herr Blessing. Man wird nach seiner Meinung vor allen Dingen versuchen müssen, einige größere Pakete oder Guthaben herein zu bekommen. Er erwähnte in diesem Zusammenhang die Kroiger-Anleihe in Schweden (Betrag etwa 200 Mill. RM) und den Leehiggonson-Kredit in Amerika. Erstere wird durch Vermittelung von Herrn Abs (Deutsche Bank) über Herrn Wallenberg zu bekommen sein, letzterer durch Vermittelung eines Berliner Rechtsanwalts.

Staatssekretär Neumann unterrichtete Herrn Blessing sodann über den Plan des Reichsmarschalls, mit der Durchführung des Geschäfts die Firma Otto Wolff zu beauftragen und über ... Wunsch der Firma Otto Wolff, bei dem Geschäft von Herrn ... mann unte... wärmste i... Beruhigun... wenn Herr... Abwicklun... machen würde. Herr Blessing, ... die Firma Otto Wolff das Geschäft in fairer Weise durchführen wird.

Am Abend des 4.9.40 habe ich Herrn v. Plank davon unterrichtet, daß es uns zweckmäßig erscheine, mit dem Rückkauf der Kroiger-Anleihe Herrn Abs zu beauftragen. ~~Durch~~ von Herrn v.Plank gebilligte taktische Gründe soll dies nicht durch die Firma Otto Wolff, sondern unmittelbar durch uns geschehen.

Reichswirtschaftsministerium akzeptiert Kreuger-Unterhändler (kleiner Kasten): Es erscheine »zweckmäßig, ...Herrn Abs zu beauftragen«

Kreuger-Anleihen fielen auf 90 Millionen Dollar. Diesen Werte-Zusammenbruch nahm Berlin zum Anlaß, seine Kreuger-Schulden zu begleichen, mit dem schönen Nebeneffekt, daß dadurch die Bonität der bis dahin ramponierten Reichsmark im internationalen Zahlungsverkehr zurückkehren konnte. Dringend benötigte Rohstoffimporte für die Kriegsführung würden sich fortan leichter ordern lassen.[41]

Solch sensible Verhandlungen hatte bislang allein die Außenhandelsfirma Otto Wolff geführt, ein im Rußland-Geschäft groß gewordener Devisenspezialist, dessen jüdischer Partner Ottmar Strauß bereits 1933 in die Schweiz getrieben wurde.[42] Aber der spätere Präsident der Bundesbank, Karl Blessing, dessen Rolle als Beirat der Reichsbank und der Exportkreditbank A.G. während des Dritten Reiches bis heute nicht beschrieben ist, brachte plötzlich seinen Bekannten Hermann J. Abs als Unterhändler ins Spiel. Im September 1940 flog Abs im Namen Otto Wolffs nach Stockholm. Dort traf er auf den Bankier Jakob Wallenberg. Eine Einigung war schnell erzielt.

Wallenberg verlangte 16,5 Millionen Dollar. Die Reichsbank akzeptierte, woraufhin der »Privatmann« Abs 8428 Kilo Gold sowie als Devisen sechs Millionen Dollar und 5,8 Millionen schwedische Kronen aus den Tresoren der Reichsbank nach Schweden verschiffen ließ; allein der Versand des Edelmetalls verschlang 167000 Reichsmark.[43]

Obwohl die Firma Otto Wolff während der gesamten Kreuger-Transaktion nicht in den Vordergrund getreten war, adressierte Abs ihr eine Rechnung: 293052,01 RM, ausgewiesen als »Vermittlungsprovision«. Nur wenige Tage später erreichte Abs ein Orderscheck, den er sich sofort auf seinem Privatkonto gutschreiben ließ. Abs, so wunderte sich Lothar Gall, »verdiente binnen weniger Tage fast soviel wie sein gesamtes Jahreseinkommen« und stellte die naheliegende Frage, »woher die Reichsbank das Gold ... nahm«. Die Herkunft des Edelmetalls muß Abs freilich bekannt gewesen sein. Gall: Es habe sich um Raubgold aus Frankreich und den Benelux-

Staaten gehandelt, das aus dem Sonderdepot »Devisenreserve« der Reichsbank stammte.[44]

Warum ließ sich Abs zwischenschalten? Der Grund ist unentschuldbar: die persönliche Bereicherung auf Kosten des Staates. Der durchsichtige Kreuger-Deal unterstreicht, daß Abs bereits während des Dritten Reiches ein Geflecht von politisch-materiellen Abhängigkeiten aufzubauen verstand. Ohne den Segen involvierter NS-Amtsträger wäre diese Korruptionsvariante freilich undenkbar gewesen, weshalb sie, wie Gall resümierte, »einen weiteren Schritt der Annäherung von Abs an das NS-Regime darstellte«.[45] Wer mag, außer Abs, von diesem Schmiergeld noch partizipiert haben?

Hermann J. Abs hatte sich auf die braune Herrschaft eingestellt, nur die verschaffte ihm schließlich seine ganz persönliche Konjunktur. Ohne das NS-Regime wäre sein Einfluß als Bankier niemals so stark gewesen. Mit dem Tag seines Dienstantrittes bei der Deutschen Bank entwickelte er unappetitliche Manieren. Die »großdeutschen« Ambitionen seines neuen Arbeitgebers mögen die auffälligen Veränderungen bei ihm herbeigeführt haben, denn wie sonst wird erklärbar, daß er die Arisierung nicht als Tragödie verstand, sondern sie förderte – als Privatmann.

Schmutzige Wäsche

Walther Rudeloff, ein Wirtschaftsberater des Hamburger Gauleiters Karl Kaufmann, fragte im Februar 1938 bei Abs an, ob er sich für einen Freund verwenden könnte, der »die Arisierung eines grossen jüdischen Geschäftes in Berlin« ins Auge gefaßt habe.[46] Abs empfahl seinen Kollegen Heinz Osterwind, der »über die Möglichkeit der Arisierung eines jüdischen Geschäftes« bestens orientiert sei.[47] Der damals 33jährige und in Fragen der »Entjudung« kompetente Osterwind machte sieben Jahre nach dem Ende des Dritten Reiches Karriere: als Vorstandsmitglied der Deutschen

Bank. Und wenn sich jemand durch die Schlagkraft eines mit der Deutschen Bank konkurrierenden Instituts konfrontiert sah, schaltete sich Hermann J. Abs wieder ein, und das – obwohl inländische Arisierungen gar nicht in sein Auslandsressort fielen.

Der Textilunternehmer Anton Seidl, Mitinhaber der Hutfabrik Mayser's in Ulm, hatte Anfang 1938 die Deutsche Bank in Augsburg eingeschaltet, um sich – über die Arisierung – seines ärgsten Mitbewerbers zu entledigen: der erst 1922 gegründeten Hutfabrik Gebr. Silbermann & Co. in Brandenburg. Silbermanns Hausbank aber hieß Commerzbank, die ihrerseits für die Arisierung Silbermanns ihre Kunden vor Ort längst vorgemerkt hatte. Zwischen beiden Häusern traten Verstimmungen auf, weil letztendlich Anton Seidl den Zuschlag erhielt. Die Commerzbank ging leer aus. Obendrein verlor sie einen ansonsten attraktiven Kunden.

Der Chef der Deutschen Bank-Niederlassung Augsburg (und München), Arnhold Maser, sei, wie eine für Abs angefertigte Aktennotiz festhielt, »besonders … freundschaftlich« mit Anton Seidl verbunden, und dieser habe daher ausdrücklich den Wunsch geäußert, »dass wir alleinige Bankverbindung sein sollen«.[48] Nun bat Maser Abs, sich mit der Commerzbank ins Benehmen zu setzen, um die aufreibenden Querelen aus der Welt zu schaffen.

Abs rief seinen Vorstandskollegen bei der Commerzbank, Max Hoseit, an, den er anläßlich der Karstadt-Sanierung kennengelernt hatte. Hoseit bat um Detailinformationen, die ihm Abs noch am selben Tag zur Verfügung stellte. »Ich bitte Sie,« so fügte er in einem Begleitschreiben hinzu, »mich … anzurufen, damit wir uns dann freundschaftlich über den Gegenstand unterhalten.«[49] Abs obsiegte: Silbermanns Unternehmen, nunmehr die arische Märkische Hutfabrik A.G., regelte ihre finanziellen Dinge fortan ausschließlich mit der Deutschen Bank, und damit die auch tatsächlich der Deutschen Bank erhalten blieben, delegierte Abs wohl seinen Direktor Josef Böhnert als Aufpasser in deren Aufsichtsrat.

Für Arisierungs-Erhebungen verschwendete Abs wider Erwarten oft kostbare Zeit. Gelegentlich ließ er sogar bankspezifische

Kriterien außer Acht: Der Düsseldorfer Konfektionsfirma Flender & Vogt wurde im Mai 1941 ein Kontingent Textilien zugeteilt, das elsässischen Juden entrissen worden war. Doch dem Inhaber Vogt, ein Kapitänleutnant, fehlte das dazu notwendige Kleingeld. Da erinnerte sich der U-Boot-Kommandant an einen alten Bekannten, an Hermann J. Abs.

Über die Filiale Düsseldorf beantragte Vogt eine Zwischenfinanzierung, woraufhin Abs seinen Adjutanten Franz Heinrich Ulrich das Notwendige zu veranlassen bat. Ulrich gehorchte: Zwar wollte Vogt »seine Bilanz nicht vorlegen«, aber »Herr Abs erklärte sich mit der Finanzierung durch uns und der Besicherung durch die zu finanzierende Ware … einverstanden«. Vogt konnte daraufhin einen Kreditrahmen bis zu 150000 RM in Anspruch nehmen.[50] Abs blieb Vogt weiterhin behilflich. Nur wenige Wochen später.

Vogt wünschte »einen holländischen zu arisierenden Konfektionsbetrieb im Rahmen der Wäscheindustrie zu übernehmen«. Die Zuständigkeit lag indes beim Reichskommissar in Den Haag, für den Dr. Paul Mojert die dortigen Arisierungen beaufsichtigte, einem Direktor – der Deutschen Bank.* Abs ließ ihn wissen, »dass [Vogt] für einen Betrieb in Holland … bereits vorgemerkt« sei. Er wollte nun in Erfahrung bringen, »welche Konfektionsbetriebe … Herrn Vogt genannt werden könnten«, weshalb »wir um baldige Übermittlung bitten dürfen«. Am Ende grüßten Abs und Ulrich mit »Heil Hitler!«[51]

Arisierungs-Protektionen wurden aber auch auf höherer Ebene angeschoben. Der Vorstandsvorsitzende der Vereinigten Glanzstoff-Fabriken A.G., Ernst Hellmut Vits, der nebenher als NS-Wehrwirtschaftsführer wirkte, dem Konzern als Generaldirektor auch nach 1945 und dazu als Aufsichtsratsmitglied der Deutschen Bank angehörte, wurde kurz nach dem Durchmarsch der Wehrmacht durch Holland von seinem Schwiegervater Albano Müller

* Die Deutsche Bank hatte leitende Mitarbeiter in die besetzten Gebiete delegiert, wo sie für die dortigen Behörden währungspolitische Aufgaben wahrnahmen; ebenso leiteten sie Arisierungen ein.

Dr. jur. Ernst Hellmut Vits
Vorsitzer des Vorstandes
der Vereinigten Glanzstoff-Fabriken A.G.

Berlin W 35, den 17. August 1940
Standartenstrasse 5
Telefon: 21 97 56

Herrn
Hermann J. A b s
Mitglied des Vorstandes der
Deutschen Bank
B e r l i n W 8
Mauerstrasse 35-39

Sehr geehrter Herr Abs,

in Holland gibt es eine bedeutende Fabrik für eiserne Fässer, die gleichzeitig ein eigenes Walzwerk betreibt. Die Firma lautet:

Naamlooze Vennootschap van Leer's
Vereenigde Fabrieken, Stadhouderskade 6
Amsterdam.

Für den Fall, dass in Holland Arisierungen vorgenommen werden, hätte mein Schwiegervater, Herr Albano Müller in Schwelm in Westfahlen, Inhaber der Firma Schwelmer Eisenwerk Müller & Co., Interesse an dem Erwerb dieser in jüdischem Besitz befindlichen Firma. Ich wäre Ihnen zu besonderem Dank verpflichtet, wenn Sie Ihre holländischen Freunde daraufhinweisen könnten.

Mit freundlichen Grüssen und

Heil Hitler !
Ihr sehr ergebener

Hermann J. Abs wird um Unterstützung bei der Arisierung gebeten: »Mein Schwiegervater (hätte) … Interesse«

um einen Gefallen gebeten. Müller, Hauptgesellschafter der Schwelmer Eisenwerke Müller & Co., wollte seiner Firma arisierend ein Walzwerk einverleiben: die Vereinigten Fabriken van Leer's in Amsterdam. Vits, passend mit Berliner Zweitwohnsitz in der Standartenstraße 5, schaltete Hermann J. Abs zu.

Sein Schwiegervater habe »Interesse an dem Erwerb dieser in jüdischem Besitz befindlichen Firma«. Für »den Fall, dass in Holland Arisierungen vorgenommen werden«, möge er, Abs, doch bitte bei seinen »holländischen Freunden« intervenieren.[52]

Ob Hermann J. Abs die Erwartungen von Vits oder Vogt hatte erfüllen können, bleibt wegen unauffindbarer Akten unerforscht. Dagegen ist die Arisierungs-Beteiligung der Deutschen Bank dokumentiert. Im Gegensatz zur Dresdner Bank vermied das Institut zwar eine plumpe Zusammenarbeit mit der Geheimen Staatspolizei, aber die Spuren, die es bei der »Entjudung« der deutschen Industrielandschaft hinterließ, konnten mit denen der Dresdner Bank fraglos konkurrieren.

Eine denkwürdige Sitzung

Eine Woche vor der Reichskristallnacht kam es im Kölner Gebäude der Deutschen Bank zu einer denkwürdigen Sitzung. Den Vorsitz führte der Geheime Finanzrat Robert Bürgers, ein Mann, der auf Grund seiner Position das bevorstehende Ende der »jüdischen Vorherrschaft« als bereits beschlossen begriffen hatte. Dem NS-Regime fehlte lediglich noch die »offizielle« Begründung einer endgültigen Hatz auf die Juden.* Bürgers Erscheinen, der im übrigen

* Die Tagung der Deutschen Bank fand am 2. November 1938 statt. Fünf Tage später erschoß der 17jährige Herschel Grünspan in Paris den Dritten Sekretär an der Deutschen Botschaft, Ernst vom Rath. Daraufhin löste Joseph Goebbels am 9. November die Reichskristallnacht aus. Für die »Schäden« hafteten die Juden, die das NS-Regime bei ihnen über die berüchtigte »Sühneleistung« in Höhe von mehr als einer Milliarde Mark eintrieb, wobei die Deutsche Bank die Kontofederführung übernommen hatte.

im rheinisch-westfälischen Beirat der Deutschen Bank repräsentierte, wurde von der Deutschen Bank als derart gewichtig eingestuft, daß die Vorstandsmitglieder fast vollzählig von der Spree an den Rhein eilten. Auch Hermann J. Abs mochte sich da nicht ausschließen. Er gab vielmehr mit den Ton an, ihn beschäftigte der aktuelle Stand der Arisierungen.

»Die Arisierung sei«, so hielt das bemerkenswerte Protokoll fest, »stark ins Stocken geraten.« Wenngleich die Deutsche Bank bereits »330 Objekte in arischen Besitz übergeleitet« habe (bei der »Arisierung Simon Hirschlands« sei es gelungen, »eine absolut gesunde Firma auf die Beine zu stellen«), seien aber leider »Fachleute, die Kapital hätten, dünn gesät«, zumal das »gesamte jüdische Kapital ca. RM sechs bis acht Milliarden betrüge«. Bei dieser Gelegenheit kommentierte das Vorstandsmitglied Karl Kimmich wie vor einer Generalstabskarte die »politischen Ereignisse der jüngsten Zeit«: Der Anschluß Österreichs und der des Sudetenlandes – das Reich verfügte nunmehr über »25 % mehr Land und 16 % mehr Menschen«, »sodaß die Gesamtbevölkerung auf 80 Mill. Einwohner, also ungefähr auf doppelt soviele wie Frankreich, angewachsen ist«, wodurch die Deutsche Bank eine »Ausdehnung unserer Beziehungen … erfahre«. Da mochte Hermann J. Abs nicht zurückstehen.

Augenfällig stellte Abs anschließend die »Nichtarierfrage« im Sudetenland zur Diskussion, denn immerhin seien »die nichtarischen deutschen Minderheiten beträchtlich, in einzelnen Orten bis 100 %«.[53] Die Anwesenden wußten genau, was der Kollege Abs damit ausdrücken wollte: den »Erhalt der jüdischen Unternehmen durch Arisierung«, deren schwerwiegende »Grundzüge für die Neuregelung der Arisierungsfrage« die Deutsche Bank zuvor akribisch zu Papier gebracht hatte, in einer Diktion, die dem »Völkischen Beobachter« alle Ehre gemacht hätte.

Das »Ziel der Arisierungsaktion muss sein, das jüdische Element … aus dem Geschäftsleben zu verdrängen«. Um »die Verwirklichung dieser Grundsätze zu sichern, wäre die Arisierung von

Betrieben durch Gesetz zu regeln«, zugleich sollte eine »Überwachungsstelle« ins Leben gerufen werden, »die … prüft, ob nicht eine reine Tarnung vorliegt und ob nicht beim Abschluss eine Überbewertung des Geschäftes vorgenommen wurde«. Aus »Gründen des öffentlichen Wohls wird die Arisierung … notwendig«, und wenn »dessen bisheriger jüdischer Eigentümer nicht geneigt ist, den Betrieb zu veräussern«, dann müßte eben ein juristisches »Enteignungsverfahren« die Voraussetzungen schaffen, auch um »den Vorwurf willkürlichen Vorgehens von vornherein auszuschliessen«.[54] Gab es eine klarere Sprache? Doch die Arisierungswelle drohte den internationalen Ruf der Deutschen Bank zu schädigen, vorab durchkreuzte sie den Alltag des für die internationalen Verbindungen verantwortlichen Hermann J. Abs.

Ohrfeige vom »Stürmer«

»Im Auslande«, so dokumentierte das Kölner Protokoll, »werden an diese Tatsachen Kommentare geknüpft, die *unsere Ehre* und *unserem Ansehen* keineswegs zuträglich sind und wesentlich dazu beitragen, die politische Stimmung gegen uns ungünstig zu beeinflussen«. Das »Weltjudentum« sollte »gezwungen« werden, »sich in den Dienst einer Aktion zu stellen, deren Ziel [zwar] die möglichste Beschleunigung der Entjudung Deutschlands« sei, aber um die deutschen Ein- und Ausfuhren in Zukunft nicht weiter zu gefährden, sollte der Boykott des Auslandes auf deutsche Waren »durchlöchert« werden. Dies könnte gelingen, wenn sich »das Judentum in den Dienst des deutschen Exports stellen« ließe, wenn jüdische Auswanderer die bei der »Arisierung ihrer Unternehmungen erzielten Erlöse« mit in die Emigration nehmen könnten. Dann würde die »Exportwirtschaft der deutschen Wirtschaft« erneut an Fahrt gewinnen. Alles hinge indes, so prognostizierte die Deutsche Bank, von der Reichsregierung ab. Nur sie könnte »das Tempo dieser Aktion bestimmen«, nur sie entscheiden, ob »die Arisierung

DEUTSCHE BANK FILIALE KÖLN

S i t z u n g
des
Rheinisch-Westfälischen Beirats, Sitz Köln
im Gebäude der DEUTSCHEN BANK FILIALE KÖLN
am Mittwoch, den 2.November 1938.

Anwesend die Herren:

Geheimrat Bürgers, Vorsitzer

Herm.J.Abs
Dr.O.Baier
R.Becker
J.Bienefeld
L.v.Boch-Galhau
Geh.Rat Brecht
Dr.Brecht
Dr.A.Cappenberg
Kom.-Rat P.Charlier
Dr.Max Clouth
W.Croon
Dr.F.W.Esser
Dr.R.Frowein
H.Geerken
Carl Grün
Dr.E.Hoppe
Dr.Carl von Joest
Dr.Karl Kimmich
Dr.W.Klein
Dr.Kuetgens
Paul Kuth
Robert Kuth
Dr.A.Langen
Konsul H.C.Leiden

W.Leinen
Dr.H.Luck
Dr.G.von Mallinckrodt
Rich.Meyer
F.Monheim
G.Obenauer
R.Plaas
Otto Poensgen
Franz Proenen
J.B.Rath
Dr.F.Rothe
Ferd.Sarx
B.Seibert
Hellmuth Siemssen
G.Schmoll
Werner Schoeller
Friedr. Stursberg
Fritz Vorster
Dr.F.Waechter
Herm.Wegmann
B.Weiss
Dr.W.Wieland
Hermann Wolff
Dr.Carl Wuppermann

Entschuldigt die Herren:

Emil Engels
Georg Gasper
Dr.Karl Grosse
W.Hesse
H.Kaiser
Geh.Kom.Rat Dr.P.Klöckner
Hans von Langen
Dr.Chr.Oertel

Konsul Schiffers
Dr.Oscar Schlitter
August Freiherr von Schorlemer
Arthur Schütte
A.Schwerdtfeger
Erich Tgahrt
Dr.Willy Wolff

Anwesenheits-Liste Tagung Deutsche Bank in Köln: »Im Auslande [stünde] unsere Ehre und unser Ansehen« auf dem Spiel

mit Rücksicht auf die jeweilige wirtschaftliche Lage des Reiches beschleunigt oder verlangsamt« werde.[55]

Die Deutsche Bank agierte mit zwei Gesichtern, mit einem freundlichen für die Außenwelt und mit einem erschreckend bösen nach innen.

Die Vorstandsmitglieder Hans Rummel und Karl Kimmich hatten vor der Kölner Tagung bereits im Januar 1938 alle Filialen in einem Rundschreiben aufgefordert, »uns eine Aufstellung Ihrer nicht arischen debitorischen und kreditorischen Kundschaft, und zwar derjenigen, die für die Arisierung in Frage kommt, zu übermitteln«. Diese auffällige Eigeninitiative sei notwendig geworden, da »bei uns täglich zahlreiche Anfragen [nach Arisierungen] eingehen«. Die Führer des Geldhauses witterten das große Geschäft und trachteten danach, die Konkurrenz auszuschalten.

»In diesem Zusammenhang«, so forderten Rummel wie Kimmich ihre Niederlassungen auf, »würden uns auch diejenigen nichtarischen massgeblichen Firmen interessieren, die *nicht* zu Ihrem Kundenkreis gehören, die aber ebenfalls für eine Arisierung in Frage kommen«, wobei »wir Wert darauf legen, zu erfahren, in welchen Händen sich evtl. grössere Aktienpakete befinden, sodass wir auch hier in die Lage versetzt werden, bei einem evtl. Übergang *unsere Dienste anzubieten*«. Um einen Erfolg zu garantieren, wurde den Provinzchefs eine Interpretationshilfe mit auf den Weg gegeben: Es »ist zu bemerken, dass das Wort ›Juden‹ gleichbedeutend ist mit ›ein Jude‹, sodass z. B. eine Aktiengesellschaft als jüdisch gilt, wenn ihrem Vorstand [lediglich] *ein* Jude angehört«. Um den ungeheuerlichen Raub zu forcieren, ließen Rummel und Kimmich ihrem Runderlaß »eine Anzahl weiterer Exemplare« beilegen.[56] Damit sich auch jeder Volontär einschalten konnte? Die Deutsche Bank war noch zu mehr fähig.

Ungewöhnlich heikle Arisierungs-Aktivitäten bedurften der Konspiration, vor allem im Machtbereich des wohl primitivsten Antisemiten des Dritten Reiches, in dem des fränkischen Gauleiters Julius Streicher, dem Herausgeber des Hetzblattes »Der Stürmer«. Dort mußte sich die Deutsche Bank auf besonders vertrauensvolle Mitarbeiter verlassen können: auf Dr. Adolf Rupert von Grafenstein und Carl Thierbach. Während von Grafenstein, im Nebenberuf ein vermögender Gutsbesitzer in der Oberpfalz, die Dependance in Nürnberg-Fürth beaufsichtigte, stand Thierbach als Direktor der gesamten Hauptfiliale Nürnberg vor. Diese Repräsentanten rangen mit Julius Streicher um jedes zu arisierende Filetstück, mit der Folge eines beispiellosen Wettstreites.

Da seien, so informierten die Nürnberger das Generalsekretariat, dem der Sprecher der Deutschen Bank, Oswald Rösler, vorsaß, »erstklassige Firmen, die wir unserer Kundschaft mit gutem Gewissen anbieten können«, vorhanden. Diese sollten »tunlichst bald durch Ihre Vermittlung [die der Zentrale] in neue Hände übergehen«, beispielsweise die Nürnberger Schraubenfabrik und Elektrowerk G.m.b.H. (N.S.F.), bei der »schon früher energisch versucht worden ist, den Betrieb in arische Hände überzuleiten, was jedoch damals an dem Widerstand des Seniorchefs gescheitert ist«. Die N.S.F., so erkannten die vermeintlich seriösen Nebenbuhler des primitiven Rabauken Streicher, erzielte »gute Erträgnisse«, zumal sie ihren Umsatz in nur vier Jahren von 5,5 Millionen auf elf Millionen hatte steigern können. Um die Arisierung nicht zu gefährden, dürfte »der Name der Schraubenfabrik ... keinesfalls genannt werden, da über die Absicht, sie [jetzt] zu arisieren, auch in Nürnberg noch nichts bekannt ist«.[57] Die Warnung wurde nicht zufällig unterstrichen, denn zahlreiche Freunde Streichers wollten sich die N.S.F. ebenfalls unter den Nagel reißen. Dieses Mal jedoch blieb die mächtige Deutsche Bank außen vor. Julius Streicher hatte sich das Unternehmen gegriffen und seinen Mitstreiter, den NS-Wirtschaftsführer Dr. Paul Hinsel, zum Betriebsführer der N.S.F. bestellt.[58]

»Vertraulich!«

Trotz dieser Schlappe mußte die Deutsche Bank bei staatlichen Stellen des Dritten Reiches nicht um ihren NS-soliden Ruf als sachkundige »Entjudungs«-Institution fürchten. Kein Beispiel verdeutlicht das so präzise, wie eine »wissenschaftliche« Anfrage des Reichsinstituts für die Geschichte des neuen Deutschland in der Viktoriastraße 31, das im Auftrag des Auswärtigen Amtes allerlei rätselhafte Gutachten zur Judenproblematik erstellte. Ihre Experten waren dabei häufig auf belesene Zuarbeiter angewiesen. Als das dubiose Reichsinstitut Anfang 1941 den »Einfluß des Judentums auf die Wirtschaft der Feindstaaten« durchforschte, mußte es auf die in diesem Fall durchblickende Deutsche Bank zurückgreifen – auf Hermann J. Abs.

Dr. Wolfgang Hoefler, ein leitender Mitarbeiter des Reichsinstituts, ließ Abs am 28. Februar über das Auswärtige Amt die Bitte zustellen, ihn bei dieser Tätigkeit zu unterstützen (»An dem Ergebnis dieser Untersuchung ist das Auswärtige Amt politisch erheblich interessiert«).[59] Bereits am nächsten Tag meldete sich Hoefler beim Abs-Assistenten Franz Heinrich Ulrich, der seinem Chef den kurzfristigen Besuch Hoeflers anzeigte (»Was kann ich ihm sagen?«).[60] Ein Treffen wurde verschoben, Hoefler sollte seinen Wunsch zuvor näher erläutern. Ulrich notierte: Abs sollte die »nichtarischen Elemente im englischen Privatbankwesen« zusammenstellen. Das erledigte sodann der Abs unterstehende Direktor Hans Grendel.[61]

Das Thema muß Abs plötzlich selbst sehr fasziniert haben, denn in nicht einmal einer Woche waren die »detaillierten Ermittlungen« zu 34 britischen Banken »jüdischen Einschlags« abgeschlossen. Am 12. März empfing der eigentlich sonst überbeschäftigte Abs den Abgesandten des Reichsinstituts. Seine einzige Sorge: die Verhinderung einer Veröffentlichung, um seine ihm nach wie vor gewogenen Kollegen in London nicht zu kujonieren. Nachdem Abs seinem Gast noch ergänzende Fakten »über Geschäftsgebiet, Kapitalvolumen und Inhaber« preisgab, nahm er Hoefler das Eh-

Reichsinstitut
für Geschichte des neuen Deutschlands

Berlin W 35,
Viktoriastraße 31
Fernruf 22 44 96
7. März 1941.
Gr./Rb.

Aktenzeichen: W.A.IV. -1102

Herrn
Dr. U l r i c h,
Deutsche Bank,
B e r l i n - W.8.
Behrenstraße 9-13.

Sehr geehrter Herr Doktor Ulrich !

Unter Bezugnahme auf Ihr gestriges Telephongespräch mit Herrn Dr. Höfler übergeben wir Ihnen beiliegend eine - vorläufige - Liste der englischen Bankhäuser, über die wir möglichst detailliert Ermittlungen anzustellen haben. Es besteht Interesse für.

1.) den Umfang des Geschäftes dieser Firmen,
2.) die besonders gepflegten Arten des Bankgeschäftes,
3.) die vorhandenen jüdischen Einflüsse.

Herr Dr. Höfler würde gerne Herrn Direktor Abs den Zweck dieser Unter=suchungen mündlich noch näher auseinandersetzen und wäre zu Dank ver=pflichtet, wenn sich für den kommenden Montag eine Unterredung verein=baren liesse.

Heil Hitler !
I.A.

Anlage.

Reichinstitut bittet Abs-Adjutanten um Hilfe: »Herr Dr. Höfler würde gerne Herrn Direktor Abs den Zweck dieser Untersuchungen mündlich noch näher auseinandersetzen«

renwort ab, seine Auskünfte absolut vertraulich zu behandeln, der daraufhin versicherte, daß er sie »nur für interne Zwecke verwenden« werde.[62]

Doch ganz löste Hoefler sein Versprechen nicht ein: Seine »Untersuchungen über die Machtstellung der Juden in der Weltwirtschaft«, knapp 300 Seiten Text, rund 45 Tabellen sowie 31 Graphiken, ließ er im März 1945 – in einer Art »Notausgabe« – in wenigen Exemplaren trotzdem herstellen, die, wie der Historiker Helmut Heiber ernsthaft bemerkte, »einen Eindruck von der ungeheuer fleißigen ... Arbeit« vermittelt habe, »ohne daß sich freilich über den Wert der Quellenfundierung etwas aussagen läßt«.[63] Die Quelle Hermann J. Abs scheint Heiber dieserhalb bis heute nicht verifiziert zu haben.

Hermann J. Abs schien jedweder Situation gewachsen. Nach dem Zusammenbruch des NS-Regimes ließ er sich keiner Arisierung überführen, stets mit dem Argument, er sei schließlich nur für die Auslandsbeziehungen der Deutschen Bank zuständig gewesen. Nachfragen unterblieben, Gegenrecherchen ohnehin. Dabei war der Einblick in die NS-Verstrickungen von Abs einfach: Spätestens als Vorstandsmitglied der Böhmischen Union-Bank (BUB),* dem vorgeblichen Renommierinstitut der Deutschen Bank im Protektorat Böhmen und Mähren, fielen dortige »Entjudungen« eben genau in seinen Kompetenzbereich. Während er im Reich nur als Privatmann intervenierte (mit Ausnahme der Bank Mendelssohns) und sich lediglich für Bekannte oder Freunde stark machte, wurde die Enteignung jüdischen Besitzes für ihn, dem Statthalter der Deutschen Bank außerhalb des Reiches, zur Routine. Ein mitunter mühsames Geschäft.

---

* Das Aktienkapital der Böhmischen Union-Bank befand sich teilweise in der Hand eines britischen und belgischen Instituts. Im Oktober 1938 übernahm die Deutsche Bank die sudetendeutschen Filialen. Nach Ausbruch des Zweiten Weltkrieges eignete sich die Deutsche Bank im Dezember 1939 die ausländischen Wertpapiere für zehn Prozent des Nennwertes an. Auf ähnliche Weise bemächtigte sich die Deutsche Bank der Prager Deutschen Agrar- und Industriebank, die 1940 mit der BUB fusionierte.

Im Protektorat wurden unzählige jüdische Unternehmen, vor allem mittelständische, für arische Interessenten frei. Anders als an der Heimatfront, fielen die Hehler freilich nur bedingt über die wenig attraktive Beute her. Diese Problematik, die bei der Deutschen Bank niemand vorausgesehen hatte, ließ sich, so schien es, aber möglicherweise mit vereinten Kräften aus dem Weg räumen. Der Berliner Direktor Hermann Kaiser bot das ganze Know-how der Deutschen Bank auf, um die noch offenen Arisierungen im Protektorat über das Reich zum Abschluß zu bringen.

Mit Hilfe eines Briefkopfes der Deutschen Bank forderte Kaiser am 10. Februar 1940 per Rundschreiben (»Vertraulich!«) jede »unserer Kopfstellen« auf, »unseren Freunden in Prag« zur Seite zu stehen. Diese Aktion beschränkte sich auf die »Arisierung jüdischer Betriebe der Brünner Wollindustrie«, die extrem schwer an den arischen Mann zu bringen war. Da die BUB aber nun einmal daran »lebhaft interessiert« sei, sollten »eventuelle Interessenten der BUB zur Kenntnis« gebracht werden.[64] Wieviele Kunden sich von der Deutschen Bank daraufhin überzeugen ließen, im unwirtlichen Protektorat eines Reinhard Heydrich zu investieren, ist nicht bekannt geworden. Glücklicher agierte die BUB bei der »Bohemia« Keramische Werke A.G. in Neurohlau. Dieses marode Unternehmen verscherbelte die Bank an die SS.

In den Prager Tresoren der BUB hatten Revisoren der Deutschen Bank verschiedene Aktienpakete entdeckt, darunter das der »Bohemia«. Die Papiere gehörten dem Bankhaus Petschek & Co., Eigentum jener jüdischen Dynastie, die in den 20er Jahren den Vater von Abs vor dem Gang zum Konkursrichter bewahrte, indem sie seine Beteiligung an der Hubertus A.G. erwarb. Während das kleine Privatinstitut der Petscheks liquidiert wurde, bot die Deutsche Bank dem Chef der SS-Wirtschaftsbetriebe, Oswald Pohl, die »Bohemia« zum Kauf an.[65]

Die »Bohemia«, im Dezember 1921 eigentlich als Spinnerei gegründet, wurde mehrmals zahlungsunfähig. Trotz dieser laufenden Verluste führten die Petscheks immer wieder frisches Kapital zu. Die »Bohemia«-Produkte waren international angesehen. Die »Bohemia« stellte »Staatsgeschirr« her, das – weltweit exportiert – selbst die Reichskanzlei erreichte. Für die 1939 erfolgte Aktien-Übernahme zahlte Pohl 400 000 Mark, bis er seinen Neuerwerb für die Rüstung verplante. Die »Bohemia« produzierte erst elektrische Schaltanlagen für die Me 109, dann welche für das Düsenflugzeug Me 262. Deutsche Bank, BUB und SS – anläßlich des »Bohemia«-Deals entstand zwischen ihnen ein übereinstimmendes Bündnis.

In den »Bohemia«-Aufsichtsrat zog der Direktor der Deutschen Bank in Karlsbad, Georg C. Vogel, ein, neben ihm saß Dr. Ottomar Benz aus der Berliner Zentrale der Deutschen Bank. Sie rückten nicht von ungefähr in diese Position: Über den Umweg der »Bohemia« intensivierte die Deutsche Bank ihre Kontakte zur SS. Ihre Aufsichtsräte hatten klangvolle Namen: SS-Obergruppenführer Oswald Pohl, SS-Gruppenführer Georg Lörner, SS-Oberführer Karl Möckel, SS-Obersturmbannführer Karl Mummenthey, der spätere Sachverständige für Fragen der Zwangsarbeiter.[66] Während der Aufsichtsratssitzungen wird so manches Geschäft angebahnt, vor allem gegen das SS-Hausinstitut, die Dresdner Bank, intrigiert worden sein, um der Schutzstaffel die lästige Konkurrenz zu entfremden.

Hermann J. Abs hatte dem NS-Regime eine große Zukunft vorausgesagt. Die Eroberungskraft von Wehrmacht und Waffen-SS, vor allem seit dem Überfall auf die Sowjet-Union am 22. Juni 1941, euphorisierte zusätzlich. Millionenfach das Heer kriegsgefangener Rotarmisten, gigantisch die im »Ostraum« vorgefundenen Ressourcen. Wer ließ sich von diesem militärischen Ruhm nicht anstecken, wer wollte sich die ökonomische Kolonisierung entgehen lassen? Es begannen die wirtschaftlichen Verteilungskämpfe, aber ebenso galt es, über die politischen Konsequenzen nachzudenken. Drei Wochen nach dem Angriff entfachte der Handelspolitische Ausschuß der Reichswirtschaftskammer eine Grundsatzdebatte: Wie seien die U.S.A. zukünftig einzuordnen?

Es könnte davon ausgegangen werden, so referierte der ebenfalls anwesende Abs, »dass Deutschland nach dem Krieg Europa beherrscht«, das von Berlin aus unterjochte Europa sei »nach dem Krieg auf die U.S.A. nicht angewiesen«, denn: »Nach dem Krieg steht uns der russische Raum mit seinem Reichtum offen.«[67] Doch fünf Monate nach dieser Tagung war bereits alles wieder anders. Hitler hatte am 11. Dezember den U.S.A. den Krieg erklärt. Und jetzt ahnte Abs, daß der Führer wohl auf sein Ende zusteuern, das Reich und – ihn mit in den Abgrund reißen werde. Niemand konnte den bevorstehenden Umbruch sicherer beurteilen als Hermann J. Abs, dessen in der Folgezeit gesammelte Erfahrungen ihm jedes weitere Heldentum braver deutscher Soldaten als absurd erscheinen mußte. Stimmte sich Hermann J. Abs bereits auf eine Nachkriegsära ein? Ein anderes Ereignis wird seine Meinung zusätzlich bestätigt haben: Am 2. Februar 1943 kapitulierte in Stalingrad die 6. Armee des Oberbefehlshabers Friedrich Paulus. Nichts war mehr wie zuvor.

In einem zwei Wochen später an Kurt Lange, den Vizepräsidenten der Reichsbank, adressierten Brief, entwich dem sonst kühl-besonnenen Abs seine angespannte Gemütslage. Er sorgte sich wegen der von den U.S.A. gegen das Dritte Reich »lebhaft geschürten antideutschen Propaganda«: Es sei »zu befürchten, dass bei längerer Dauer des Krieges [noch neutrale Regierungen] sich dem Druck Nordamerikas nicht werden entziehen können«, mit dem »Rückgang der fremden Gelder und die weitere Geschäftsschrumpfung« als Nachwehen, so daß dringend benötigte Rohstoffe das Reich nicht immer erreichen würden.[68]

Zwar überzogen die U.S.A. die NS-Rüstungsindustrie mit einem Embargo (»Schwarze Listen«), aber je strenger die Sanktionen für die mit Deutschland im Handelsverkehr stehenden Drittstaaten, desto erheblicher die Anpassungsfähigkeit deutscher Bankiers, vorab die von Hermann J. Abs. Je erstarrter die NS-Verwaltungen, desto mehr erwachte in Abs der »Sportsgeist«, Auswege zu finden. Auf sie war er tatsächlich dringend angewiesen, denn sein Institut gehörte nun einmal zum wichtigsten und zuverlässigsten Finanzierungssystem des NS-Regimes im Ausland. Und je mehr sich die militärischen Fehlschläge häuften, desto auffälliger seine NS-Präsenz – für die Außenwelt.

Die Deutsche Bank gewährleistete die Rohstofflieferungen, erst mit Raub-, dann mit Zahngold von in Vernichtungslagern ermordeten Juden. Doch auf einem Nebenschauplatz zeigte die alliierte Ausgrenzung Wirkung: bei den letzten noch intakten NS-Botschaften und bei der Auslands-Organisation der NSDAP (AO). Ohne Bargeld konnten weder Diplomaten noch die Angehörigen der Fünften Kolonne überleben. Das wurde ihnen jetzt per Koffer angeliefert, so sehr war ihre Bewegungsfreiheit inzwischen eingeschränkt. Hermann J. Abs war deren Bankier. Er selbst hat die bislang übersehene Facette seiner Biographie enthüllt. In jenem Schreiben an Kurt Lange, das dem Vizepräsidenten der Reichsbank eigentlich nur die komplizierte Konstellation im Ausland erläutern wollte.

Die Deutsche Überseeische Bank,* eine Tochter der Deutschen Bank und federführend als »Blockadebrecher«, als dessen Aufsichtsratsvorsitzender Abs fungierte, sei in Südamerika »stärkstens beschnitten«, in einigen Ländern als »Finanzagent der Deutschen Gesandtschaft« enttarnt wie als »politisches Schatzamt des Nationalsozialismus« diffamiert worden. »Unserer Initiative ist es gelungen«, so fuhr Abs fort, jede sich »bietende Möglichkeit ... auszunutzen, um den deutschen Reichsvertretungen drüben Mittel zuzuführen, ohne dass freie Devisen von Deutschland aus herausgegeben werden mussten«, im übrigen sei es »für uns eine Selbstverständlichkeit, ... Beitragskonten und sonstige Geldbewegungen [den] Parteiformationen [sprich: AO] ... zur Verfügung zu stellen«.

Abs: »Das Einstehen für ihr Deutschtum hat für verschiedene

---

* Die Deutsche Überseeische Bank wurde von der Deutschen Bank 1886 gegründet und eröffnete Filialen in Südamerika und Spanien.

Ref. 16. Februar 1943.

Herrn

Kurt Lange,
Vizepräsident der Deutschen Reichsbank,

Berlin C.111.

Präsident Lange,

ich nehme Bezug auf unsere Unterhaltung am vergangenen Samstag, den 13. Februar, in dessen Verlauf ich Ihnen einige Ausführungen über die meiner Bank nahestehende Deutsche Ueberseeische Bank machte, deren Aufsichtsratsvorsitz ich inne habe. Nachstehend wiederhole ich die Ihnen gemachten Ausführungen in den wesentlichsten Punkten.

Die Tätigkeit der Deutschen Ueberseeischen Bank steht unter dem Schatten des Krieges. In Südamerika, in welchem Erdteil ungefähr drei Viertel unserer eigenen Mittel arbeiten, sind wir nur noch in Argentinien in unserer Tätigkeit frei. Auch in Argentinien sind wir einer lebhaften antideutschen, von U.S.A. geschürten Propaganda ausgesetzt und haben überdies zu befürchten, dass bei längerer Dauer des Krieges auch Argentinien sich dem Druck Nordamerikas nicht wird entziehen können.

Für Südamerika im allgemeinen ist zu sagen, dass sich das Passivgeschäft zum überwiegenden Teil mit einheimischen Kreisen abwickelt, während die verfügbaren Gesamtmittel vorzugsweise in deutschem Interesse eingesetzt worden sind, teils in der Finanzierung des Warenverkehrs mit Deutschland, teils in der Kreditgewährung an deutsche Niederlassungen unter Bürgschaft der Stammhäuser. Hinzu kamen, vor allem in Argentinien, Chile und Uruguay, grosse Avalverpflichtungen, welche im Auftrage deutscher Firmen für Vorauszahlungen, ordnungsmässige Lieferung usw. übernommen waren. Da die Rückgriffsmöglichkeiten auf die deutschen Schuldner und Bürgen bei Ausbruch kriegerischer Verwicklungen fraglich erscheinen mussten, sich ferner nicht vorhersehen liess, ob in einem solchen Falle die grossen im Verrechnungsverkehr mit Deutschland arbeitenden Gelder der Filialen prompt zurückfliessen würden,

musste

Hermann J. Abs schreibt dem Reichsbank-Vizepräsidenten: »Es ist für uns eine Selbstverständlichkeit, Geldbewegungen den Parteiformationen zur Verfügung zu stellen«

Filialleiter, Prokuristen und Angestellte unserer Bank die Verhaftung zur Folge gehabt.« In Brasilien seien elf festgenommen, Peru habe erst einen ins Reich »heimbefördert«, dann »die Herren Wendt und Riedner verhaftet und sie an die Vereinigten Staaten ausgeliefert«, Chile habe bei 14 Mitarbeitern »Zwangsaufenthalt an Provinzplätzen im Inneren des Landes angeordnet«. Dieser Aderlaß beweise, resümierte Abs, »in welchem Geiste unsere Bank ihre Aufgaben aufgefasst und welch' positiven Beitrag sie zur Erreichung der von Staat und Partei gesteckten Ziele auf ihrem Sondergebiete geleistet hat und noch leistet«.[69]

Die Deutsche Überseeische Bank der Deutschen Bank hatte der AO der NSDAP großzügige Kredite eingeräumt, ihr Immobilien zwischenfinanziert, ihr den Propaganda-Apparat bevorschußt, ihr Devisen beschafft. Diese politische Unterstützung ließ sich ohne Plazet des AO-Führers Ernst Wilhelm Bohle nicht bewerkstelligen. Es spricht viel dafür, daß Abs die Modalitäten persönlich mit Bohle, den Heinrich Himmler ehrenhalber zum SS-Obergruppenführer ernannte, ausgehandelt hat. Für die Zusammenarbeit zwischen Abs und AO interessierte sich noch eine andere Diensteinheit: das Amt Ausland/Abwehr des Admirals Wilhelm Canaris.

Die AO, im Februar 1934 ins Leben gerufen und in 32 »Hauptämtern« gegliedert, ging aus mehreren Organisationen hervor, beispielsweise aus dem Verein für das Deutschtum im Ausland (VDA), der während des Ersten Welkrieges von der Obersten Heeresleitung »für besondere Kriegszwecke« gegründet wurde. Der VDA mutierte nicht nur zu einer Spionage-Hochburg, sondern der ehemalige kaiserliche Gesandte Peter von Reichenau, der Vater des Generalfeldmarschalls Walter von Reichenau, produzierte als VDA-Vorsitzender antisemitische Pamphlete. Für das 1930 erschienene »Deutsches Kind, was mußt du vom Auslandsdeutschtum wissen« steuerte der Kölner Oberbürgermeister Konrad Adenauer das Vorwort bei.

Die AO kontrollierte die deutschen Handelskammern im Ausland, die Kulturattachés waren ihr unterstellt und, so wies der in die

Oberst d. Gen. St. Piekenbrock
Chef Abwehr-Abteilung I
im Oberkommando der Wehrmacht

Berlin, den 15. März 1943

A. 22. III. 43

1) C

2) zdA

2

Herrn

Direktor **A b s**
Deutsche Bank

B e r l i n W 8
Kleine Mauerstrasse

Sehr geehrter Herr Direktor!

Da ich zur Übernahme eines Frontkommandos Berlin und meine bisherige Dienststelle in Kürze verlassen werde, ist es mir ein ganz besonderes Bedürfnis, Ihnen für die wertvolle Mitarbeit, die Sie meiner Dienststelle haben angedeihen lassen, noch zu danken. Die persönliche und dienstliche Zusammenarbeit mit Ihnen wird mir stets in angenehmer Erinnerung bleiben.

Ich darf Sie bei dieser Gelegenheit bitten, auch meinen Nachfolger, Herrn Oberstleutnant i.G. H a n s e n , in der gleichen Weise wie mich zu unterstützen.

Mit besten Grüssen und Heil Hitler verbleibe ich

Ihr

sehr ergebener

Piekenbrock

Vorstand	
Abs	✓
Bechtolf	✓
Halt	✓
Kiehl	Ki
Plassmann	✓
Rösler	✓
Rummel	✓
Sippell	✓
Wintermantel	✓
	14.

Abwehr-Oberst verabschiedet sich von Hermann J. Abs: »… ist es mir ein ganz besonderes Bedürfnis, Ihnen für die wertvolle Mitarbeit, die Sie meiner Dienststelle haben angedeihen lassen, noch zu danken«

U.S.A. emigrierte Journalist Heinz Pol nach, sie sei das »Werkzeug für Militär- und Zivilspionage«,[70] eines, auf das sich der Oberst Hans Piekenbrock, Chef der Abwehr-Abteilung I (»Geheimer Meldedienst«), verlassen konnte.

Piekenbrock war der Markus Wolf des Dritten Reiches, ihm unterstand die gesamte Auslandsaufklärung. Seine Agenten rekrutierte er vorzugsweise bei der AO. Gelegentlich flogen die freilich auf. Im Februar 1938 wurden in New York mehrere Amerikaner verhaftet, die von einer AO-Friseuse des Passagierdampfers »Europa« geführt worden waren.[71] Doch dieser nachrichtendienstliche Verlust ließ sich verschmerzen, an »Nachwuchs« mangelte es nicht. Es war Piepenbrock, der Canaris den Ruf bescherte, über den weltweit leistungsstärksten Geheimdienst zu verfügen.[72] Piepenbrocks Gestellungsbefehle erreichte sogar die Prominenz. Hermann J. Abs hatte sich einberufen lassen.

Die Kooperation muß sehr eng gewesen sein, denn als Piepenbrock im März 1943 an die Ostfront versetzt wurde, hatte er sich von Abs freundschaftlich verabschiedet: Es sei »mir ein ganz besonderes Bedürfnis, Ihnen für die wertvolle Mitarbeit, die Sie meiner Dienststelle haben angedeihen lassen, noch zu danken. Die persönliche und dienstliche Zusammenarbeit mit Ihnen wird mir stets in angenehmer Erinnerung bleiben«.[73] Abs antwortete artig: »Zur Übernahme Ihres Frontkommandos darf ich Ihnen meine besten Wünsche übermitteln.«[74] Auffällig war sein Kontakt zu Gero von S. Gaevernitz, einem Doppelagenten, der in der Schweiz für die deutsche als auch amerikanische Seite arbeitete.[75] Als förmlicher Anlaß der Treffs dienten Gespräche über Dollar-Anleihen. Doch wenn sie in Zürich frühstückten oder in Ascona zu Mittag aßen, werden wohl auch andere Themen im Mittelpunkt gestanden haben.[76]

Hermann J. Abs sicherte sich ab. Nach allen Seiten. Und er wurde immer vorsichtiger, denn inzwischen machte das Dritte Reich auch vor Direktoren der Deutschen Bank keinen Halt mehr.

Der Zweigstellenvorsteher im oberschlesischen Hindenburg,

Georg Miethe, wurde von einem seiner Mitarbeiter angezeigt, weil er im September 1943 Goebbels einen »Affen« nannte, Göring einen »vollgefressenen Wanst« bescheinigte und Hitler ausschließlich als »Schwindler« wahrnahm. Der Volksgerichtshof verurteilte ihn zum Tode. Der Stuttgarter Filialdirektor Hermann Koehler, der zugleich dem Daimler Benz-Aufsichtsrat angehörte, fuhr mit der Bahn nach München. Soeben war Mussolini gestürzt worden. Dieses Ereignis inspirierte Koehler zu einem Kommentar: »Der Faschismus ist sang- und klanglos verschwunden, ... der Nationalsozialismus ist ja nur ein Furz.« Diese Bemerkung hinterbrachte die Deutsche Bank der Gestapo. Am 8. November 1943 wurde Koehler im Zuchthaus Brandenburg hingerichtet.[77]

Hermann J. Abs war kein Widerstandskämpfer. Er hatte dem Dritten Reich gedient, bis zum bitteren Ende. Er war keineswegs tapfer, wie beispielsweise sein späterer Freund Berthold Beitz, der 1942 als kaufmännischer Direktor der Karpaten-Oel A.G. im ostpolnischen Boryslaw wie Oskar Schindler Juden vor ihrer Ermordung bewahrte. Beitz entriß der SS Hunderte von ihnen mit der Begründung, daß sie dringend benötigt werden: »Kriegswichtiger Einsatz«. Der Zentralrat der Juden in Deutschland würdigte ihn im Februar 2000 mit dem Leo-Beck-Preis.[78]

Zu dieser Zeit steuerte Alfred Kurzmeyer auf den Höhepunkt seiner Karriere zu. Der Schalck-Golodkowski der Deutschen Bank war der Verbindungsmann von Hermann J. Abs zum SS-Obergruppenführer Oswald Pohl.

10
Kurzmeyer

Die Deutsche Bank beging am 9. April 1945 ihr 75jähriges Firmenjubiläum – einen Monat vor der Kapitulation. Hermann J. Abs unterzeichnete ein holpriges Glückwunschschreiben an die wenigen verbliebenen Filialen: »Es ist uns nicht vergönnt, an diesem bedeutsamen Gedenktage im ruhigen Gefühl erreichter Erfolge und eines gesicherten Besitzstandes auf das zurückzublicken, was die Arbeit derer, die vor uns am Werke standen, und unsere eigene Arbeit geschaffen haben.« Heuchelei selbst in der Phase des Unterganges.

Am 16. April setzten die Russen an zum Sturm auf die Reichshauptstadt. Zwei Tage später kamen die in Berlin ausharrenden Vorstandsmitglieder der Deutschen Bank zu ihrer letzten Sitzung während des Dritten Reiches zusammen. Der jetzt gefaßte Vorstandsbeschluß hatte nun wieder etwas mit der Realität zu tun. Die Deutsche Bank machte sich auf den Weg in ihre »Evakuierungszentren«: nach Erfurt, Wiesbaden oder, wie Hermann J. Abs zwei Tage zuvor, nach Hamburg. Getarnt in einem Karstadt-Lieferwagen entkam der 44jährige Bankier sowjetischen Fahndungstrupps.[1]

Der »Iwan-Fall« war tatsächlich eingetreten. Am 2. Mai besetzten Rotarmisten die im November 1943 durch Bomben zerstörte Zentrale in der Mauerstraße. Die Tresore waren längst leergeräumt. Lediglich die »Notkasse« wurde von der Deutschen Bank in der Phase ihrer vorbereiteten Auflösung übersehen: eine Reserve von 498 130 Reichsmark. Die kassierten die Russen.[2] Das Institut drohte als Anhängsel des NS-Regimes aus der Bankenlandschaft zu verschwinden.

In der Hansestadt angekommen, pflegte Hermann J. Abs nach wie vor seinen Standesdünkel: Er mietete sich in einer Suite des Hotels »Vier Jahreszeiten« ein. Am Nachmittag des 3. Mai 1945 verließ er die Nobelherberge zu einer Verabredung mit Kollegen, die ebenfalls auf der Flucht waren und sich in ihrer »Notzentrale« am Alten Wall 37 treffen wollten. Am selben Abend requirierten die einrückenden Engländer die Abs-Unterkunft und erklärten das legendäre Restaurant Haerlin zum Offiziers-Club.[3] Abs wagte es nicht, zurückzukehren. Doch in der Ruinenstadt blieb er nicht obdachlos.

Victor-Albin von Schenk, Chef der Deutschen Bank in Hamburg, hatte sich als mitfühlender Quartiermeister von leitenden Mitarbeitern der Deutschen Bank erwiesen. Während er dem Vorstandsmitglied Fritz Wintermantel Asyl in seiner eigenen Wohnung in der Heilwigstraße 93 gewährte, brachte er Abs bei einem Vertrauten unter: im Hause des Casimir Prinz zu Sayn-Wittgenstein-Berleburg im Leinpfad 73.[4] Eben dort rettete Abs seinem Gastgeber das Leben. Der Prinz, der Jahrzehnte später als hessischer CDU-Schatzmeister neben Helmut Kohl als einer der Spitzenakteure der Spendenaffäre Furore machen sollte,* hatte einen Blinddarmdurchbruch erlitten. Der Untermieter Abs stellte sich für eine Bluttransfusion zur Verfügung.[5]

Wochenlang traute sich Abs nicht auf die Straße. Er selbst rät-

---

* Prinz zu Sayn-Wittgenstein-Berleburg gehörte bereits in den 50er Jahren zu den Geldeintreibern der CDU, als sich Bankiers und Industrielle wieder einmal – nach der Unterstützung Hitlers – in einem »Wirtschaftsbeirat« zusammenfanden, um nun der Union finanziell unter die Arme zu greifen. Und wieder waren es dieselben, beispielsweise Rudolf August Oetker, Richard Bertram (Norddeutscher Lloyd), Konrad Kaletsch (Flick), Hans Rinn (Dresdner Bank) und, als Benjamin, Hermann J. Abs von der Deutschen Bank, aber auch der junge Walther Leiser Kiep war inzwischen in diesen Kreis gestoßen. Als Initiator und Graue Eminenz des »Wirtschaftsbeirates«, deren Aufgaben später die CDU-Geldwaschanlage, die Staatsbürgerliche Vereinigung, übernahm, gilt Konrad Adenauers Staatssekretär, der Kommentator der Nürnberger Rassegesetze Hans-Maria Globke.

selte darüber, so schrieb der US-Autor Tom Bower, »ob dies das Ende seiner bis dahin brillanten Karriere« sei. Jede Besatzungsmacht interessierte sich für Abs, jede indes auf ihre Weise. Die Russen? Mit Sicherheit. Die Amerikaner? Ja. Die Franzosen? Vielleicht. Blieben die Briten. Die suchten Abs tatsächlich. Freilich nicht als Kandidaten für eine Sühneleistung.

Charles Gunston, in der Bank of England für den »German desk« zuständig und nun Leiter des German Bankers Advisory Boards der britischen Militärregierung mit Sitz in Hamburg, hatte Hermann J. Abs in den 30er Jahren kennengelernt, hautnah aber auch das Dritte Reich: Als Schüler war er während seiner Sommerferien 1934 aus London nach Berlin geeilt, um seine »Arbeitskraft« dem NS-Reichsarbeitsdienst zur Verfügung zu stellen. »Ich fand es gut«, erinnerte sich Gunston, »ich hatte viel Spaß. Die Deutschen hielten mich wohl für verrückt.«[6] Gunston wurde ein Freund der Deutschen. Und von Hermann J. Abs.

Alle Vorstandsmitglieder deutscher Banken wurden auf Grund eines alliierten Dekrets ihrer Posten enthoben. Während französische wie amerikanische Besatzer die Regeln streng auslegten, unterliefen die Briten ihre eigene Weisung. Sie wähnten »kopflose« Banken als wenig hilfreich für ihre Investitionen in Deutschland, die sie, seit der Beschlagnahme als Feindvermögen nach dem Kriegsausbruch, schnellstmöglich zurückerhalten wollten. Dabei sollte ihnen der sachkundige Abs sekundieren.[7] Zunächst aber mußte er Rechenschaft ablegen. Der US-Ermittler Bernhard Bernstein setzte im September 1945 bei den Engländern ein erstes Verhör durch. Den Delinquenten Abs freilich überfiel, wie eines Tages Helmut Kohl, ein Blackout.

Da es für Abs kein Zeugnisverweigerungsrecht gab, antwortete er auf ihn belastende Fragen durchweg stereotyp: »Ich kann mich nicht erinnern«, im übrigen »erinnere ich mich an irgendwelche Themen aus dem politischen oder wirtschaftlichen Bereich nicht« und »kann nur sagen, daß ich mich daran nicht erinnern kann«, gemeinhin »kann ich mich an nichts Besonderes erinnern«, alles in allem »habe ich keine Kenntnis oder nicht einmal eine Vermutung«, generell »weiß ich dies nicht«, im ganzen hätten »wir keine Kenntnis, nicht einmal eine Vermutung«. Grundsätzlich: »Ich weiß von nichts.«[8] Tom Bower verglich solch bedeutungsvolle Gedächtnislücken mit der wohl peinvollsten Ausrede eines prominenten Abs-Kollegen: Der spätere Bundesbank-Präsident Karl Blessing war dem Freundeskreis Reichsführer-SS nur darum beigetreten, weil »ich dachte, der ist etwas für gesellige Bier-Abende. Sonst nichts«. Charles Gunston glaubte Blessing das unbesehen, denn »Hitler-Gruß und ›Sieg-Heil‹-Rufe waren bei ihm nur Schau«.

So ähnlich wird – nach 1945 – Abs empfunden haben, denn, so zitierte ihn Tom Bower, wenn er seinerzeit auch nur ansatzweise etwas von der I.G. Auschwitz mitbekommen hätte, ja, dann – »wäre ich zurückgetreten«. Und 1980 erklärte Abs – wie Bower ironisch bemerkte, »mit dem Charme der Unschuld« –, in der ersten Nacht nach dem Zusammenbruch des Dritten Reiches wegen des alliierten Sieges selig eingeschlafen zu sein: »Mein Gewissen war unbelastet, *meine Erinnerungen gut.*«[9] Hermann J. Abs fühlte sich von den Amerikanern nur kurzfristig bedrängt.

Zwar beorderte die britische Regierung Charles Gunston wegen seiner einseitigen Parteinahme für steckbrieflich gesuchte Bankiers im Januar 1946 nach London zurück, in Schwierigkeiten gerieten dadurch deutsche Wirtschaftsführer allerdings nur vorübergehend. Gunstons Chef, der Leiter der britischen Finanzabteilung S. Paul Champers, entsandte seinen Stellvertreter Robert Rockley nach Deutschland, einen Direktor des Londoner Bankhauses Kleinwort, Sons & Co. Rockley hatte zu Abs bereits während seiner Tätigkeit bei Delbrück Schickler & Co. freundschaftliche Beziehungen hergestellt. Nach Gunston trat nun Rockley als Beschützer für den in Not geratenen Abs auf.[10] Beistand hatte er unbedingt nötig.

Am 17. Januar 1946 wurde das Vorstandsmitglied der Deutschen Bank auf Veranlassung der Amerikaner in Hamburg von den Engländern als »eine Kriegsverbrechen verdächtige Person« verhaftet und ins Altonaer Gefängnis überführt, Zelle 93. Den Ausschlag schien ein vom Kreisgericht Zagreb angestrengtes Verfahren gegeben zu haben, das Abs zwei Monate vorher in Abwesenheit »zu zehn Jahren Freiheitsentzug verbunden mit Zwangsarbeit« mit der Begründung verurteilt hatte, er hätte »in verantwortlicher Position beim Kroatischen Bankverein in Zagreb ... wirtschaftlich mit dem Feind und Okkupator zusammengearbeitet«.[11] Ein fraglos politisches Exempel. Da sich Jugoslawien Stalin nicht hatte unterwerfen wollen, meinte Washington wohl Flagge zeigen zu müssen.

Aus dem Arrest befreite Abs ein weiterer Angelsachse, im Namen Gunstons wie Rockleys: John R. Kellam, im Zivilleben Revisor der Bank of England, als Offizier Angehöriger der britischen Militärregierung, suchte Abs sofort auf. Er signalisierte ihm die baldige Entlassung. Es bedurfte indes drei langer Monate, bis sich Abs wieder frei bewegen konnte. Am 6. Mai chauffierte Kellam den ob der Haftzeit sichtlich Verwirrten auf seinen Bentgerhof bei Remagen in die französische Zone. Dort besuchte ihn Fritz Wintermantel, um anschließend allen versprengten Deutschbankiers eilig zu melden, daß ihn ein erquickter Hermann J. Abs bewirtet hätte: »Er ist froher Dinge, blühend und gesund aussehend.« Was Wunder. Der Abs-Getreue Alfred Kurzmeyer, der alliierte Nachstellungen an seinem Schweizer Wohnort nicht fürchten mußte, hatte seinen vormaligen Chef von dort aus aufgepäppelt, ihm durch gewichtige Care-Pakete die ländliche Küche, Bar wie den Arzneischrank gefüllt: mit Feinkost, Alkohol und Medikamenten.[12]

Kurzmeyer war zu dieser Stunde der Samariter in Person. Er hatte Abs nicht nur einen knurrenden Magen erspart, zeitgleich nahm er sich ebenso Elisabeth Volk und ihrer zwei Kinder an, der Gattin des SS-Hauptsturmführers Dr. Leo Volk. Die Familie hatte er, in einer Art Nacht- und Nebelaktion, im Januar 1946 auf seine Kosten nach Zürich geholt und sie für acht lange Monate im Hotel »Savoy« willkommen geheißen. Leo Volk, der vormalige Adjutant des SS-Obergruppenführers Oswald Pohl, hockte währenddessen in Nürnberg in Einzelhaft,[13] wo der Prozeß gegen das Wirtschafts-Verwaltungshauptamt (WVHA) vorbereitet wurde.*

Volk, am 2. Mai 1898 als Sohn eines Beamten in Berlin geboren, hatte in Berlin, Greifswald, Erlangen und Grenoble Rechtswissenschaften studiert. Nach dem Staatsexamen trat er in das Reichsjustizministerium ein, wechselte zum Deutschen Gemeindetag. Im Mai 1933 wurde er Mitglied der NSDAP, im November trat er der SS bei. Volk marschierte mit der Waffen-SS in Polen ein,[14] bis er im April 1940 Oswald Pohl über den Weg lief, der nun sein Fortkommen bestimmte: Volk avancierte zu seinem Persönlichen Referenten.[15] Gut für die Deutsche Bank, gut für die SS. Die Zusammenarbeit Pohls mit der Deutschen Bank begann Ende 1940. Der Historiker Enno Georg ist bis heute als einziger auf die Anfänge dieser bislang unerkannten Connection gestoßen.

Nach der Besetzung Polens hatte sich die SS aller polnischen und jüdischen Ziegeleien bemächtigt, die Pohl darauf in seine Deutschen Erd- und Steinwerke G.m.b.H (DESt) integrierte. Da diese 413 Betriebe formal im »Besitz« der Haupttreuhandstelle Ost (HTO) standen, mußte nicht Pohl in die Neuerwerbungen investieren, sondern die HTO als »Muttergesellschaft« Geld für Ausbau und Erhalt dieses Imperiums auftreiben, für das bis zu 15000 jüdische Zwangsarbeiter schuften mußten.[16]

Die HTO kehrte zwölf Millionen Mark aus. Doch dieser Betrag war im Handumdrehen verspielt. Die Ziegeleien erwiesen sich als ein Faß ohne Boden. Pohl hätte die faktisch unproduktiven Anlagen

---

* Leo Volk wurde im Januar 1946 nach einem Schußwechsel auf einem Bauernhof in Lage (Lippe) verhaftet, im als Fall VI bekanntgewordenen Kriegsverbrecherprozeß in Nürnberg angeklagt. Das Verfahren gegen 18 ehemalige WVHA-Angehörige endete am 3. November 1947 mit einem Todesurteil für Oswald Pohl (Hinrichtung am 7. Juni 1951), während Leo Volk zehn Jahre Gefängnis erhielt. Im Februar 1952 entlassen, versuchte er sofort Verbindung mit Alfred Kurzmeyer aufzunehmen, der sich allerdings verleugnen ließ. Volk, dem die Zulassung als Notar verweigert wurde, schlug sich daraufhin als juristischer Berater einer Möbelfirma durch. Er starb am 4. Dezember 1973.

eigentlich schließen müssen; das freilich wäre mit einem großen Prestigeverlust seiner Person verbunden gewesen. Dank seiner guten Beziehungen zum Reichsfinanzministerium schoß der Fiskus 22 Millionen nach, bis auch dieses Kapital verbraucht war.[17]

Die unternehmerische Totgeburt belastete Pohl zunehmend, denn jetzt mußte er sie erst recht weiterführen, um zu verhindern, daß ihm der Reichsführer-SS wegen der 34-Millionen-Pleite Vorhaltungen machen konnte, auch um zu vermeiden, in die Annalen der SS als kaufmännischer Hasardeur einzugehen. Staatsgelder also konnte und wollte er nicht mehr beantragen. Aber wie ließ sich die Illiquidität aus der Welt schaffen? Leo Volk zeigte dem um seine Autorität besorgten Pohl einen Ausweg auf.

Er, Volk, sei im Restaurant »Haus Brandenburg« am Kurfürstendamm mit einem gewissen Alfred Kurzmeyer ins Gespräch gekommen, der sich, bereits kräftig alkoholisiert, als enger Mitarbeiter von Hermann J. Abs und Schweizer Staatsbürger vorgestellt habe. Am nächsten Tag habe er, Volk, Erkundigungen eingezogen und die Angaben Kurzmeyers bestätigt gefunden. Diesem Mann, so informierte Volk seinen Chef, habe er sich als Angehöriger der SS-Wirtschaftsbetriebe zu erkennen gegeben, woraufhin Kurzmeyer sogleich damit geprahlt habe, daß er über eidgenössische Institute Gelder in unbegrenzter Höhe würde beschaffen können. Volk, so eröffnete ihm Pohl, möge das Nötige veranlassen.[18]

Enno Georg publizierte das Ergebnis: Die DESt hätten für ihre polnischen Ziegeleien erneut Darlehen aufgenommen, bei der Dresdner Bank und – beim Schweizerischen Bankverein,[19] ein Geldhaus, zu dem Kurzmeyer ein fast eheähnliches Verhältnis unterhielt.[20] Zur Höhe des Kredites machte Georg keine Angaben. Auch in Volks Nachlaß findet sich lediglich der Hinweis, daß Kurzmeyer den Deal in Abstimmung mit Abs engefädelt habe. Zwar waren Deutsche Bank und Oswald Pohl dadurch keine offizielle Partnerschaft eingegangen, die aber sollte nachfolgen.

Die SS stieg ins Ölgeschäft ein, eine Domäne, die von der Deutschen Bank kontrolliert wurde. Benzin war Mangelware im Dritten

Reich. Die Öl-Beschaffung hatte Priorität und mündete im März 1941 in die Gründung einer Monopolgesellschaft, in die der Kontinentale Öl A.G. (KontiÖl), ein Kartell, das eine Förderung bis auf den letzten Tropfen bewerkstelligen sollte. Bei der Finanzierung des Riesen, immerhin 80 Millionen Reichsmark, gab die Dresdner Bank den Ton an, bis Hermann J. Abs sie auch hier wieder auf ihren angestammten Platz verwies: auf den zweiten.

Die Initiative zur Errichtung der KontiÖl hatte die Dresdner Bank ergriffen und dabei überraschende Weitsicht bewiesen: Für den Fall, daß die Wehrmacht in die Sowjet-Union einmarschierte, müßte die in den dann besetzten Gebieten geplante Öl-Produktion von einer zentralen Stelle aus koordiniert werden. Bohrungen seien daher, so legte die Dresdner Bank fest, »im Altreich nicht vorzunehmen«. Das Projekt, vom Standpunkt des Eroberers aus gesehen, konzentrierte sich auf die Ukraine, Zentralrußland, auf das Baltikum, zumindest solange, bis die unerschöpflichen Quellen im Kaukasus erreicht waren.[21] Als Hitler dann am 22. Juni 1941 in Rußland seinen Raubfeldzug begann, war auch die KontiÖl in der Potsdamer Straße 95 in Stellung gegangen, und die Ausplünderungspläne waren im Detail ausgearbeitet. Zu diesem Zeitpunkt hatte die Deutsche Bank die Dresdner als Schirmherr längst abgelöst– das Gerangel um die Konsortialführerschaft hatte Hermann J. Abs für seine Deutsche Bank entschieden. Mit einem genialen Kunstgriff.

Während in der Reichshauptstadt wegen der Oberhoheit über die KontiÖl noch heftig gestritten wurde, ließ sich Abs im April 1941 von belgisch-französischen Geldhäusern neunzig Prozent der Aktien an der Bukarester Banca Comerciala Romana überschreiben, womit die Deutsche Bank augenblicklich an den rumänischen Ölfeldern beteiligt war.[22] Durch diesen Schachzug geriet die »öllose« Dresdner Bank in die Defensive und mußte froh sein, daß die Deutsche die Dresdner bei der KontiÖl überhaupt noch erduldete, wie eine resignative Vorstandsnotiz der Dresdner Bank enthüllte: »Hinsichtlich der Führung … [sei] *angeregt* [worden], uns die Mitführung bei einer Federführung durch die Deutsche Bank *zuzuge-*

stehen«.[23] Bei der KontiÖl war Abs fortan der alles entscheidende Mann im Hintergrund. Doch nicht für lange. Die Regie übernahm die SS, über mit Oswald Pohl verbundene Strohmänner.

Im Aufsichtsrat und Vorstand der KontiÖl nahmen Platz: Der »Geschäftsführer« des Freundeskreises Reichsführer-SS, Fritz Kranefuß (Braunkohle-Benzin A.G.), die Freundeskreis-Mitglieder Karl Rasche (Dresdner Bank) Hans Rosterg (Wintershall), Karl Blessing (Margarine-Union), Franz Hayler (Internationale Handelskammer) und der Abs-Gegner Wilhelm Keppler, der nie verwinden konnte, daß die Deutsche Bank letztendlich die Mehrheit an der Wiener Creditanstalt-Bankverein erhielt. Pohl bekam jede gewünschte Information zugeflüstert, den tiefsten Einblick aber gewährte ihm sein Wirtschaftsprüfer, sein SS-Untersturmführer Richard Karoli, der die Jahresabschlüsse der KontiÖl testierte. Die Gruppe der Abs-Getreuen schien im übrigen der Rede nicht wert.

Zwar stand Karl Blessing auf der Seite von Abs, freilich galt er als Konjunkturritter: Wer das Sagen hatte, zu dem fühlte er sich hingezogen, womit er als verläßlicher Abs-Getreuer ausfiel. So votierten für Abs in der KontiÖl nur das Aufsichtsratsmitglied Karl Schirner, ein Kollege von der Deutschen Bank, und – obschon Freundeskreis-Förderer – der blasse Heinrich Bütefisch von der I.G. Farben. Mutiger trat der Staatsrat Rüdiger Graf von der Goltz auf, dem zum Vorteil gereichte, daß er zum intimen Hofstaat des Führers gehörte, was Pohl wiederum zwangsläufig Respekt einflößte: Goltz stieg zu einer Art Testamentsvollstrecker der Reichskanzlei auf.[24]

Hitler wurde beständig mit der Hinterlassenschaft verstorbener NS-Jünger konfrontiert. Die Abwicklung der Formalien übertrug er von der Goltz, der dem Fiskus zuvörderst die Erbschaftssteuer streitig machte. Als beispielsweise im Frühjahr 1936 eine vermögende Helene Busch verstarb, hinterließ sie Hitler annähernd 300000 Mark, worauf eine Abgabe in Höhe von fast 90000 Mark fällig geworden wäre. Doch von der Goltz argumentierte gegenüber dem Finanzamt schlüssig: Da die NSDAP von jeglicher Steuerzahlung befreit sei, müsse dieses Kriterium schließlich auch für den Begünstigten gelten, da »der Führer, die Partei und der Staat bekanntlich eins« seien, somit: »Was der Partei und dem Staat vererbt wird, bleibt steuerfrei, weil das gesamte Deutsche Volk Nutznießerin wird und das, was dem Führer anfällt, ist eine ... Zuwendung zu Gunsten des Volksganzen«, weshalb »von einem persönlichen Erbanfall im Sinne einer Bereicherung nicht gesprochen werden« könnte.

Der volle Betrag wurde auf des Führers »Hilfsfonds«-Konto bei Delbrück Schickler & Co überwiesen, abzüglich eines »Sonderhonorars«, weil, wie von der Goltz diesen Anspruch zu Recht begründete, »ich im Verwaltungsverfahren ... den Erlass der Erbschafts-Steuer ... mit Erfolg zum Abschluß gebracht« hätte.[25] Anläßlich solcher Transaktionen lernte der damalige Delbrück-Direktor Abs von der Goltz schätzen. Und es war Abs, der von der Goltz in den Aufsichtsrat der KontiÖl hievte, der sich daraufhin während der heftigen Debatten für seinen Freund schlug.[26] Was war los bei der KontiÖl?

Abs nutzte seine Position in der KontiÖl gegen die KontiÖl selbst, so erinnerte sich Leo Volk, um die von der KontiÖl beabsichtigte Erzeugung synthetischen Treibstoffs zu hintertreiben, damit der auf diesem Gebiet führenden I.G. Farben keine Konkurrenz erwachse, die in Auschwitz gerade ihre Buna-Werke aus dem Boden stampfte. Daß sich das I.G.-Aufsichtsratsmitglied Abs emotional zur I.G. Auschwitz hingezogen fühlte, galt Kennern mit dem notwendigen Sachverstand als ausgemacht. Auf diesem Sektor sollte die KontiÖl-Tochter, die Baltische Oelgesellschaft m.b.H., tätig werden, die über ein Verfahren verfügte, Treibstoff aus Ölschiefer zu gewinnen. Indem Abs ihr die notwendigen Investitionen kappte, kam die KontiÖl auch nicht zum Zuge. Als Pohl diese Niedertracht zugetragen wurde, blieb einer seiner gefürchteten Wutanfälle aus. Er überraschte statt dessen durch einen kühlen Kopf.

Im Januar 1944 beauftragte Pohl seinen Assistenten Leo Volk, Abs über Albert Kurzmeyer auszurichten: Er, Pohl, würde eine Un-

8.Juni 1944

- S t a b W -

Stab W - WR-Wb/Kü.

An den
Geschäftsführer der Deutschen
Schieferöl G.m.b.H.

E r z i n g e n

(Württemberg)

Betr: Zahlung der Auslagen der Ölschiefer-
Forschungsgesellschaft m.b.H.

Assessor S c h u m a n n von der Deutschen Revisions- und Treuhand- A.G., Neubochow über Groß-Kreutz, Lehninerstraße, hat hier angerufen und dargelegt, daß die Ölschiefer-Forschungs-G.m.b.H. ihre Auslagen für die Deutsche Schieferöl G.m.b.H. fälschlich vom Reich erhebe. Diese Auslagen müßten von der Deutschen Schieferöl G.m.b.H. im Rahmen des 6-Millionenkredits von der Deutschen Revisions- und Treuhand A.G. (Sachbearbeiter Assessor Schumann) erhoben werden.
Die Deutsche Revisions- und Treuhand A.G. sieht in kürzester Zeit der Anforderung dieser Auslagen entgegen.

Es wird gebeten, das Erforderliche zu veranlassen sowie den Empfang dieses Schreibens zu bestätigen.

Der Chef W

ᛋᛋ-Hauptsturmführer

Deutsche Revisions- und Treuhand A.G. gewährt der SS Millionen-Kredit: »Es wird gebeten, das Erforderliche zu veranlassen«

tersuchung gegen Abs nicht veranlassen, wenn er sich im Gegenzug dafür einsetzte, der Schutzstaffel das Ölschiefer-Programm zuzuteilen und, wichtiger noch, vorab eine die SS nicht belastende Finanzierung in die Wege leitete.[27] Diese geradezu plumpe Erpressung verfehlte ihre Wirkung nicht. Notgedrungen zog Abs seinen Hals aus der Schlinge und verschaffte der SS den Einstieg in eine neue Branche. Dabei gab er plötzlich ein Tempo vor, mit dem selbst der sonst bewegliche Pohl nur schwer mithalten konnte.

Bereits einen Monat später teilte die Deutsche Revisions- und Treuhand A.G., vertreten durch das staatliche Reichsamt für Wirtschaftsausbau, der SS sechs Millionen Mark zu, und das zu Bedingungen, die ganz nach Pohls Geschmack waren: Der Kreditvertrag wies »ein *bedingt* rückzahlbares Darlehen« aus, was im Klartext bedeutete: »Soweit nicht innerhalb von 10 Jahren ... das Darlehen ... getilgt ist, soll der Anspruch ... auf Rückzahlung erlöschen«.[28]

Abs hatte gezeigt, an welchen Fäden er zu ziehen in der Lage war. Nur der Empfänger des Geldes fehlte noch. Bis der – als Deutsche Schieferöl G.m.b.H. – freilich im Mai 1944 im Handelsregister stand, vergingen weitere 14 Wochen. Die Gesellschafter hießen Oswald Pohl (Einlage: 95 000 RM) und Leo Volk (5.000 RM).[29] Zwar trat Volk seinen Anteil an Pohl ab, die SS-Schieferöl verschliß zudem in der kurzen Zeit ihrer Existenz zwei ihrer Geschäftsführer, aber Volk blieb ihr wahrer Chef.

Im württembergischen Erzingen bei Balingen nahm die SS-Firma ihren Sitz, denn in dieser Gegend lagerten die begehrten Schiefer im Überfluß. Das als »Programm Wüste« getarnte Unternehmen stellte die wegen der vorgerückten Roten Armee arbeitslos gewordenen Techniker der Baltischen Oelgesellschaft ein, da nur sie in der Lage waren, aus dem Schiefer Öl herauszuholen. Die Arbeitskräfte kamen im September/Oktober 1944 aus dem KZ Natzweiler. Zu Fuß, weshalb sie auch nicht mehr zu gebrauchen waren.[30]

»Das Lager wurde bezogen ... mit 1500 meist polnischen Häftlingen«, meldete der SS-Hauptsturmführer und Schieferöl-Kommandant Hans Jacobi nach Berlin, »es liegt auf einer sehr nassen

Wiese. Der Boden ist grundlos geworden, die Nässe fast nicht mehr zu bändigen. Die aller primitivsten hygienischen Anlagen, wie Aborte und Waschanlagen, [seien] absolut unzureichend, noch dazu räumlich zu weit voneinander weg und bei der Verschlammung schwer zu erreichen«. Überhaupt: Wie sollte Ölschiefer produziert werden, wenn »rund 420 Kranke vorhanden« seien und »seit Belegung des Lagers 233 Tote zu verzeichnen sind (in 8 Wochen!), davon *nur* 6 auf der Flucht Erschossene und 6 Selbstmörder.«[31] Trotzdem konnte Jacobi am 28. März 1945 voller Stolz bekanntgeben: »Es fließt Öl!«[32] Diese schöne Botschaft interessierte hingegen niemanden mehr.

Zu diesem Zeitpunkt hatten die Russen an der Oder haltgemacht, bei Wesel erreichten die West-Alliierten das Rheinufer. Das Dritte Reich löste sich auf. Die Parasiten des NS-Regimes gingen auf Tauchstation, allen voran die Angehörigen der SS, etwa Oswald Pohl und Leo Volk. Für ein Überleben nach der Stunde Null aber benötigten sie Geld, Bares für die Flucht ins neutrale Ausland und als Reserve für die zurückbleibenden Familien. Die Modalitäten wurden rechtzeitig erarbeitet, im Fall Pohls und Volks mit einem hochrangigen wie übereifrigen Dienstleister als Wegbereiter: mit Hilfe Alfred Kurzmeyers von der Deutschen Bank, der längst zum engeren Freundeskreis des Pohl-Adjutanten zählte, einer der Gründe, weshalb ihm dieser am Ende ins Vertrauen zog. Der Abs-Vertraute war die Hauptfigur eines schauervollen Vorganges.

Um der Gaskammer zu entkommen, überschrieb der jüdische Kaufmann August Wild aus Budapest im Juli 1944 dem SS-Wirtschafts-Verwaltungshauptamt 239 000 Schweizer Franken, die auf einem Konto bei der Schweizerischen Kreditanstalt deponiert waren. Volk reiste in die Schweiz, um die Franken abzuheben. Doch der Direktor Arthur Hundsiecker verweigerte die Auszahlung. Volk kehrte ohne die begehrten Devisen zurück. Ein bürokratisches Mißgeschick trug dazu bei: Ein Briefkopf des WVHA hatte – gegenüber der Kreditanstalt – ausschließlich dem WVHA die Verfü-

DEUTSCHE BANK

Depositenkassen in allen Bezirken von Groß-Berlin

Drahtanschrift: Deutstadt Berlin

Berlin, den 24.1.45

[Eingang]: 30. JAN 1945

Einschreiben gegen Rückschein!

Deutsche Wirtschaftsbetriebe GmbH.

Berlin-Lichterfelde-West

Unter den Eichen 126/135

Wir bestätigen den Empfang Ihres Unterschriftprobenblattes vom
und haben uns vorgemerkt, daß

Herr Oswald Pohl
(SS-Obergruppenführer und General der Waffen-SS) — allein

Herr Dr.Leo Volk
(Hauptsturmführer der W-SS)

Herr Dr.Georg Wenner
(SS-Obersturmführer (F)) — gemeinsam

über das bei uns geführte Konto zu verfügen berechtigt sind.

=Die uns freundlichst übersandte beglaubigte Abschrift aus dem Handelsregister reichen wir Ihnen dankend zurück!

Heil Hitler!

DEUTSCHE BANK
Depositenkasse S
Berlin-Steglitz, Schloßstraße 88

1.) Dr. Wenner zur Kenntnis
2.) zurück an Dr. Volk

Einschreiben gegen Rückschein

Die Deutsche Bank eröffnet für die SS Konto (am 24. Januar 1945): »Die uns freundlichst übersandte beglaubigte Abschrift aus dem Handelsregister reichen wir Ihnen dankend zurück«

gungsgewalt über das Wild-Vermögen bestätigt, statt beispielsweise von vornherein einen NS-unverdächtigen Makler dazwischen zu schalten. Denn auf Druck der Amerikaner hatten die Eidgenossen deutsche Guthaben inzwischen blockiert. Nur einer konnte das Blatt wenden: der Abs-Mann Alfred Kurzmeyer. Der würde, so prophezeite Volk seinem gar nicht mehr so souveränen SS-Obergruppenführer, das Problem aus Treue zu ihm aus der Welt schaffen. Kurzmeyer enttäuschte Volk nicht.

Der Abs-Gefolgsmann setzte sich mit einem seiner zahllosen Bekannten ins Benehmen, mit einem Verwaltungsratsmitglied der Schweizerischen Kreditanstalt, Gottfried Keller. Der öffnete eine Hintertür: Die Franken könnten dann ausbezahlt werden, wenn sich ein Strohmann mit Schweizer Paß finden ließe, wenn etwa ein »legales« Geschäft fingiert werde. Kurzmeyer schaltete einen weiteren Vertrauten zu: den Luzerner Uhrmacher Philipp Muff. Das Scheingeschäft lief an wie ein Schweizer Uhrwerk.

Muff »verkaufte« den SS-eigenen Deutschen Wirtschaftsbetrieben im November 1944 insgesamt 1005 Armbanduhren, in einem Moment, da sich im Reich die Chronometer, die in Gaskammern deportierten Juden entrissen worden waren, zu Bergen türmten. Die jetzt hergestellte »Rechtsurkundlichkeit« bedurfte indes einer offiziellen Bankverbindung: Die Deutschen Wirtschaftsbetriebe eröffneten ihr erstes Konto bei der Deutschen Bank. Die Steglitzer Filiale des Instituts bestätigte Pohl und Volk am 24. Januar 1945 als alleinzeichnungsberechtigt. Und tatsächlich wurden die Uhren in neun Kisten über die Grenze expediert, im Februar 1945 in Konstanz nach der »Verzollung« im Tresor der dortigen Niederlassung der Deutschen Bank verschlossen, einige Tage später wie geplant zurück in die Schweiz zu Muff geschmuggelt.

Volk reiste am 20. Februar nach Zürich. Kurzmeyer händigte ihm 135 304 Schweizer Franken aus. Die restlichen 103 696 Franken teilten sich Muff, Kurzmeyer und, vielleicht, Gottfried Keller von der Schweizerischen Kreditanstalt.[33] Alles hatte eben seinen Preis.

Kurzmeyer agierte immer diskret. Einmal freilich wurde seine Betriebsamkeit öffentlich: der US-Sender »Atlantik« beschäftigte sich, am 20. Februar 1945, mit dem Abs-Intimus. Er behauptete, Kurzmeyer habe eine Million Schweizer Franken von Zürich nach Barcelona an die Deutsche Überseeische Bank, eine Tochter der Deutschen Bank, transferiert, um sie alliierter Reparationen zu entziehen.[34] Die Nachricht aus dem Äther traf den Nerv der Berner Regierung, die, zwar immer noch deutschfreundlich, aber jeden Konflikt mit den Alliierten scheute, vor allem einen mit den Amerikanern.

Der nun um seinen soliden Ruf verlegene Kurzmeyer dementierte: Bei dem »Atlantiksender handelt es sich um eine typische Propagandaküche. Der Missgriff … wird umso krasser, wenn er behauptet, ich sei ›Parteimitglied‹ gewesen«, es »konnte nur Heiterkeit erwecken bei all denen, die mich näher kennen …, besonders in Belgien und Frankreich, wo ich während der Besetzung – ungeachtet meiner Stellung und der Gefahren, die sich darauf für mich ergaben – im proalliiertem Sinne tätig war«.[35] Kurzmeyer war in erster Linie erst einmal für sich selbst verantwortlich – und für Hermann J. Abs.

Einige Monate vor seiner Verhaftung, Ende September 1945, geriet Abs akut in Bedrängnis. Das US-Justizministerium hatte die Weltöffentlichkeit mit schrecklichen Details über das perverseste Geschäft des WVHA aufgeschreckt: Ermordeten Juden ließ Oswald Pohl in den Vernichtungslagern aus ihren Gebissen ihr Zahngold herausbrechen, es dann in Barren der Deutschen Reichsbank umschmelzen, um in der Schweiz dringend benötigte Rohstoffe bezahlen zu können, ohne die die NS-Rüstungsmaschine wohl zum Erliegen gekommen wäre.

Die Amerikaner gingen – zu Recht – davon aus, daß sich die dominanteste Auslandsabteilung aller deutschen Banken, die der Deutschen Bank, an dieser grausamen Aktion beteiligt hätte. Ihr Prinzipal Hermann J. Abs stellte sich indes taub: Nie etwas von Zahngold gehört. Als Beweis bot er die Überprüfung der Goldbestände der Deutschen Bank bei Schweizer Banken an: Dort werde niemand diesbezügliches Edelmetall, das sich trotz der Umschmelzung möglicherweise identifizieren ließe, auffinden. Aber nur Kurzmeyer war befugt, den Einblick zu gewähren. Nur er verfügte über die Schweizer Tresorschlüssel.

»Hierdurch bitte ich Sie«, schrieb Abs im Oktober 1945 an Kurzmeyer, »alle Auskunft ... über alle Aktiven der Deutschen Bank und aller Gesellschaften, die mit der Deutschen Bank zusammenhängen, ... an den Handelsattaché der britischen Gesandtschaft in Bern oder an den britischen Generalkonsul in Zürich zu geben.«[36] Kurzmeyer antwortete, freilich erst – ein Viertel Jahr später: Schweizer Regierungsstellen hätten »mir bedeutet, dass ich, als in der Schweiz niedergelassener Schweizer, mich lediglich an die Gesetze meines Landes zu halten hätte, und dass ich demgemäß von einer ausländischen Amtsstelle nicht veranlasst werden könnte, ihr Auskünfte dieser Art zu erteilen«. Dann beschwor er die alten Zeiten: »Immer wieder denke ich zurück an die oft gefahrvolle Tätigkeit, die wir gemeinsam aufzuwenden hatten, um unsere Freunde im Westen vor den Zugriffen beutegieriger ›Behörden‹ zu schützen. Wie fern liegt dies alles schon! Möge – besonders für Sie – die Anerkennung dieser Tätigkeit, die so viel Hirn erforderte, nicht ebenso fern liegen!«[37] Warum benötigte Kurzmeyer für seine Rückäußerung Monate? War das die Zeit der »Säuberung« der Depots bei der Schweizerischen Kreditanstalt, der Bodenkreditanstalt, beim Schweizerischen Bankverein, bei Leu & Cie.? Der Briefwechsel der Deutschbankiers wirkt heute mehr als denkwürdig.

Während Abs Kurzmeyer förmlich anflehte (»Sie werden verstehen, daß Sie durch Nichterteilung der von Ihnen gewünschten Auskunft mich in Verlegenheit bringen«),[38] erneuerte Kurzmeyer bei anderer Gelegenheit, noch unvertraut mit den neuen Zeiten, die NS-Diktion: Einen Mitarbeiter des britischen Generalkonsuls denunzierte er gegenüber des Politischen Departements in Bern »als einen cechischen Juden«, nur weil sich dieser durch »indiskrete

Fragen und Schnüffeleien – namentlich bei hiesigen Banken – schon recht unliebsam bemerkbar gemacht habe«.[39]

Und als Kurzmeyer die Verhaftung von Abs zugetragen wurde, verstand er diesen Vorgang zugleich »mir gegenüber als Pression«, dazu als »eine schwere Ungerechtigkeit einem Manne gegenüber, der schon vor dem Kriege in den massgebenden deutschen Wirtschaftskreisen seiner Englandfreundlichkeit wegen bekannt war, zudem war Herr Abs, ein frommer Katholik, *von jeher* scharfer Gegner des nationalsozialistischen Regimes und ist bei verschiedener Gelegenheit einer Verhaftung ... durch die Nazis nur dadurch entgangen, dass er von dem ihm persönlich bekannten Admiral Canaris, Chef der sogenannten Spionage-Abwehr, geschützt wurde«,[40] wissend, daß Abs einstmals, im April 1942, die alliierten Bombenteppiche im Sinne Adolf Hitlers begriff: Es sei »wenig wichtig, was aus den einzelnen Betrieben wird, wichtig ist allein die Gewinnung des Krieges«.[41] Den aber hatte das Duo längst verloren.

Im Februar 1946 staunten die Alliierten nicht schlecht: Kurzmeyer bestätigte das in der Schweiz liegende Barvermögen der Deutschen Bank, über das ausschließlich er selbst verfügen konnte, mit 10843012 Schweizer Franken, darunter Goldbarren, aber in der Dimension von Peanuts: 323,9576 Kilogramm verwahrte die Schweizerische Kreditanstalt für ihre deutschen Kollegen.[42] Spuren von Zahngold fanden sich dort angeblich nicht, dabei hat das Dresdner Hannah-Arendt-Institut inzwischen dokumentiert, wer auch beim Opfergold wieder einmal führte: »Der Menge nach war die Dresdner Bank *nach* der Deutschen Bank der größte Abnehmer.«[43]

Alfred Kurzmeyer war der windigste Zeitgenosse der an zwielichtigen Zeitgenossen reichen Deutschen Bank. Kurzmeyer, Abs' Mann fürs Grobe, der seinen Direktionsvertrag mit der Deutschen Bank nur durch Parteienverrat an seinem Arbeitgeber, dem jüdischen Bankhaus Mendelssohn & Co., erkaufen konnte, mußte auf Druck der Schweizer Behörden noch seine privaten Schließfächer öffnen. Sie offenbarten wundersamen Reichtum.

Sie hätten sich, versicherte Alfred Kurzmeyer, niemals im Besitz getöteter Juden befunden. Sondern? Ein wertvolles Brillantenhalsband verwahrte er beispielsweise für den Herzog von Sachsen, eine teure Perlenkette für die Gattin des Vorstandsmitgliedes der Deutschen Bank, Karl Kimmich. Der Ordnung halber wies Kurzmeyer »auf die schlechte Qualität« hin.[44] Die Zürcher Polizei (»Nachrichtenstelle«) glaubte ihm kein Wort, denn Kurzmeyer sei seit den dreißiger Jahren das, »was man im Volksmund mit einem ›Schieber‹ bezeichne. Ab und zu schlepp[t]e er ganze Mappen, ja sogar Köfferchen mit Schmuck aller Art und Goldstücken herum, womit er einen schwungvollen Handel getrieben« habe.[45] Die kamen seit 1934 aus den Konzentrationslagern. Und von diesem makabren Handel soll sein Chef Hermann J. Abs nicht gewußt haben?

Während Alfred Kurzmeyer nach 1945 für die Deutsche Bank tätig blieb, hatten die Alliierten Hermann J. Abs' nationalsozialistisches Abenteuer schnell verziehen. Und die Deutsche Bank wurde wieder groß. Weil Hermann Josef Abs groß geblieben war.

Der Kalte Krieg hatte ihm – und damit der Deutschen Bank – die Fortsetzung der Karriere ermöglicht.

Anmerkungen

Für dieses Buch wurden hauptsächlich die Bestände der drei folgenden Archive benutzt: Bundesarchiv (Koblenz), National Archives (Washington) und der Fundus des Bundesbeauftragten für die Unterlagen des Staatssicherheitsdienstes (BStU). Bei den Quellen aus dem Bundesarchiv handelt es um die Bestände NS 3/724 bis NS 3/1.240, bei den National Archives um T 580 (Rolls 335 bis 339, 313 bis 324), beim BStU um HA IX/11 FV 87/70.

Ferner sind biographische Handbücher benutzt worden (»Deutsche Wirtschaftsführer«, 1929; »Das Deutsche Führerlexikon«, 1934; »Wer leitet? Die Männer der Wirtschaft und der einschlägigen Verwaltung«, 1941/42). Die Unternehmensgeschichte ist teilweise den »Handbüchern der Deutschen Aktiengesellschaften« 1939, 1942, 1944, 1950/51, 1951/52 entnommen worden.

1. Kapitel

1 Geschäftsbericht, Dresdner Bank, April 1943
2 *Handbuch der Deutschen Aktiengesellschaften*, Verlag Hoppenstedt, Berlin, 1942, S. 1.747 ff.
3 *Chiffren einer Epoche* (»100 Jahre Dresdner Bank«), herausgegeben von der Dresdner Bank, Frankfurt a/M 1972, S. 286; Manfred Pohl: *Konzentrationswesen im deutschen Bankwesen*, Fritz Knapp Verlag, Frankfurt a/M, 1982, S. 276 ff.
4 Gerald D. Feldman: »Die Deutsche Bank vom Ersten Weltkrieg bis zur Wirtschaftskrise«, in: *Die Deutsche Bank 1870 – 1995*, Verlag C.H. Beck, München, 1995, S. 271 ff.
5 Eckart Kleßmann: *M.M. Warburg & Co. 1798 –1998*, herausgegeben von der Warburg Bank Hamburg, 1998, S. 80 f.
6 Feldman, S. 300
7 »Europas Volkswirtschaft«, herausgegeben von der *Frankfurter Zeitung*, Frankfurt a/M, 1925, S. 18

8 Feldman, S. 301 ff.
9 Bankarchiv Hohmann, Stuttgart
10 Fritz Seidenzahl: *100 Jahre Deutsche Bank*, herausgegeben von der Deutschen Bank, Frankfurt a/M, 1970, S. 379
11 Georg Wenzel: *Deutsche Wirtschaftsführer*, Hanseatische Verlagsanstalt, Hamburg, 1929, S. 1956
12 Manfred Asendorf: »Hamburger Nationalklub, Keppler-Kreis, Arbeitsstelle Schacht und der Aufstieg Hitlers«, in: *1999*, 3/87, S. 107; ferner: Elsabea Rohrmann: *Max von Schinckel, Hanseatischer Bankmann im wilhelminischen Deutschland*, Verlag Weltarchiv, Hamburg, 1971
13 Ernst Wagemann: *Wo kommt das viele Geld her?*, Völkischer Verlag, Düsseldorf, 1936, S. 16
14 Kurt Neven DuMont: *Die Reparationszahlungen in Markwährung nach dem Dawes-Gutachten*, M. DuMont Schauberg, München, 1925, S. 7 ff.
15 Louis P. Lochner: *Die Mächtigen und der Tyrann*, Franz Schneekluth Verlag, Darmstadt, 1955, S. 15 f.
16 Asendorf, S. 108 f.
17 ebenda, S. 109
18 Enno von Marcard: *Ein Bankier in Hamburg*, Universitas Verlag, München, 1989, S. 31, 43
19 Asendorf, S. 113
20 ebenda; J. u. S. Pool: *Hitlers Wegbereiter zur Macht*, Scherz Verlag, Bern, 1979, S. 309 ff.
21 Pool, S. 146 f.
22 Asendorf, S. 114
23 Lochner, S. 21
24 Asendorf, S. 116, 129
25 Lochner, S. 264
26 Pool, S. 146 ff.
27 ebenda
29 ebenda, S. 152; Lochner, S. 30; Joachim Fest: *Hitler*, Propyläen Verlag, Frankfurt a/M, 1972, S. 374
30 Lochner, S. 32; Fritz Küster: *Die Hintermänner der Nazis*, Verlag Das Andere Deutschland, Hannover, 1946, S. 7 ff; Albert Hauser: *Sozialismus in Braun*, Arbeitsgemeinschaft Das Licht, o. O., 1945, S. 24 f.
31 Lochner, S. 95
32 Fest, S. 374
33 Lochner, S. 100 f.
34 Pool, S. 293; Lochner, S. 100
35 Lochner, S. 32 f.

36 Asendorf, S. 129
37 »Deutsche Führerbriefe«, 23.10.31
38 ebenda, 12.11.31
39 Lochner, S. 33
40 »Deutsche Führerbriefe«, 26.4.32
41 ebenda, 17.3.33
42 Christopher Kopper: *Zwischen Marktwirtschaft und Dirigismus*, Bouvier Verlag, Bonn, 1995, S. 95
43 Christian Eckert: *J.H. Stein. Werden und Wachsen eines Kölner Bankhauses in 150 Jahren*, herausgegeben von J. H. Stein, Köln, 1940, S. 16 f.
44 NI–11.434
45 Helmut Boch (Herausgeber): *Sturz ins Dritte Reich*, Urania Verlag, Leipzig, 1983, S. 65 f.
46 SS-Personalakte Emil Heinrich Meyer, von ihm verfaßter Lebenslauf, National Archives
47 Heinz Höhne: *Der Orden unter dem Totenkopf*, Sigbert Mohn Verlag, Gütersloh. 1967, S. 131; ferner: Reinhard Vogelsang: *Der Freundeskreis Himmler*, Musterschmidt Verlag, Göttingen, 1972
48 Höhne, S. 132
49 SS-Personalakte Karl Rasche, von ihm verfaßter Lebenslauf, National Archives
50 ebenda
51 Kopper, S. 34
52 Auskunft Bezirksamt Berlin-Charlottenburg
53 OMGUS, Ermittlungen gegen die Dresdner Bank, Herausgegeben von Hans Magnus Enzensberger, Greno, Nördlingen, 1986, S. 25; SS-Personalakte Rasche, National Archives Washington
54 OMGUS, S. 201 ff.
55 »Geldverkehr« Heinrich Himmlers, 1942–1944, Bundesarchiv

2. Kapitel

1 »Katzenjammer für alle«, Interview mit Paul Binder, *Spiegel* 1/66
2 ebenda
3 Auskunft eines ehemaligen Binder-Mitarbeiters
4 Volkmar Muthesius (Herausgeber): *75 Jahre Treuhand-Gesellschaft*, Fritz Knapp Verlag, Frankfurt a/M 1965, S. 118
5 »Die Revision«, herausgegeben von der Schwäbischen Treuhand-AG,

Stuttgart, 1931, S. 37, 44; Wilhelm Voss: *Handbuch für das Revisions- und Treuhandwesen*, C. E. Poeschel Verlag, Stuttgart 1930, S. 115

6 *Handbuch der Deutschen Aktiengesellschaften*, 1939, Verlag Hoppenstedt, Berlin

7 Heinrich Schuld: »Geschichte der Deutschen Treuhand-Gesellschaft«, in: *Deutsche Treuhand-Gesellschaft*, herausgegeben von Volkmar Muthesius, Fritz Knapp Verlag, Frankfurt a/M 1965, S. 19 ff.

8 ebenda, S. 40 f.

9 Joseph Walk: *Das Sonderrecht für die Juden im* NS-Staat, o.V., Heidelberg 1966, S. 36

10 »Reichsgesetzblatt« 1933, Teil I, S. 175

11 Johannes Ludwig: *Boykott, Enteignung, Mord*, Verlag Facta Oblita, Hamburg 1989, S. 104

12 Raul Hilberg: *Die Vernichtung der europäischen Juden*, Olle & Walter, Berlin 1982, S. 75 f.

13 Helmut Genschel: *Die Verdrängung der Juden aus der Wirtschaft im Dritten Reich*, Musterschmidt-Verlag, Göttingen 1966, S. 44 f.

14 ebenda, S. 47

15 »Die Deutsche Volkswirtschaft« 3/34

16 Genschel, S. 94 f.

17 Gutachten Binders »Konsolidierung Tietz«, National Archives Washington

18 *Völkischer Beobachter*, 8.7.33

19 *Frankfurter Zeitung*, 5.11.35

20 Genschel, S. 140 f.

21 Gerd Rühle: *Das Dritte Reich* 1936, Hummelverlag, Berlin 1937, S. 241 ff.

22 Christopher Kopper: *Zwischen Marktwirtschaft und Dirigismus*, Bouvier Verlag, Bonn 1995, S. 278

23 NI 13452

24 Hans Quecke: *Das Reichswirtschaftsministerium*, Junker und Dünnhaupt, Berlin 1941, S. 60, 68

25 Auskunft Binder-Mitarbeiter

26 Ludwig, S. 60, 76

27 ebenda, S. 170

28 OMGUS (Dresdner Bank), S. 166

29 Genschel, S. 157

30 ebenda, S. 159

31 ebenda

32 ebenda, S. 178

33 ebenda, S. 193

34 Auskunft Binder-Mitarbeiter

35 NID–6.395
36 OMGUS (Dresdner Bank), S. XLIII
37 Genschel, S. 200 ff.
38 OMGUS *Ermittlungen gegen die Deutsche Bank*, herausgegeben von Hans Magnus Enzensberger, Greno, Nördlingen, 1985, S. 169
39 »Reichssteuerblatt«, 2.12.38
40 Genschel, S. 206
41 ebenda, S. 257 ff.
42 Genschel, S. 259
43 Wolfgang Dreßen: *Betrifft: ›Aktion 3‹*, Aufbau-Verlag, Berlin, 1998, S. 107 ff.
44 Vorgang Toynbeehalle, BStU
45 Genschel, S. 255
46 »100 Jahre Dienstleistungen«, herausgegeben von der KPMG Treuhand-Gesellschaft, Frankfurt a/M 1990, S. 24
47 ebenda, S. 34, 26 f.
48 ebenda, S. 18
49 ebenda, S. 14
50 *Handbuch der Deutschen Aktiengesellschaften*, 1942 und 1950/51, Verlag Hoppenstedt, Berlin
51 Auskunft Binder-Mitarbeiter
52 »Vorläufiger Geschäftsbericht« der Osti zum 31.12.43, 14.2.44, Bundesarchiv
53 Auskunft Binder-Mitarbeiter
54 Kurt Pritzkoleit: *Bosse, Banken, Börsen*, Verlag Kurt Desch, München 1954, S. 129 f.
55 Dreßen, S. 46 ff.
56 Michael Hepp: »Deutsche Bank, Dresdner Bank – Erlöse aus Raub, Enteignung und Zwangsarbeit 1933 – 1945«, in: *1999*, 1/00
57 Frank Bajohr: *›Arisierung‹ in Hamburg*, Hans Christians Verlag, Hamburg 1997, S. 331
58 Hepp: »Deutsche Bank, Dresdner Bank…«

3. Kapitel

1 Manfred Pohl: *Konzentration im deutschen Bankwesen*, Fritz Knapp Verlag, Frankfurt a/M 1982, S. 288 f, 291
2 ebenda, S. 573 ff.
3 Keith Ulrich: *Aufstieg und Fall der Privatbankiers*, Fritz Knapp Verlag, Frankfurt a/M 1998, S. 309 ff.

4 ebenda, S. 324
5 Kurt Zielenziger: *Juden in der deutschen Wirtschaft*, Heine-Bund, Berlin 1930, S. 161
6 ebenda, S. 156
7 ebenda, S. 163 ff.
8 »Europas Volkswirtschaft«, herausgegeben von der *Frankfurter Zeitung*, 1925, S. 36
9 Simone Lässig: »Dresden unterm Hakenkreuz«, in: *Dresdner Historische Studien* (Band 3), Böhlau Verlag, Köln 1998, S. 136 ff.
10 »Europas Volkswirtschaft«
11 Lässig, S. 137 f.
12 Heinz Höhne: *Canaris*, C. Bertelsmann Verlag, München 1976, S.88
13 Lässig, S. 151
14 Ulrich, S. 323
15 Lässig, S. 154
16 Christopher Kopper: *Zwischen Marktwirtschaft und Dirigismus*, Bouvier Verlag, Bonn 1995, S. 240
17 Lässig, S. 160
18 ebenda; Kopper, S. 257
19 Lässig, S. 179
20 OMGUS (Dresdner Bank), S. 210 f.
21 Ulrich, S. 324
22 OMGUS, S. 80
23 Kopper, S. 256
24 ebenda, S. 242
25 Dieter Ziegler: »Die Verdrängung der Juden aus der Dresdner Bank 1933 – 1938«, in: *Vierteljahreshefte für Zeitgeschichte*, München, 2/99
26 ebenda
27 OMGUS (Dresdner Bank), S. 83
28 ebenda, S. 42 ff; IMT, Band XIV, S. 486; Korrespondenz Escompte/Hohberg, Bundesarchiv
29 Korrespondenz Escompte/Hohberg
30 OMGUS, S. 149, 265
31 ebenda, S. 150
32 Frederic Morton: *Die Rothschilds*, Droemer Knaur-Verlag, München 1962, S. 252
33 ebenda, S. 251
34 ebenda, S. 254 f.
35 Walter Hagen (ist: Wilhelm Höttl): *Unternehmen Bernhard*, Verlag Wesermühl, Starnberg 1955, S. 15

36 OMGUS (Dresdner Bank), S. XLV
37 ebenda, S. 261
38 Morton, S. 261
39 ebenda, S. 225
40 Heinz Höhne: *Der Orden unter dem Totenkopf*, Sigbert Mohn Verlag, Gütersloh 1967, S. 311
41 OMGUS (Dresdner Bank), S. VII
42 ebenda, S. VIII
43 ebenda
44 ebenda, S. IX
45 ebenda, 255 f.
46 ebenda, S. 105
47 NID–14.475
48 NID–14.479
49 ebenda
50 SS-Personalakte Franz Heinrich Ulrich, National Archives
51 »Ein scharfer kritischer Verstand«, in: *FAZ*, 3.4.87
52 Ernst Neckarsulmer: *Der Alte und der Neue Reichtum*, F. Fontane, Berlin 1925, S. 96 f.
53 Zielenziger, S. 63
54 ebenda, S. 54
55 ebenda, S. 59
56 ebenda, S. 60
57 Felix Pinner: *Deutsche Wirtschaftsführer*, Verlag Die Weltbühne, Berlin, 1925, S. 227 f.
58 Fritz Seidenzahl: *100 Jahre Deutsche Bank*, herausgegeben von der Deutschen Bank, Frankfurt a/M, 1970, S. 375
59 Lothar Gall: »Hermann Josef Abs im Dritten Reich«, in: *Zeitschrift für Unternehmensgeschichte*, München, 2/98, S. 123–175 (fortan: Gall, *Abs*)
60 ebenda
61 Ulrich, S. 332
62 ebenda, S. 333
63 Lutz Graf Schwerin von Krosigk: *Die große Zeit des Feuers*, Band III, Rainer Wunderlich Verlag, Tübingen 1959, S. 448
64 Lebenslauf Alfred Olscher, National Archives
65 Gall, *Abs*, S. 140
66 Ulrich, S. 141 f.
67 Auskunft des Sohnes eines ehemaligen Kurzmeyer-Mitarbeiters
68 Ulrich, S. 335 f.
69 ebenda

70 ebenda
71 ebenda, S. 333
72 ebenda; Gall, *Abs*, S. 169
73 Gall, *Abs*, S. 170
74 Gall, *Abs*, S. 171
75 ebenda, S. 173f.
76 ebenda
77 ebenda
78 ebenda
79 Schreiben Loebs an Abs, 25.12.28, BStU
80 Ulrich, S. 337
81 Wilhelm Treue: »Das Bankhaus Mendelssohn als Beispiel einer Privatbank im 19. und 20. Jahrhundert«, in: *Mendelssohn-Studien*, Band 1, Berlin 1972, S. 71

4. Kapitel

1 Heinz Höhne: *Canaris*, C. Bertelsmann Verlag, München 1976, S. 134
2 SS-Personalakte Oswald Pohl, National Archives
3 ebenda
4 Mindener Bericht, S. 4 (der 244 Seiten starke »Mindener Bericht« wurde im Auftrag der Amerikaner vom 22. November 1946 bis zum 4. Januar 1947 im Internierungslager Minden erstellt. Die Autoren hatten den Auftrag, die Strukturen des WVHA aufzudecken und Oswald Pohl zu erklären. Die Verfasser waren: Dr. Leo Volk (Pohl-Adjutant), Karl Mummenthey (Chef der SS-eigenen Deutsche Erd- und Steinwerke G.m.b.H.) sowie der SS-Jurist Dr. Gerhard Hoffmann. Die Beschreibungen (»Das SS-Wirtschafts-Verwaltungshauptamt und die unter seiner Dienstaufsicht stehenden wirtschaftlichen Unternehmungen«) wurden Grundlage für die Anklage Pohls in Nürnberg
5 Alois Roßmaier: *München-Oberbayern*, Junker + Dünnhaupt Verlag, Berlin 1941, S. 63
6 S. Aronson: *Heydrich und die Anfänge des SD und der Gestapo (1931–1935)*, Dissertation, Berlin 1967, S. 79
7 ebenda, S. 81
8 Heinz Höhne: *Der Orden unter dem Totenkopf*, Sigbert Mohn Verlag, Gütersloh 1967, S. 75ff.
9 ebenda, S. 79f.
10 Enno Georg: *Die wirtschaftlichen Unternehmungen der SS*, Deutsche Verlagsanstalt, Stuttgart 1963, S. 26

11 Mindener Bericht, S. 4
12 NO–2.343
13 NO–3.361
14 ebenda
15 Georg, S. 24
16 ebenda, S. 25
17 ebenda, S. 27
18 Mindener Bericht, S. 5 f.
19 Georg, S. 27
20 Mindener Bericht, S. 5 f.
21 Auskunft Ortwin Pohl, Sohn Oswald Pohls
22 Höhne (»Totenkopf«), S. 426 f.
23 Eva Seeber: *Zwangsarbeiter in der faschistischen Kriegswirtschaft*, Deutscher Verlag der Wissenschaften, (Ost-)Berlin 1964, S. 29
24 Ulrich Herbert: *Fremdarbeiter*, Verlag J.H.W. Dietz, Bonn 1985, S. 137
25 ebenda, S. 135 f.
26 ebenda, S. 180 f.
27 Mindener Bericht, S. 141 f.
28 Karl-Heinz Ludwig: *Technik und Ingenieure im Dritten Reich*, Droste Verlag, Düsseldorf 1974, S. 476 ff.
29 Dietrich Eichholtz: *Geschichte der Deutschen Kriegswirtschaft* (Band II), Akademie-Verlag, (Ost-)Berlin 1964, S. 165 ff.
30 Mindener Bericht, S. 42
31 Ludwig, S. 486 f.
32 Christoper Kopper: *Zwischen Marktwirtschaft und Dirigismus*, Bouvier Verlag, Bonn 1995, S. 289
33 Angaben basieren auf dem »Vorläufigen Verzeichnis der Konzentrationslager und deren Außenkommandos«, das 1969 vom Internationalen Suchdienst in Arolsen herausgegeben wurde
34 Hans Meiyer-Heinrich: *Philipp Holzmann A.G. im Wandel von hundert Jahren*, Umschau Verlag, Frankfurt a/M 1949, S. 5, 231 f.
35 Jobst-Hinrich Wiskow: »Die Rettung, die keine war«, in: Tagesspiegel, 30.12.99
36 Mindener Bericht, S. 108
37 Ludwig, S. 490, 512
38 Michael H. Kater: »Das ‘Ahnenerbe’«, Dissertation, Heidelberg 1966, S. 176
39 Ludwig, S. 512 f.

5. Kapitel

1 Enno Georg: *Die wirtschaftlichen Unternehmungen der SS*, Deutsche Verlags-Anstalt, Stuttgart 1963, S. 10
2 ebenda, S. 15
3 Der Geschäftsführer Dr. Alfred Mischke hatte am 15. März 1945 auf Wunsch Pohls die Entwicklung des Nordland-Verlages zu Papier gebracht
4 Georg, S. 43
5 ebenda, S. 47, 49, 54
6 NO–1.033; MID 10223
7 ebenda
8 Georg, S. 44
9 ebenda, S. 57
10 ebenda; Mindener Bericht, S. 132f.
11 Mindener Bericht, S. 133
12 Georg, S. 56f.
13 ebenda, S. 57
14 ebenda, S. 62
15 DAW-»Gesamtbilanz«, 1940 und 1943, National Archives
16 Während seiner Einarbeitungsphase hatte sich Hohberg mit der Personalstruktur der SS-Firmen beschäftigt und Pohl diese undatierte »Vorlage« vertraulich zugestellt
17 SS-Personalakte Georg Wenner, National Archives
18 ebenda, Max Horn
19 alle Lebensläufe und der von Hanns Bobermin National Archives
20 ebenda, Richard und Hermann Karoli
21 August Meyer: *Das Syndikat*, Steinweg Verlag, Braunschweig 1986, S. 82f.
22 SS-Personalakten Karolis, National Archives
23 Mindener Bericht, S. 63ff.
24 ebenda
25 ebenda
26 Auskunft Ortwin Pohl, Sohn Oswald Pohls
27 Georg, S. 70
28 ebenda
29 Kühl-Gutachten, 17.3.39, National Archives
30 ebenda, Galke-Stellungnahme (undatiert)
31 Heffe-Schreiben an Pohl, 9.6.39
32 Mindener Bericht, S. 65ff.
33 ebenda, S. 73f.
34 ebenda

35 ebenda, S. 103; Konto-Auszug Dresdner Bank, 31.12.40, Bundesarchiv
36 Georg, S. 74
37 Bilanz Freudenthaler Getränke G.m.b.H., 1943, Bundesarchiv
38 Mindener Bericht, S. 100
39 Bankauszüge Treuhandakte, 31.12.43, Bundesarchiv
40 ebenda, »Vermerk« Höpfner, 10.5.44
41 ebenda, »Vermerk« Pohl, 10.5.44
42 SS-Personalakte Hans Baier, National Archives
43 NO–2.185
44 ebenda
45 Mindener Bericht, S. 107 f.
46 Georg, S. 134
47 ebenda, S. 135
48 »Liquidität der ZV.-Abteilung zum 12.2.45« (»Wertpapiere«), Bundesarchiv
49 ebenda, undatierter »Treuhand-Vertrag«, wahrscheinlich Juni 1941
50 OMGUS (Dresdner Bank), S. 268
51 NID–7.890
52 »Bericht über Reformvereinigung Deutsche Reformhäuser e.G.m.b.H..«, 17.9.40 Bundesarchiv
53 ebenda, Dossier Rudolf Nebel, Herbst 1944
54 ebenda, SS-Personalakte Karl Fahrenkamp
55 Schreiben Fahrenkamps an Himmler, 6.10.41, Privat-Besitz
56 ebenda, 14.11.41
57 ebenda, 5.10.41
58 Vorgang Hunsa, Privat-Besitz
59 »Das Buch der Gefolgschaft«, herausgegeben von Dr. August Oetker, Bielefeld 1941, S. 248 f, 255
60 Vorgang Hunsa

6. Kapitel

1 NID–8.741
2 NO–1.271
3 Vorgang Ostindustrie G.m.b.H./Dresdner Bank, National Archives, fortan als Osti/Dresdner zitiert
4 Heinz Höhne: *Der Orden unter dem Totenkopf*, Sigbert Mohn Verlag, Gütersloh 1967, S. 291
5 SS-Personalakte Odilo Globocnik, National Archives
6 ebenda

7 Handbuch der Deutschen Aktiengesellschaften, 1944, Hoppenstadt, Berlin
8 Auskunft eines Binder-Mitarbeiters
9 Günther Schwarberg: *Der Juwelier von Majdanek*, Wilhelm Goldmann Verlag 1981, S. 36 ff.
10 »Vorläufiges Verzeichnis der Konzentrationslager«, herausgegeben vom Internationalen Suchdienst, Arolsen, 1965
11 Adalbert Rückerl (Herausgeber): *Nationalsozialistische Vernichtungslager im Spiegel deutscher Strafprozesse*, dtv, München 1977, S. 150 f.
12 Urteil im Fall IV, Staatsarchiv Nürnberg
13 IMT, Band XX, S. 349 f.
14 ebenda, S. 355
15 Urteil im Fall IV, Beweisstück 481
16 NO–1.271
17 IMT, Band XX, S. 460
18 Höhne, S. 293; NO–1.231
19 Höhne, S. 295
20 Enno Georg: *Die wirtschaftlichen Unternehmungen der SS*, Deutsche Verlags-Anstalt, Stuttgart 1963, S. 96
21 ebenda, S. 97
22 NO–1.882
23 Georg, S. 97; Osti/Dresdner Bank
24 »Vorläufiger Geschäftsbericht«, 14.2. 1944, National Archives
25 Urteil im Fall IV
26 Georg, S. 97
27 Osti/Dresdner Bank
28 »Gehaltszahlungsnachweis«, National Archives
29 Urteil im Fall IV
30 Schreiben Pohls an Himmler, 29.7. 1944, National Archives
31 Osti/Dresdner Bank
32 ebenda
33 Osti-Bilanz 1943 und »vorläufige« Osti-Bilanz 1944, National Archives
34 ebenda; Osti/Dresdner Bank
35 Osti/Dresdner Bank
36 Schreiben Horns an das WVHA, 23. 2. 1944, National Archives
37 Osti/Dresdner Bank
38 Rudi Goguel: *Polen, Deutschland und die Oder-Neisse-Grenze*, Rütten & Loening, (Ost-)Berlin 1959, S. 167 ff.
39 Wanda Michalak: *Auschwitz*, Rowohlt Taschenbuch Verlag, Reinbek 1980, S. 15

40 Ernst Antoni: *KZ*, Röderberg Verlag, Frankfurt a/M, 1979, S. 76
41 Joseph Borkin: *Die unheilige Allianz der I. G. Farben*, Campus Verlag, Frankfurt a/M 1981, S. 114
42 ebenda, S. 118
43 ebenda, S. 110
44 ebenda
45 Matthias Arning: »Deutsche Bank gab Geld zu Auschwitz-Bau«, in: *Frankfurter Rundschau*, 5. 2. 1999
46 »Die Augen fest zugemacht«, in: *Spiegel* 6/99
47 Michalak, S. 30
48 Revisionsbericht der Deutschen Bank, Okt/Nov 1941, BStU
49 »Bilanzgliederung« der Deutschen Bank, Erfurt, 1943, BStU
50 Borkin, S. 110
51 Michalak, S. 25
52 Borkin, S. 112
53 ebenda, S. 113
54 ebenda, S. 118
55 SS-Personalakte Richard Karoli, National Archives
56 »Bericht« der Treuverkehr Deutsche Treuhand A.G., »Gründungsprüfung der Creditanstalt A.G., Krakau, 31. 5. 1944«, fortan zitiert als CA-»Bericht«, BStU
57 Struktur »Amts-Gruppe C«, Dezember 1943, Bundesarchiv
58 CA-»Bericht«
59 ebenda
60 M. Enigl/S. Janny: »Das grauenvolle Geheimnis der CA«, in: *Profil* 38/98
61 ebenda

7. Kapitel

1 Walter Hagen (ist: Wilhelm Höttl): *Unternehmen Bernhard*, Verlag Wesermühl, Wels 1955, S. 70
2 ebenda, S. 75
3 ebenda, S. 76
4 Bankarchiv Hohmann, Stuttgart
5 Auskunft Wilhelm Höttl
6 Hagen, S. 77 ff.
7 ebenda, S. 77 f.
8 ebenda
9 ebenda
10 Brief Meyers an Hohberg, Bundesarchiv Koblenz

11 Walter Schellenberg: *Memoiren*, Verlag für Politik und Wirtschaft, Köln 1959, S. 343
12 Hagen, S. 81 f.
13 ebenda
14 Adolf Burger: *Des Teufels Werkstatt*, Verlag Neues Leben, (Ost-)Berlin 1983, S. 153
15 ebenda, S. 154
16 *Die Zeit*, 18.9. 1959
17 Hagen, S. 81
18 Burger, S. 131
19 OMGUS (Dresdner Bank), S. 344
20 »75 Jahre«, herausgegeben von der Deutsch-Südamerikanischen Bank, Hamburg 1981
21 Archiv Simon Wiesenthal, Wien
22 Julius Mader: *Der Banditenschatz*, Deutscher Militärverlag, (Ost-)Berlin, 1965, S. 323 ff.

8. Kapitel

1 Hans Leyendecker: »Der Übervater des Geldgewerbes und das braune Gold«, in: *Süddeutsche Zeitung*, 1.8.98
2 Nationalrat der Nationalen Front: *Braunbuch*, (Ost-)Berlin 1965, S. 37
3 Eberhard Czichon: *Der Bankier und die Macht*, Pahl-Rugenstein Verlag, Köln 1970, S. 235
4 *Spiegel* 6/87
5 *Spiegel* 43/70
6 ebenda
7 Enno Georg: *Die wirtschaftlichen Unternehmungen der SS*, Deutsche Verlagsanstalt, Stuttgart 1963, S. 79 f.
8 »Vermerk« Deutsche Edelmöbel A.G., undatiert, wahrscheinlich Anfang 1943, Bundesarchiv
9 ebenda
10 Protokoll Aufsichtsratssitzung in Butschowitz, 16.11.41, Bundesarchiv
11 Protokoll Aufsichtsratssitzung in Berlin, 10.3.42, Bundesarchiv
12 »Schlußnote«, 5.6.42, Bundesarchiv
13 IMT, Band VIII, S. 453
14 ebenda, S. 454
15 ebenda, S. 455
16 ebenda, S. 458
17 ebenda, Band XXII, S. 591

18 Czichon, S. 222
19 Schriftsatz Löfflers, 12.2.71 (17 O 220/70), S. 41
20 HA IX/11 (Kurt Blauhorn), BStU
21 Auskunft Rudi Mittig
22 HA IX/11, BStU
23 »«Aktenvermerk», 17.4.68, BStU
24 »Information«, 20.4.68, BStU
25 »Aktenvermerk«, 3.12.68, BStU
26 Auskunft HVA-Oberst
27 HVA X (»Maßnahmen«), 15.9.70, BStU
28 »Information«. 5.1.71, BStU
29 »Fragespiel«, undatiert, BStU
30 »Information«, 16.2.71, BStU
31 »Information«, 19.2.71, BStU
32 »Information«, 21.2.71, BStU
33 Schreiben Nordens an Mielke, 17.3.71, BStU
34 »Information«, 14.9.71, BStU
35 ebenda
36 Teil- und Schlußurteil wurden von der Deutschen Bank Ende Oktober 1972 in etwa 100 Exemplaren an die Vorstände deutscher Banken geschickt

9. Kapitel

1 Eberhard Czichon: *Der Bankier und die Macht*, Pahl-Rugenstein Verlag, Köln 1970, S. 51
2 Peter Roller: » Zu ordnen, was der Ordnung bedarf«, in: *Stuttgarter Zeitung*, 14.10.86
3 Paul Swiridoff: *Porträts aus der Deutschen Wirtschaft*, Verlag Günther Neske, Pfufflingen 1966, S. 114
4 Harold James: »Die Deutsche Bank und die Diktatur«, in: *Deutsche Bank 1870 – 1995*, Verlag C. H. Beck, München 1995, S. 404 f.
5 Jürgen Neske: »Nachprüfung einer Legende«, in: *Frankfurter Allgemeine Zeitung*, 20.9.98
6 *Spiegel* 45/65
7 Ulrich Herbert: »Generation der Sachlichkeit«, in: *Zivilisation und Barberei*, Christians Verlag, Hamburg 1991, A. 117
8 *Neue Rundschau* 43/32
9 Czichon S. 38, 44 ff.
10 Abs-Vernehmung vom 22.9.45 (OMGUS, Beweisurkunde 38)

11 Lothar Gall: »Hermann Josef Abs im Dritten Reich«, in: *Zeitschrift für Unternehmensgeschichte* 2/98, S. 130f.
12 F. Lenz/ O. Unholtz: *Die Geschichte des Bankhauses Gebrüder Schickler 1712 – 1912*, herausgegeben von Delbrück Schickler & Co, Berlin 1912, S 60, 133
13 Abs-Vernehmung, 22.9.45
14 ebenda
15 Gall, S. 135
16 James, S. 365
17 E. W. Schmidt: »Männer der Deutschen Bank und Disconto-Gesellschaft«, herausgegeben von der Deutschen Bank, Düsseldorf 1957, S. 70
18 James, S. 365
19 Gall, S. 135
20 James, S. 344
21 ebenda, S. 365
22 Gall, S. 136
23 Christopher Kopper: *Zwischen Marktwirtschaft und Dirigismus*, Bouvier Verlag, Bonn 1995, S. 298
24 OMGUS (Beweisstück 40)
25 ebenda (Beweisstück 180)
26 Gesprächsprotokoll, 21.5.38, BStU
27 James, S. 381
28 Gall, *Abs*, S. 137
29 ebenda, S. 138
30 ebenda
31 ebenda, S. 139
32 *Ein Jahrhundert Creditanstalt-Bankverein*, herausgegeben von der CA, Wien 1957, S. 235
33 James, S. 350
34 Reichswirtschaftsministerium (»Beschwerden über Eingriffe in die Wirtschaft«); Schreiben von Josef Abs an den Kölner Oberfinanzpräsidenten, 25.1.39, BStU
35 Gall, *Abs*, S. 144
36 ebenda, S. 145
37 ebenda; James, S. 350
38 Gall, *Abs*, S. 146
39 ebenda, S. 148
40 Lutz Graf Schwerin von Krosigk: *Die große Zeit des Feuers* (Band 3), Rainer Wunderlich Verlag, Tübingen 1959, S. 338, 508
41 Gall, *Abs*, S. 149

42 Ernst G. Loewenthal: *Juden in Preussen*, Dietrich Renner Verlag, Berlin 1981, S. 221
43 Gall, *Abs*, S. 150
44 ebenda, S. 151
45 ebenda, S. 153 ff.
46 Schreiben Rudeloffs an Abs, 2.2.38, BStU
47 Schreiben Abs' an Rudeloff, 8.2.38, BStU
48 Aktennotiz, 11.4.38, BStU
49 Schreiben Abs' an Hoseit, 14.4.38, BStU
50 Aktenvermerk Ulrichs, 30.5.40, BStU
51 Schreiben Abs' an Mojert, 4.6.41, BStU
52 Schreiben Vitsœ an Abs, 17.8.40, BStU
53 Sitzungsprotokoll des Rheinisch-Westfälischen Beirats der Deutschen Bank in Köln, 2.11.38, BStU
54 ebenda; »Grundzüge für die Neuregelung der Arisierungsfrage«, 8.8.38, BStU
55 »Sitzungsprotokoll«, BStU
56 Rundschreiben 5/38, 14.1.38, BStU
57 Hausmitteilung (»Betr. Arisierung jüdische Firmen«), 11.11.37, BStU
58 G.m.b.H.-Handbuch (Band 7), Verlag Hoppenstedt & Co., Berlin 1944, S. 707
59 Schreiben des Auswärtigen Amts an Abs, 28.2.41, BStU
60 Aktennotiz Ulrichs, 1.3.41, BStU
61 Notiz Ulrichs, 12.3.41, BStU
62 »Aktenvermerk« Ulrichs, BStU
63 Helmut Heiber: *Walter Frank und sein Reichsinstitut für die Geschichte des neuen Deutschlands*, Deutsche Verlags-Anstalt, Stuttgart 1966, S. 464
64 »Vertrauliches Rundschreiben«, 10.2.40, BStU
65 Ausarbeitung »Der Erwerb des 'Bohemia'-Unternehmens, undatiert, wahrscheinlich Herbst 1944, Bundesarchiv
66 ebenda
67 Sitzungsprotokoll Handelspolitischer Ausschuß, 17.7.41, BStU
68 Schreiben Absœ an Lange, 16.2.43, BStU
69 ebenda
70 Heinz Pol: *AO-Tatsachen aus Aktenberichten der 5. Kolonne*, Brücken Verlag, Linz 1945, S. 37f, 75
71 ebenda, S. 61
72 Heinz Höhne: *Canaris*, C. Bertelsmann Verlag, München 1976, S. 201
73 Schreiben Piepenbrocks an Abs, 15.3.43, BstU

74 Schreiben Abs' an Piepenbrock, 22.3.43, BstU
75 Höhne, S. 463
76 Korrespondenz Gaevernitz/Abs, Herbst 1940, BstU
77 James, S. 401
78 Jola Merten: »Ein Engel kam in die Hölle«, in: *Berliner Morgenpost*, 8.2.2000; ferner: Thomas Sandkühler: *Endlösung in Galizien*, J. H. Dietz Nachf., Bonn 1996

10. Kapitel

1 Harold James: »Die Deutsche Bank und die Diktatur«, in: *Deutsche Bank 1870 – 1995*, Verlag C. H. Beck, München 1995, S. 407
2 ebenda
3 Tom Bower: *Blind Eye To Murder,* Warner Books, New York 1995, S. 2
4 Carl-Ludwig Holtfrerich: »Die Deutsche Bank vom Zweiten Weltkrieg über die Besatzungsherrschaft zur Rekonstruktion«, in: *Deutsche Bank und die Diktatur*, S. 428 f.
5 Claus Jacobi: »Der Prinz, Dr. Jekyll & Mr. Heyde«, in: *Welt am Sonntag*, 6. 2. 2000
6 Bower, S. 5
7 Holtfrerich, S. 425
8 Abs-Vernehmung vom 22.9.45 (OMGUS, Beweisurkunde 38)
9 Bower, S. 1, 6 f.
10 ebenda, S. 10
11 Holtfrerich, S. 426 f.
12 ebenda, S. 429
13 Auskunft Volk-Sohn
14 SS-Personalakte Leo Volk, National Archives
15 Auskunft Volk-Sohn
16 Georg, S. 84 ff.
17 ebenda, S. 86
18 Volk-Nachlaß, Privat-Besitz
19 Georg, S. 86
20 Schreiben Schweizerische Verrechnungsstelle an Politisches Departement, 1.2.46, Bundesarchiv Bern
21 OMGUS (Dresdner Bank), S. 64, 66 f, 279
22 OMGUS (Deutsche Bank), S. 232 ff.
23 ebenda (Dresdner Bank), S. 66
24 Volk-Nachlaß
25 Erbschaftssteuernachlaß Helene Busch, Privat-Besitz

26 Volk-Nachlaß
27 ebenda
28 Vertrag zwischen Treuhand und Deutsche Schieferöl G.m.b.H., 22.2.44, Volk-Nachlaß
29 Handelsregisterauszug HRB 59734, Amtsgericht Berlin-Charlottenburg
30 Schreiben Jacobis an den Beauftragten für den Vierjahresplan, 30.11.44, National Archives
31 ebenda, Jacobi an WVHA, 28.3.45
32 Jacobi-Schreiben
33 Aktennotiz des Präsidenten der Direktion der Schweizerischen Verrechnungsstelle, M. Schwab, 19.5.45, Bundesarchiv Bern
34 Schweizerische Verrechnungsstelle
35 Volk-Nachlaß
36 Schreiben Abs' an Kurzmeyer, 9.10.45, Bundesarchiv Bern
37 Schreiben Kurzmeyers, 24.1.46, Bundesarchiv Bern
38 Schreiben Abs', 4.1.46, Bundesarchiv Bern
39 Kurzmeyer an Eidgenössisches Politisches Department, 15.2.46, Bundesarchiv Bern
40 ebenda
41 Dietrich Eichholtz: *Geschichte der deutschen Kriegswirtschaft 39 – 45*, Band II, Akademie Verlag, (Ost-)Berlin, 1985, S. 205
42 Schweizerische Verrechnungsstelle, 15.2.46, Bundesarchiv Bern
43 Johannes Bähr: *Der Goldhandel der Dresdner Bank im Zweiten Weltkrieg*, Gustav Kiepenheuer Verlag, Leipzig 1999, S. 65
44 Schweizerische Verrechnungsstelle (»Betrifft: Alfred Kurzmeyer«), 1.2.46, Bundesarchiv Bern
45 Polizeikorps des Kantons Zürich (»In Sachen Nachrichtendienst Kurzmeyer, Alfred«), 8.12.44, Bundesarchiv Bern

Personenregister

Adolf Hitler, Heinrich Himmler, Oswald Pohl und Hermann J. Abs sind wegen der häufigen Nennungen nicht in das Register aufgenommen worden.